AutoUni – Schriftenreihe

Band 121

Reihe herausgegeben von/Edited by
Volkswagen Aktiengesellschaft
AutoUni

Die Volkswagen AutoUni bietet Wissenschaftlern und Promovierenden des Volkswagen Konzerns die Möglichkeit, ihre Forschungsergebnisse in Form von Monographien und Dissertationen im Rahmen der „AutoUni Schriftenreihe" kostenfrei zu veröffentlichen. Die AutoUni ist eine international tätige wissenschaftliche Einrichtung des Konzerns, die durch Forschung und Lehre aktuelles mobilitätsbezogenes Wissen auf Hochschulniveau erzeugt und vermittelt. Die neun Institute der AutoUni decken das Fachwissen der unterschiedlichen Geschäftsbereiche ab, welches für den Erfolg des Volkswagen Konzerns unabdingbar ist. Im Fokus steht dabei die Schaffung und Verankerung von neuem Wissen und die Förderung des Wissensaustausches. Zusätzlich zu der fachlichen Weiterbildung und Vertiefung von Kompetenzen der Konzernangehörigen, fördert und unterstützt die AutoUni als Partner die Doktorandinnen und Doktoranden von Volkswagen auf ihrem Weg zu einer erfolgreichen Promotion durch vielfältige Angebote – die Veröffentlichung der Dissertationen ist eines davon. Über die Veröffentlichung in der AutoUni Schriftenreihe werden die Resultate nicht nur für alle Konzernangehörigen, sondern auch für die Öffentlichkeit zugänglich.

The Volkswagen AutoUni offers scientists and PhD students of the Volkswagen Group the opportunity to publish their scientific results as monographs or doctor's theses within the "AutoUni Schriftenreihe" free of cost. The AutoUni is an international scientific educational institution of the Volkswagen Group Academy, which produces and disseminates current mobility-related knowledge through its research and tailor-made further education courses. The AutoUni's nine institutes cover the expertise of the different business units, which is indispensable for the success of the Volkswagen Group. The focus lies on the creation, anchorage and transfer of knew knowledge. In addition to the professional expert training and the development of specialized skills and knowledge of the Volkswagen Group members, the AutoUni supports and accompanies the PhD students on their way to successful graduation through a variety of offerings. The publication of the doctor's theses is one of such offers. The publication within the AutoUni Schriftenreihe makes the results accessible to all Volkswagen Group members as well as to the public.

Reihe herausgegeben von/Edited by
Volkswagen Aktiengesellschaft
AutoUni
Brieffach 1231
D-38436 Wolfsburg
http://www.autouni.de

Weitere Bände in der Reihe http://www.springer.com/series/15136

Frauke Mashail Bauhoff

Hochschulkooperationen und die Einstellung von Neueinsteigern zum Unternehmen

 Springer

Frauke Mashail Bauhoff
Wolfsburg, Deutschland

Zugl.: Dissertation, Universität Paderborn, 2017

Die Ergebnisse, Meinungen und Schlüsse der im Rahmen der AutoUni – Schriftenreihe veröffentlichten Doktorarbeiten sind allein die der Doktorandinnen und Doktoranden.

AutoUni – Schriftenreihe
ISBN 978-3-658-22054-9   ISBN 978-3-658-22055-6   (eBook)
https://doi.org/10.1007/978-3-658-22055-6

Die Deutsche Nationalbibliothek verzeichnet diese Publikation in der Deutschen National-bibliografie; detaillierte bibliografische Daten sind im Internet über http://dnb.d-nb.de abrufbar.

Gedruckt auf säurefreiem und chlorfrei gebleichtem Papier

Springer ist ein Imprint der eingetragenen Gesellschaft Springer Fachmedien Wiesbaden GmbH und ist ein Teil von Springer Nature
Die Anschrift der Gesellschaft ist: Abraham-Lincoln-Str. 46, 65189 Wiesbaden, Germany

Danksagung

Zum Gelingen dieser Arbeit haben zahlreiche Personen beigetragen, bei denen ich mich auf diesem Wege herzlich für ihre Unterstützung bedanken möchte.

An erster Stelle gilt mein ganz besonderer Dank meiner Doktormutter Frau Prof. Dr. Anja Iseke, die mich in jeder Phase dieser Arbeit mit sehr viel Engagement betreut hat. Ich konnte während der ganzen Promotionszeit sowohl fachlich als auch persönlich auf ihre Unterstützung bauen. Ihre motivierenden Worte und inhaltlichen Hinweise haben maßgeblich zum Gelingen dieser Arbeit beigetragen.

Ein besonderer Dank geht ebenso an Herrn Prof. Dr. Martin Schneider, ohne dessen Zutun ich niemals mit einer Promotion begonnen hätte und der sich direkt bereiterklärt hat, das Zeitgutachten zu übernehmen. Darüber hinaus möchte ich mich aber auch bei dem gesamten Team des Lehrstuhls für Personalwirtschaft bedanken.

Ein weiterer Dank gilt Herrn Prof. Dr. Bernd Frick und Herrn Prof. Dr. Stefan Betz für ihr Mitwirken in der Promotionskommission.

Zudem möchte ich mich herzlich bei meinen ehemaligen Kolleginnen und Kollegen für die wertvollen praktischen Anregungen, methodischen Hilfestellungen sowie das Schaffen der notwendigen Freiräume zum Schreiben bedanken.

Mein innigster Dank gilt meiner Familie und meinen Freunden, die mich während dieser Zeit bedingungslos unterstützt und ertragen haben. Sie haben alle Höhen und Tiefen mit mir geteilt, mich immer wieder aufgebaut, für die richtige Ablenkung gesorgt und mir vor allem die nötige Kraft gegeben, diese Arbeit abzuschließen. Insbesondere möchte ich mich bei meiner Mutter bedanken, ohne die ich niemals so weit gekommen wäre!

Köln   Frauke Mashail Bauhoff

Inhaltsverzeichnis

Abbildungsverzeichnis

Tabellenverzeichnis

Abkürzungsverzeichnis

ADF   Asymptotically Distribution Free
C. R.   Critical Ratio
CFI   Comparative Fit Index
DEV   Durchschnittlich erfasste Varianz
df   degrees of freedom
FIML   Full Information Maximum Likelihood
GLS   Generalized Least Square
MAR   Missing at random
MCAR   Missing completely at random
ML   Maximum-Likelihood
MLR   Maximum-Likelihood with robust standard errors
NMAR   Not missing at random
PLS   Partial-Least-Squares
QMK   Quadrierte multiple Korrelation
RMSEA   Root Mean Square Error of Approximation
SD   Standardabweichung
SLS   Scale-free Least Squares
SRMR   Standardized Root Mean Square Residual
TLI   Trucker Lewis Index
ULA   Unweighted Least Square

1 Einleitung

1.1 Relevanz des Themas und Problemstellung

> *„Whether an organization is a small privately owned*
> *coffee shop, a moderate-size government agency or a*
> *large multinational corporation, its success is closely*
> *tied to the qualities of the individuals it employs."*
> (Breaugh, 2014: 361)

Der Unternehmenserfolg ist von zahlreichen Einflussfaktoren abhängig, wobei die Mitarbeiter[1] den bedeutendsten Faktor darstellen (Yu & Cable, 2014: 1). Darüber herrscht nicht nur in der wirtschaftswissenschaftlichen Literatur, sondern auch in der Wirtschaftspraxis Einigkeit (Böttger 2012: 1). Aussagen wie „Die Mitarbeiterinnen und Mitarbeiter sind die Quelle unseres Erfolgs" (Siemens AG, 2003: 13) sind heutzutage so oder in ähnlicher Form häufig in den Leitbildern oder Grundsätzen der Unternehmen zu finden (Sponheuer, 2010: 1). Dies liegt vor allem daran, dass die Mitarbeiter eines Unternehmens insbesondere im Technologiezeitalter mit kürzeren Innovations- und Produktlebenszyklen im Gegensatz zu anderen Unternehmensressourcen, aufgrund ihrer Nicht-Imitierbarkeit und Nicht-Substituierbarkeit, als entscheidender Wettbewerbsvorteil zu sehen sind.[2] Zudem kann das Fehlen von qualifizierten und engagierten Mitarbeitern einen erheblichen Wettbewerbsnachteil für Unternehmen darstellen (Polyhart & Kim, 2014: 5).

Gleichzeitig sehen sich Unternehmen in Deutschland sowie in den meisten anderen westlichen Industrieländern aufgrund des demografischen Wandels mit den Herausforderungen eines geänderten Arbeitsmarkts konfrontiert. Überschriften in den Medien wie zum Beispiel „Fachkräftemangel – Der deutschen Automobilindustrie geht der Nachwuchs aus" (o. A., 2010) machen nicht selten auf die angespannte Arbeitsmarktsituation aufmerksam. Zwar gibt es vereinzelt Zweifel an der Existenz des Fachkräftemangels (Straubhaar, 2016), die überwiegende Evidenz spricht allerdings dafür, dass es für Unternehmen zunehmend schwieriger wird, ihren Bedarf an Fach- und Führungskräften zu decken.[3]

Aktuelle Umfragen zu den Trends und Herausforderungen in der Personalbeschaffung legen offen, dass der demografische Wandel sowie der Fach- und Führungskräftemangel aus Unternehmenssicht ernst zu nehmende externe Herausforderungen darstellen (Weitzel et al., 2014; Weitzel et al., 2016). Vakante Positionen müssen mitunter mit weniger geeigneten Kandidaten besetzt werden, weil dem Unternehmen keine anderen Kandidaten zur Verfügung stehen.[4]

---

[1] In der vorliegenden Arbeit wird auf die Unterscheidung zwischen der männlichen und der weiblichen Form bei der Bezeichnung von Personen verzichtet und ausschließlich die männliche Form als die herrschende grammatikalische Form gewählt. Dies stellt kein Werturteil dar, sondern dient allein der besseren Lesbarkeit.

[2] Zum Wandel der Rahmenbedingungen für Unternehmen siehe zum Beispiel Weinreich (2009).

[3] Im April 2014 lag der Arbeitskräfteengpass in MINT-Expertenberufen, das heißt überwiegend auf Ebene der Akademiker, bei 49.300 (Institut der deutschen Wirtschaft Köln, 2014: 7).

[4] Während der Zeit als Industriedoktorandin bei der Volkswagen AG fanden zahlreiche Gespräche mit Vertretern unterschiedlicher Fachbereiche hinsichtlich potenzieller Rekrutierungsprobleme statt.

© Springer Fachmedien Wiesbaden GmbH, ein Teil von Springer Nature 2018
F. M. Bauhoff, *Hochschulkooperationen und die Einstellung von*
Neueinsteigern zum Unternehmen, AutoUni – Schriftenreihe 121,
https://doi.org/10.1007/978-3-658-22055-6_1

Der prognostizierte Wandel des Arbeitsmarktes von einem Arbeitgeber- hin zu einem Arbeitnehmermarkt ist somit zur Tatsache geworden (Böttger, 2012: 4).

Folglich ist es nicht überraschend, dass Unternehmen das Gewinnen und Halten von qualifizierten und engagierten Mitarbeitern zunehmend als zentrale Aufgaben und strategisch wichtige Wettbewerbsfaktoren ansehen. Neben der Unternehmenspraxis schenkt auch die Forschungslandschaft dem Thema der Mitarbeiterrekrutierung seit geraumer Zeit vermehrte
Aufmerksamkeit und stellt dessen Wichtigkeit heraus. Yu & Cable (2014: 1) stellen zum
Beispiel fest, dass „[r]ecruitment (..) plays a vital role in building, nurturing, and maintaining
organizational success". Cleveland & Lim (2007: 109; Hervorhebung durch die Autorin)
merken ebenfalls an, dass „[a]n organization's success depends upon the **attraction**, selection, evaluation, and **retention** of the best and the brightest employees."

Im globalen Wettbewerb um geeignete Kandidaten reichen jedoch aus Unternehmenssicht die
traditionellen Rekrutierungsmethoden, wie zum Beispiel Stellenanzeigen, nicht mehr aus, um
das Interesse bei den Wunschkandidaten zu wecken. Unternehmen sind gezwungen, neue
Rekrutierungswege einzuschlagen (Van Berk, 1992: 217), wobei insbesondere eine frühzeitige Ansprache der Kandidaten wichtig ist.

„The phrase ‚war for talent' has become almost a cliché, but attracting high-quality
applicants has never been more critical for organizations in the ever competitive global
workplace." (Connerley, 2014: 21)

In diesem Zusammenhang gewinnen Hochschulkooperationen[5] zunehmend an Bedeutung. Sie
stellen für Unternehmen ein wichtiges Instrumentarium zur Akquisition dar, um die zuneh-
menden Herausforderungen in Bezug auf die Rekrutierung geeigneter Kandidaten zu meistern
(Weitzel et al., 2014: 27). Hochschulkooperationen dienen den Unternehmen meist als Vehi-
kel für die frühzeitige Ansprache von Studierenden (Hommel, 2010: 20). Vor allem bei Großunternehmen haben Hochschulkooperationen eine lange Tradition und „[s]eit jeher sind diese
persönlichen Verbindungen auch zur Gewinnung qualifizierter Mitarbeiter genutzt worden,
aber nur bei aktuellem Bedarf desjenigen, der über einen geeigneten Kontakt verfügte" (Van
Berk, 1992: 219 f.). Eine systematische Nutzung der Hochschulkooperationen steht bei vielen
Unternehmen jedoch noch aus. Hierfür ist es aber zwingend notwendig, das Rekrutierungspotenzial der einzelnen Hochschulkooperationsformen zu kennen, da Ergebnisse empirischer
Studien offenlegen, dass sich verschiedene Rekrutierungsinstrumente hinsichtlich ihres Rek-
rutierungserfolgs und ihrer Effekte auf organisationale Erfolgsgrößen unterscheiden (Weller,
Holtom, Matiaske & Mellewigt, 2009; Zottoli & Wanous, 2000).

1.2   Zielsetzung der Arbeit

Trotz der hohen Relevanz in der Unternehmenspraxis sowie der Tatsache, dass Unternehmen
bereits seit langem auf Hochschulkooperationen zur Gewinnung qualifizierter Mitarbeiter
zurückgreifen, ist es verwunderlich, dass Hochschulkooperationen in der Forschungslandschaft in Bezug auf ihr Rekrutierungspotenzial bislang nur peripher behandelt worden sind.
Bislang liegen – soweit der Autorin bekannt – keine Studien vor, die untersuchen, ob und in-

---

[5]   Der Begriff *Hochschulkooperationen* wird in der vorliegenden Arbeit als Oberbegriff für verschiedene
      Formen der Zusammenarbeit zwischen Unternehmen und Hochschulen verwendet. Für eine detaillierte
      Auseinandersetzung mit dem Begriff siehe Kapitel 2.4.

wieweit sich die verschiedenen Formen der Zusammenarbeit zwischen Unternehmen und Hochschulen in der Zusammenschau als wirksame Rekrutierungsinstrumente erweisen. Daraus abgeleitet besteht das erste Ziel dieser Arbeit darin, Transparenz zu schaffen, welche Hochschulkooperationsformen tatsächlich von Studierenden wahrgenommen und auch positiv bewertet werden.

Zusammen mit dem Wissen, inwieweit die einzelnen Hochschulkooperationsformen auch einen langfristigen Effekt auf die Einstellung von Neueinsteigern haben, eröffnet es Unternehmen die Möglichkeit, die einzelnen Hochschulkooperationsformen zielgerichtet zur Rekrutierung geeigneter Kandidaten einzusetzen. Da bereits mittels Rekrutierung ein entscheidender Beitrag zur Mitarbeiterbindung geleitet werden kann (Caldwell, Chatman & O'Reilly, 1990: 246; Mowday, Porter & Steers, 1982: 45; Pinks, 1992: 13; Rynes, 1991) und dem Halten von qualifizierten und engagierten Mitarbeitern eine ebenso wichtige Bedeutung wie der Gewinnung beigemessen wird, ist das zweite Ziel dieser Arbeit, offenzulegen, ob und wenn ja, welche Hochschulkooperationsformen die Mitarbeiterbindung erhöhen.

Hinzu kommt, dass in der Rekrutierungsliteratur verschiedene theoretische Erklärungsansätze für die unterschiedliche Wirkung von Rekrutierungsinstrumenten auf den Rekrutierungserfolg diskutiert werden. Zum einen wird häufig angenommen, dass Rekrutierungsinstrumente über die tatsächlich kommunizierten Informationen hinaus verschiedene Unternehmens- und Tätigkeitsmerkmale signalisieren, sodass sich potenzielle Bewerber ein besseres Bild darüber machen können, wie es sein könnte, bei einem bestimmten Unternehmen zu arbeiten (Allen, Mahto & Otondo, 2007; Baum & Kabst, 2011; Collins, 2007). Zum anderen wird diskutiert, dass sich Bewerber aufgrund von Rekrutierungsaktivitäten für bestimmte Unternehmen entscheiden, weil diese attraktiver erscheinen und die Bewerber entsprechend antizipieren, dass ihre soziale Identität aufgrund der Unternehmenszugehörigkeit aufgewertet wird (Bartels, Pruyn, Jong & Joustra, 2007; Cable & Turban, 2003).

Daher ist das dritte und zentrale Ziel der Arbeit, zu verstehen, durch welche Mechanismen der Rekrutierungserfolg von Hochschulkooperationen beeinflusst wird. Um das Rekrutierungspotenzial von Hochschulkooperationen effektiv nutzen zu können, ist dieses Verständnis für Unternehmen sehr wertvoll.

Der theoretische Beitrag der vorliegenden Arbeit umfasst die Entwicklung eines theoretischen Modells zur Untersuchung der Wirkungsweise von Hochschulkooperationen sowie die Formulierung von empirisch überprüfbaren Hypothesen zur Wirkung von Hochschulkooperationen. Dazu werden zunächst die wesentlichen in der Literatur diskutierten organisationalen Erfolgsgrößen von Rekrutierungsinstrumenten identifiziert. Darüber hinaus werden die in der Literatur diskutieren Grundideen zur Wirkungsweise von Unternehmens- und Rekrutierungspraktiken auf den Rekrutierungserfolg herausgearbeitet und auf den vorliegenden Kontext übertragen. Weder in Bezug auf Rekrutierungsinstrumente im Allgemeinen noch in Bezug auf Hochschulkooperationen im Speziellen liegt ein theoretisches Modell vor, welches offenlegt, **wie,** das heißt über welche Wirkungsmechanismen Rekrutierungsinstrumente die Einstellung von Neueinsteigern zu Unternehmen beeinflussen.

Im Anschluss daran wird das theoretisch hergeleitete Untersuchungsmodell zur Wirkungsweise von Hochschulkooperationen mittels einer eigens dafür entwickelten Studie bei einem großen deutschen Automobilhersteller empirisch überprüft. Abschließend werden auf Basis der empirischen Ergebnisse Handlungsempfehlungen für Unternehmen abgeleitet, welche Hochschulkooperationen für die Rekrutierung genutzt werden sollten und vor allem wie diese idealerweise ausgestaltet werden sollten.

1.3 Aufbau der Arbeit

Nach der Einführung in die Relevanz des Themas, der darauf aufbauenden Problemstellung sowie der Zielsetzung dieser Arbeit in Kapitel 1 befasst sich das zweite Kapitel mit dem konzeptionellen Bezugsrahmen der Arbeit. In Kapitel 2.1 wird zunächst das Rekrutierungsverständnis, das dieser Arbeit zugrunde liegt, herausgearbeitet. Darauf aufbauend wird in Kapitel 2.2 das Begriffsverständnis von Rekrutierungsinstrumenten erläutert sowie der Vorteil einer Klassifizierung in informationsärmere und informationsreichere Rekrutierungsinstrumente dargestellt. Die folgenden Abschnitte 2.3 und 2.4 gehen auf die Rekrutierungsinstrumente Hochschulmarketing und Hochschulkooperationen ein, wobei in Kapitel 2.4 offengelegt wird, wie die beiden Rekrutierungsinstrumente nach vorliegendem Verständnis zueinander in Beziehung stehen. Des Weiteren wird in diesem Abschnitt erläutert, was unter den einzelnen Hochschulkooperationsformen im Detail zu verstehen ist und welche Kooperationsformen als informationsärmer oder -reicher zu klassifizieren sind. Kapitel 2.5 beschäftigt sich dann mit den in der Forschungsliteratur vorrangig diskutierten Indikatoren für den Rekrutierungserfolg. Hier werden sowohl organisationale Erfolgsgrößen vor als auch nach erfolgter Einstellung näher beleuchtet und diskutiert.

Unternehmen kooperieren mit Hochschulen, um unter anderem Informationen über das Unternehmen sowie die potenziellen Arbeitsplätze bereitzustellen und sich an den Hochschulen als attraktiver Arbeitgeber zu positionieren (Ahlers, 1994: 67). In Bezug auf diese Zielsetzungen werden die relevanten Erfolgsgrößen zur Evaluierung von Hochschulkooperationen zunächst identifiziert und daran anschließend näher betrachtet. Es wird das Begriffsverständnis der realistischen Tätigkeitsvorstellung (Kapitel 2.5.1), des wahrgenommenen Arbeitgeberprestiges (Kapitel 2.5.2), der Zufriedenheit der Studierenden mit der Hochschulpräsenz (Kapitel 2.5.3) und des affektiven Commitments (Kapitel 2.5.4) dargelegt, wobei ebenfalls die Determinanten und Konsequenzen der einzelnen Erfolgsgrößen Gegenstand der Betrachtung sind. Beim wahrgenommenen Arbeitgeberprestige sowie dem affektiven Commitment ist zudem eine Abgrenzung zu verwandten Konstrukten notwendig. Abschließend wird in Kapitel 2.6 der empirische Forschungsstand zur Rekrutierungswirkung von Hochschulkooperationen aufgearbeitet und zusammenfassend dargestellt.

In Kapitel 3 wird auf Basis des konzeptionellen und theoretischen Bezugsrahmens sowie des empirischen Forschungsstands ein Modell entwickelt, das die Wirkungsweise von Hochschulkooperationen mittels empirisch überprüfbarer Hypothesen abbildet. Hierzu werden zunächst die in der Rekrutierungsliteratur diskutierten Ansätze zur Erklärung der Wirkung von Rekrutierungsaktivitäten sowie die dahinterliegenden theoretischen Grundlagen, wozu das Signaling (Kapitel 3.1.1), der Mere-Exposure-Effekt (Kapitel 3.1.2), sozialer Austausch sowie das psychologische Vertragskonzept (Kapitel 3.1.3) und die Theorie der sozialen Identität (Kapitel 3.1.4) zählen, vorgestellt. Anschließend werden die vorangegangenen theoretischen Erkenntnisse auf den vorliegenden Kontext übertragen und um bereits vorliegende empirische Erkenntnisse erweitert. Dies mündet in Abschnitt 3.2 in der Herleitung der Forschungshypothesen sowie deren abschließender Zusammenfassung in dem Untersuchungsmodell zur Wirkungsweise von Hochschulkooperationen.

Die empirische Studie zur Überprüfung des Modells zur Wirkungsweise von Hochschulkooperationen ist Gegenstand des vierten Kapitels. Kapitel 4.1 geht auf das methodische Konzept der Datenerhebung ein. Die Datenbasis bildet eine Stichprobe von Neueinsteigern der Volkswagen AG. Die Datenerhebung erfolgt mittels einer eigens konzipierten schriftlichen Online-Befragung.

In Kapitel 4.2 erfolgt die Operationalisierung der relevanten Modellvariablen. Zunächst erfolgt die Operationalisierung der unterschiedlichen Hochschulkooperationsformen als unabhängige Variablen, gefolgt von der realistischen Tätigkeitsvorstellung, dem wahrgenommenen Arbeitgeberprestige und der Zufriedenheit der Studierenden mit der Hochschulpräsenz als Mediatorvariablen sowie dem affektiven Commitment als Zielkonstrukt. Abschließend wird die Vorprägung in Bezug auf das Unternehmen als Kontrollvariable operationalisiert.

Die empirische Überprüfung erfolgt anhand eines Strukturgleichungsmodells. Kapitel 4.3 geht auf die methodischen Grundlagen der Strukturgleichungsanalyse ein, bevor in Kapitel 4.4 die empirischen Ergebnisse der Studie vorgestellt werden. Neben vorbereitenden Analyseschritten und einer detaillierten Beurteilung der Messmodelle und des Gesamtmodells erfolgt in diesem Kapitel die Dokumentation der Ergebnisse sowie die abschließende Diskussion und Interpretation der empirischen Befunde.

Das Kapitel 5 rundet die Arbeit mit einer finalen Betrachtung der Untersuchung ab. In Kapitel 5.1 werden zunächst die Ergebnisse zusammenfassend diskutiert, bevor in Kapitel 5.2 auf die Limitationen der vorliegenden Arbeit eingegangen wird. Die Arbeit endet mit Schlussfolgerungen aus den gewonnenen Ergebnissen sowie den daraus abgeleiteten Handlungsempfehlungen für die Unternehmenspraxis (Kapitel 5.3).

2 Hochschulkooperationen im Kontext der Rekrutierungsforschung

Das folgende Kapitel befasst sich mit den konzeptionellen Grundlagen der vorliegenden Arbeit. Zunächst werden die Begriffe *Rekrutierung* (Kapitel 2.1) und *Rekrutierungsinstrument* (Kapitel 2.2) definiert, bevor auf die Vorteile einer Systematisierung in informationsreichere und -ärmere Rekrutierungsinstrumente eingegangen wird. Daran anschließend werden in Kapitel 2.3 und Kapitel 2.4 die Rekrutierungsinstrumente Hochschulmarketing und Hochschulkooperationen einer näheren Betrachtung unterzogen. In Abschnitt 2.5 folgt die Darstellung der Erfolgsindikatoren zur Evaluierung von Hochschulkooperationen. Das Kapitel schließt mit einer zusammenfassenden Darstellung des empirischen Forschungsstands zu Hochschulkooperationen als Rekrutierungsinstrument ab (Abschnitt 2.6).

2.1 Definition und Konkretisierung des Rekrutierungsbegriffs

Der Begriff *Rekrutierung*[6], im angloamerikanischen Sprachgebrauch *recruiting* oder *recruitment*, wird in der Forschungsliteratur inhaltlich unterschiedlich weit gefasst. Im deutschsprachigen Raum dominiert ein inhaltlich sehr breit gefasstes Begriffsverständnis, wonach Rekrutierung[7] neben der Personalwerbung im Sinne einer gezielten *„Werbung um Bewerbungen"* (Wunderer, 1975: Sp. 1689; Hervorhebung im Original) auch die Personalauswahl (Ahlers, 1994: 56; Arnold & Wächter, 1975: Sp. 1504; 1510 ff.; Holtbrügge, 2013: 106; Kolb, Burkart & Zundel, 2010: 80; Wickel-Kirsch, Janusch & Knorr, 2008; Windolf, 1983: 110) und mitunter sogar die Integration neuer Mitarbeiter umfasst (Haubrock & Öhlschlegel-Haubrock, 2009: 65; Jung, 2011: 128). Im Gegensatz dazu steht die Ansicht von Kompa (1989: 12), der unter Personalbeschaffung (-rekrutierung oder -anwerbung) lediglich die „Gewinnung einer genügend großen Anzahl potentiell geeigneter Anwärter oder Bewerber für den vorgesehenen Arbeitsplatz" versteht. Per Definition hat die Personalrekrutierung ebenfalls allein die Aufgabe, „die von einem Unternehmen benötigten Arbeitskräfte in qualitativer, quantitativer, zeitlicher und räumlicher Hinsicht zu beschaffen" (Springer Fachmedien Wiesbaden GmbH, 2013: 102).

Im Gegensatz zum deutschen Begriffsverständnis ist das nahezu einheitliche angloamerikanische Begriffsverständnis deutlich enger gefasst. Dem ursprünglichen Begriffsverständnis von *recruiting* beziehungsweise *recruitment* zufolge werden darunter einzig Aktivitäten der Personalwerbung, nicht aber der Bewerberauswahl (*selection*) zusammengefasst (Hawk, 1967; zitiert nach Breaugh, 1992: 3). „**Recruiting** is the process of attempting to locate and encourage potential applicants to apply for existing or anticipated job openings" (Sherman, Bohlander & Chruden, 1988: 134; Hervorhebung im Original). Demzufolge liegt die allgemeine Zielsetzung und Aufgabe von Rekrutierung darin, eine ausreichende Zahl von Personen zu einer Bewerbung zu bewegen beziehungsweise einen Pool von geeigneten Bewerbern für die offene(n) Vakanz(en) zu schaffen. Damit ist sie deutlich von der Bewerberauswahl abzugrenzen,

---

[6] Im Folgenden ist ausschließlich von der externen Rekrutierung die Rede.

[7] In der deutschsprachigen Fachliteratur findet der Begriff *Personalbeschaffung* eine häufigere Verwendung als der Begriff *Rekrutierung* (Kompa, 1989: 12).

© Springer Fachmedien Wiesbaden GmbH, ein Teil von Springer Nature 2018
F. M. Bauhoff, *Hochschulkooperationen und die Einstellung von Neueinsteigern zum Unternehmen*, AutoUni – Schriftenreihe 121,
https://doi.org/10.1007/978-3-658-22055-6_2

die dazu dient, sich zwischen den einzelnen Kandidaten des Bewerberpools zu entscheiden (Breaugh, 1992: 3). Seit einiger Zeit wird allerdings die Zweckmäßigkeit der strikten Trennung zwischen Suche und Auswahl von Mitarbeitern in Frage gestellt. Barber (1998) und Breaugh (1992) konstatieren beispielsweise Bezüge zwischen Rekrutierung und Bewerberauswahl in der Form, dass sie davon ausgehen, dass sich die beiden Prozesse trotz ihrer Distinktheit gegenseitig bedingen.

In Bezug auf die unterschiedlichen Definitionen des Begriffs Rekrutierung fasst Polyhart (2006: 869) für den angloamerikanischen Sprachraum folgerichtig zusammen, dass „[m]ost definitions of recruitment emphasize the organization's collective efforts to identify, attract, and influence the job choices of competent applicants."

In der vorliegenden Arbeit wird analog der angloamerikanischen Fachliteratur ein enges Begriffsverständnis von Rekrutierung eingenommen und Barbers (1998) Definition zugrunde gelegt.[8] Ihr zufolge umfasst Rekrutierung „those practices and activities carried on by the organization with the primary purpose of identifying and attracting potential employees" (Barber, 1998: 5). Barber (1998) knüpft damit ihr Verständnis von Rekrutierung, im Gegensatz zu anderen Rekrutierungsforschern wie zum Beispiel Breaugh (1992) oder Rynes (1991), an keine konkreten Erfolgsgrößen an.[9] Auch wenn ihrer Ansicht nach das Hauptziel von Rekrutierung in der Attrahierung zukünftiger Mitarbeiter liegt, ermöglicht ihre Definition ebenfalls diejenigen Aktivitäten als Rekrutierungsaktivitäten zu klassifizieren, die diesem Ziel nicht vollständig nachkommen (Barber 1998: 5).[10]

Aufbauend auf Boudreaus & Rynes (1985) Klassifizierungsschema von (potenziellen) Mitarbeitern in Bewerberpopulation, Bewerberpool und ausgewählte Kandidaten[11], definiert Barber (1998: 14 f.) drei Phasen innerhalb des Rekrutierungsprozesses, die (potenzielle) Mitarbeiter im Regelfall durchlaufen. Die erste Rekrutierungsphase – *Generierung von Bewerbern* – zielt darauf ab, potenzielle Bewerber für das Unternehmen zu interessieren und sie dazu zu bewegen, sich zu bewerben (Barber, 1998: 13). Die zweite Phase – *Aufrechterhaltung des Bewerberstatus* – hat zum Ziel, das Interesse der Bewerber aufrechtzuerhalten. Zusätzlich wendet das Unternehmen in dieser Phase Aktivitäten zur Bewerberselektion an (Barber, 1998: 53). Die dritte und letzte Phase – *Beeinflussung der Arbeitsplatzwahl* – zielt darauf ab, die Entscheidung der Bewerber positiv zu beeinflussen (Barber, 1998: 94 f.). Aufgrund des thematischen Schwerpunkts der vorliegenden Arbeit soll im Folgenden die erste Rekrutierungsphase näher beleuchtet werden.

Wie bereits dargestellt zielt diese erste Phase insbesondere darauf ab, bei potenziellen Bewerbern Interesse für das Unternehmen zu wecken und sie dazu zu bringen, sich zu bewerben. Obwohl grundsätzlich alle drei Phasen für den Rekrutierungserfolg eines Unternehmens wich-

---

[8]   Barbers (1998) Definition von Rekrutierung ist in der einschlägigen angloamerikanischen Fachliteratur die wohl am weitesten verbreitete Definition und wird unter anderem in den Beiträgen von Allen, Mahto & Otondo (2007), Breaugh & Starke (2000), Cable & Turban (2001), Cober, Brown, Levy, Cober & Keeping (2003), Connerley (2014) und Van Hoye & Saks (2011) aufgegriffen.

[9]   Breaugh (1992: 4) fasst unter Rekrutierung alle Aktivitäten zusammen, die „(1) influence the number and/or the types of applicants who apply for a position and/or (2) affect whether a job offer is accepted."

[10]   In diesem Fall ließen sich auch ineffektive Rekrutierungsmaßnahmen ausmachen (Barber, 1998: 5).

[11]   Die Bewerberpopulation ist eine weit gefasste Gruppe von potenziellen Bewerbern, aus der Unternehmen versuchen einzelne Individuen zu rekrutieren. Im Bewerberpool befinden sich dann diejenigen Individuen aus der Bewerberpopulation, die eine positive Bewerbungsentscheidung getroffen haben (Barber, 1998: 13).

tig sind, wird in der Literatur die Vorrangstellung der ersten Phase hervorgehoben (Allen et al., 2007; Barber & Roehling, 1993; Collins & Stevens, 2002; Gatewood, Gowan & Lautenschlager, 1993; Rynes & Barber, 1990; Walker & Hinojosa, 2014). Die Wichtigkeit lässt sich dadurch erklären, dass eine positive Bewerbungsentscheidung notwendige Voraussetzung für den weiteren Verlauf des Rekrutierungsprozesses ist. Individuen, die sich nicht bewerben, können durch nachfolgende Rekrutierungsaktivitäten weder umgestimmt noch beeinflusst werden (Barber & Roehling, 1993: 845). Des Weiteren steht Unternehmen, die mehr qualifizierte Bewerber attrahieren und zu einer Bewerbung bewegen, ein größerer Bewerberpool zur Verfügung, welcher maßgeblich die darauffolgenden Maßnahmen beziehungsweise deren Nutzen (zum Beispiel die Selektion) beeinflusst (Boudreau & Rynes, 1985: 357; Turban, 2001: 293). Nicht zuletzt sind die frühen Aktivitäten zur Anbahnung des Kontakts zwischen Unternehmen und Individuum und der damit einhergehende erste Eindruck vom Unternehmen auch deshalb als wichtig anzusehen, weil sie neben der Bewerbungsentscheidung auch Folgeentscheidungen, wie zum Beispiel die Arbeitsplatzwahl (Lawler, Kuleck, Rhode & Sorensen, 1975: 133; Powell & Goulet, 1996: 1634; Turban, 2001: 294)[12] oder verschiedene Erfolgsgrößen nach Unternehmenseintritt (Fluktuation, Mitarbeiterzufriedenheit oder Mitarbeiterbindung), beeinflussen (Barber, 1998: 18; Moser, 2005).[13]

In dieser frühen Rekrutierungsphase verfügen potenzielle Bewerber in der Regel über einen geringen Kenntnisstand in Bezug auf einzelne Unternehmen sowie Arbeitsplätze (Barber, 1998: 18). Um potenzielle Bewerber zu motivieren, sich für ein Unternehmen als Arbeitgeber zu interessieren und eine positive Einstellung gegenüber diesem Unternehmen zu entwickeln, steht in der Anwerbungsphase vor allem die Kommunikation beziehungsweise Bereitstellung von Informationen über das Unternehmen und die potenziellen Arbeitsplätze im Vordergrund (Allen et al., 2007: 1698; Walker & Hinojosa, 2014: 269). Verschiedene Forscher (zum Beispiel Allen et al., 2007; Allen, Van Scotter & Otondo, 2004; Barber, 1998; Greening & Turban, 2000; Rynes, Bretz & Gerhart, 1991; Turban, 2001: 309) weisen nach, dass Rekrutierungspraktiken sowie die im Rahmen dessen bereitgestellte Informationen dieser Aufgabe nachkommen und demnach in einem engen Zusammenhang mit der Attrahierung von Bewerbern stehen. Laut der Metaanalyse von Chapman, Uggerslev, Carroll, Piasentin & Jones (2005) üben Unternehmens- und Arbeitsplatzcharakteristika sogar den größten Einfluss auf die Bewerberattraktion aus.

Da Unternehmen in dieser frühen Rekrutierungsphase noch auf eine verhältnismäßig große Anzahl an potenziellen Bewerbern treffen, ist diese erste Phase größtenteils durch unpersönliche Kommunikation, wie zum Beispiel in Imageanzeigen oder Stellenanzeigen, gekennzeichnet (Barber, 1998: 18). Aufgrund der aktuellen Arbeitsmarktsituation (siehe Kapitel 1.1) entwickelt sich der Trend allerdings dahin, dass zwischen Unternehmen und potenziellen Bewerbern weitaus frühzeitiger eine persönliche Interaktion stattfindet (Walter, Henkel & Heidig, 2012: 303). Zum Beispiel nutzen Unternehmen heutzutage bereits verstärkt die Möglichkeit, auf Jugendmessen wie der IdeenExpo[14] oder durch die Präsenz an Schulen und Hochschulen

---

[12]   Für einen detaillierten Überblick über den Zusammenhang zwischen der organisationalen Attrahierung und der Arbeitsplatzwahl siehe den Überblicksartikel von Highhouse & Hoffman (2001).

[13]   Einzelne Indikatoren für den Rekrutierungserfolg werden ausführlich in Kapitel 2.5 besprochen.

[14]   Die IdeenExpo ist die bundesweit größte Veranstaltung für technisch und naturwissenschaftlich interessierten Nachwuchs. Sie richtet sich insbesondere an Schüler der Jahrgangsstufen 8 bis 13 mit dem Ziel, unterschiedliche Berufsperspektiven aufzuzeigen und in Kontakt mit den teilnehmenden Ausstellern (unter anderem Unternehmen) zu kommen (IdeenExpo GmbH, 2016).

frühzeitig in direkten Kontakt mit potenziellen Bewerbern zu treten und ihnen auf diese Weise Informationen über das Unternehmen zur Verfügung zu stellen.

2.2 Systematisierung von Rekrutierungsinstrumenten

Die Kontaktanbahnung zwischen Individuen und Unternehmen kann grundsätzlich über verschiedene Rekrutierungsinstrumente erfolgen. Analog zum Rekrutierungsbegriff existiert auch im Hinblick auf den Begriff *Rekrutierungsinstrument* sowohl ein enges als auch breites Begriffsverständnis. Weller, Michalik & Mühlbauer (2014: 141) fassen unter Rekrutierungsinstrumenten lediglich diejenigen Instrumente oder Praktiken zusammen, die Unternehmen zur Kommunikation ihrer Vakanzen beziehungsweise potenzielle Bewerber für die Suche nach offenen Stellen nutzen. Demgegenüber ist das Begriffsverständnis von Da Motta Veiga & Turban (2017) sehr breit gefasst. Sie definieren Rekrutierungsinstrumente als „sources used by employers to find qualified applicants" (Da Motta Veiga & Turban 2017: 8). Aufgrund des in der vorliegenden Arbeit vorherrschenden Begriffsverständnisses von Rekrutierung werden neben den klassischen Rekrutierungsinstrumenten, die auf eine vakante Stelle aufmerksam machen (zum Beispiel Stellenanzeigen), auch diejenigen Unternehmenspraktiken als Rekrutierungsinstrumente klassifiziert, die vorrangig dem Ziel der Identifizierung und Attrahierung potenzieller Bewerber dienen (Barber 1998: 5). Demnach handelt es sich bei Rekrutierungsinstrumenten auch nicht zwangsläufig um Medien, die Informationen über das Unternehmen bereitstellen (Barber 1998: 6).

Unternehmen können grundsätzlich auf viele unterschiedliche Rekrutierungsinstrumente zurückgreifen (Moser, 2005). Neben den traditionellen Rekrutierungskanälen, wie zum Beispiel Stellenanzeigen, Rekrutierungsbroschüren oder der Rekrutierung durch persönliche Kontakte, greifen Unternehmen seit geraumer Zeit auch auf andere Rekrutierungsinstrumente, wie zum Beispiel Internet-Jobbörsen, die eigene Unternehmenshomepage oder Kooperationen mit Hochschulen, zurück (Van Berk, 1992).

Aufgrund der Vielzahl an unterschiedlichen Rekrutierungsinstrumenten und der damit einhergehenden Komplexität fassen viele Wissenschaftler (zum Beispiel Allen et al., 2004; Breaugh & Mann, 1984; Collins & Han, 2004; Granovetter, 1995; Quaglieri, 1982; Wanous, 1980) die verschiedenen Rekrutierungsinstrumente zu Gruppen zusammen, wobei die Klassifizierung ebenfalls als Erklärungsgrundlage für Unterschiede bei den Auswirkungen herangezogen wird (Griffeth, Tenbrink & Robinson, 2014: 216).

Seit jüngerer Zeit werden Rekrutierungsinstrumente vermehrt auf Basis der Media-Richness-Theorie (Daft & Lengel, 1986) in informationsreichere und informationsärmere Maßnahmen unterteilt (Allen et al., 2004; Baum & Kabst, 2011; Cable & Yu, 2006; Collins, 2007; Collins & Han, 2004), wobei sich die Studien von Collins & Han (2004) sowie Collins (2007) nicht explizit auf die Media-Richness-Theorie beziehen.[15]

Laut der Media-Richness-Theorie variieren Kommunikationskanäle – in der vorliegenden Arbeit Hochschulkooperationen – hinsichtlich ihrer Eignung, Informationen effektiv zu ver-

---

[15]   Allen et al. (2004) haben in ihrer Studie die Media-Richness-Theorie erstmalig auf den Rekrutierungskontext übertragen. Zuvor wurde in der Literatur vorrangig zwischen formalen Rekrutierungsinstrumenten (zum Beispiel Zeitungsannoncen, Personalvermittlern) und informalen Rekrutierungsinstrumenten (zum Beispiel Mitarbeiterempfehlungen) (Breaugh & Mann, 1984; Quaglieri, 1982; Saks, 1994) oder externen und internen Rekrutierungsinstrumenten (Wanous, 1992) unterschieden.

mitteln (Allen et al., 2004: 144). Der Grund hierfür liegt in der Ausprägung des Informations-reichtums[16] der einzelnen Kommunikationskanäle. Damit ist die Fähigkeit des Kommunikati-onskanals, unterschiedlich viele Informationen und Reize auf verschiedenen Ebenen gleich-zeitig zur Verfügung zu stellen, zeitnahes Feedback und persönliche Interaktion zu ermögli-chen, gemeint. Der Reichtum eines Mediums wird also insgesamt durch die folgenden vier Dimensionen bestimmt: (1) die *Schnelligkeit der Rückkopplungsmöglichkeiten* oder anders ausgedrückt die Unmittelbarkeit des Feedbacks; (2) die *Anzahl der benutzten Informationska-näle* (Bild, Ton, Text); (3) den *Persönlichkeitsgrad* der Kommunikation, das heißt die Mög-lichkeit der Übermittlung persönlicher Gefühle und Einstellungen, sowie (4) die *sprachliche Vielfalt* (nonverbale Reize, natürliche Sprache) (Daft & Lengel, 1986: 560).[17] Ein Medium, welches die Kriterien erfüllt beziehungsweise eine hohe Ausprägung aufweist, wird als rei-ches Medium angesehen. Infolgedessen ermöglichen reichere Kanäle eine bessere Bereitstel-lung von faktenorientierten und/oder affektiven Informationen. Sie ermöglichen dem Kom-munikationssender personalisierte Informationen zur Verfügung zu stellen und eröffnen dem Kommunikationsempfänger die Möglichkeit, die Richtigkeit der Informationen direkt zu überprüfen (Allen, 2004: 148). Allerdings ist anzumerken, dass informationsreichere Medien nicht per se den informationsärmeren Medien vorzuziehen sind, sondern je nach Komplexität der Kommunikationsaufgabe individuell gewählt werden sollten.[18] Während sich informati-onsreichere Medien zur Lösung komplexer Kommunikationsaufgaben eignen, weisen infor-mationsärmere Medien eine höhere Effektivität in Bezug auf die Lösung weniger komplexer Kommunikationsaufgaben auf (Daft & Lengel, 1984: 199). Übertragen auf den Rekrutie-rungskontext eigenen sich informationsreichere Rekrutierungsinstrumente somit für die Ver-mittlung von Informationen über die Tätigkeit sowie die Unternehmenswerte und Unterneh-menscharakteristika, während informationsärmere Rekrutierungsinstrumente eher dazu heran-gezogen werden sollten, um auf das Unternehmen aufmerksam zu machen sowie positive As-soziationen in Bezug auf das Unternehmen hervorzurufen (Baum & Kabst, 2011: 333, 2014: 357).

Der wesentliche Vorteil einer Kategorisierung in informationsärmere und informationsreiche-re Rekrutierungsinstrumente ist, dass diese einen möglichen, in der Literatur oftmals geforder-ten Erklärungsansatz dafür liefert, warum verschiedene Rekrutierungsinstrumente unter-schiedliche Rekrutierungserfolge aufweisen (Allen et al., 2004: 164; Barber, 1998: 31).[19] Eine Unterteilung in informationsärmere und -reichere Rekrutierungsinstrumente erscheint somit sehr sinnvoll und findet daher im weiteren Verlauf der Arbeit bei den Hochschulkooperations-formen Anwendung.

Bevor im Folgenden die einzelnen Hochschulkooperationsformen näher betrachtet werden, soll zunächst aufgrund von inhaltlichen Überschneidungen das Thema Hochschulmarketing kurz umrissen werden.

---

[16] Daft & Lengel (1986: 560) definieren Informationsreichhaltigkeit (*information richness*) als „the ability of information to change understanding within a time interval."

[17] Die Media-Richness-Theorie wurde von Rice (1992) weiterentwickelt, sodass sie auch auf neuere Medien übertragbar ist.

[18] Während informationsreichere Kanäle zu einer Überkomplizierung (*overcomplication*) der Situation führen können, kann der Rückgriff auf informationsärmere Kanäle eine zu starke Vereinfachung (*oversimplificati-on*) zur Folge haben (Daft & Lengel, 1984: 199).

[19] Zu den einzelnen Erfolgsgrößen im Zusammenhang mit Rekrutierungsinstrumenten siehe Kapitel 2.5.

2.3 Hochschulmarketing als Rekrutierungsinstrument

Das Hochschulmarketing ist als Teildisziplin des externen Personalmarketings, welches sich der Adressatengruppe der Studierenden und Akademiker widmet, zu verstehen (Schamberger, 2006: 25). Personalmarketing wird in der vorliegenden Arbeit definiert als „konsequentes Umsetzen des Marketinggedankens auch im Personalbereich. Das Unternehmen, inklusive Arbeitsplatz (Produkt), muss an gegenwärtige und zukünftige Mitarbeiter (Kunden) ‚verkauft' werden" (Scholz, 1999: 28). Das vorrangige Ziel des Personalmarketings liegt somit in der Erhöhung der Arbeitgeberattraktivität auf dem internen und externen Arbeitsmarkt (Thom, 2001: 126).[20] Daraus abgeleitet ist das Ziel des Hochschulmarketings, Studierende zum bestmöglichen Zeitpunkt auf das Unternehmen aufmerksam zu machen und dafür zu sorgen, dass das Unternehmen durch gezielte Maßnahmen positiv im Gedächtnis bleibt, sodass sich die Zielgruppe im weiteren Verlauf des Rekrutierungsprozesses an das Unternehmen als attraktiven Arbeitgeber erinnert (Breaugh, 1992: 314; Wenderdel, 2009: 113). Hierbei ist zu beachten, dass die Maßnahmen den Anforderungen und Bedürfnissen der Zielgruppe nachkommen müssen (Wenderdel, 2009: 112). Beim Hochschulmarketing handelt es sich daher „um eine fokussierte Form der Nachwuchsgewinnung, bei der die Marketinganstrengungen auf Hochschulen konzentriert werden" (Schamberger, 2006: 25).

Die Vorteile des Hochschulmarketings werden oftmals in der Möglichkeit der frühzeitigen Kontaktaufnahme zu geeigneten Kandidaten, dem besseren gegenseitigen Kennenlernen zwischen Unternehmen und Studierenden, der frühzeitigen Bindung geeigneter Kandidaten, der streuungsarmen Administration sowie den niedrigeren Kosten gesehen (Ahlers, 1994: 74; Höllmüller, 2002: 70 f.; Holtbrügge, 2013: 113; Schamberger, 2006: 26). Schamberger (2006: 26) und Ahlers (1994: 74 f.) benennen insbesondere die Möglichkeit des gegenseitigen Kennenlernens zwischen Unternehmen und Studierenden sowie die streuungsarme Administration als wichtige Vorzüge des Hochschulmarketings.

Heutzutage müssen sich nicht nur die Studierenden bei den Unternehmen bewerben, sondern auch umgekehrt die Unternehmen bei den Studierenden (Böttger, 2012: 4). Im Rahmen des Hochschulmarketings haben beide Parteien die Möglichkeit, sich zu präsentieren, sodass sich sowohl Unternehmen als auch Studierende ein Urteil über den jeweils Anderen bilden können. Des Weiteren ist das Aufkommen der Zielgruppe der Studierenden und Akademiker stark auf das universitäre Umfeld konzentriert. So lässt sich diese Zielgruppe zielsicher ansprechen und umwerben und Unternehmen müssen im Rahmen des Hochschulmarketings lediglich einen geringen Streuverlust hinnehmen. Demgegenüber sind die Vorteile der frühzeitigen Bindung und der geringen Kosten eher als vermeintliche Vorteile anzusehen (Ahlers, 1994: 74; Holtbrügge, 2013: 114; Schamberger, 2006: 26). Holtbrügge (2013: 114) sieht zum Beispiel im Zusammenhang mit Hochschulmarketing einen relativ hohen finanziellen und personellen Aufwand, während sich nach Ahlers (1994: 74) das Kostenargument aufgrund der Vielfalt an Maßnahmen weder verifizieren noch falsifizieren lässt. Des Weiteren stellt Ahlers (1994: 75) die frühzeitige Bindungsbereitschaft von qualifizierten Studierenden und Akademikern in Frage. Zusammenfassend lässt sich festhalten, dass die Vorteile des Hochschulmarketings deutlich überwiegen und Unternehmen zu Rekrutierungszwecken daher gerne auf Hochschulmarketingaktivitäten zurückgreifen.

---

[20]   Aufgrund der Vielzahl an Arbeiten zum Thema Personalmarketing soll an dieser Stelle nicht näher darauf eingegangen werden. Der interessierte Leser sei an dieser Stelle auf entsprechende Fachliteratur, wie zum Beispiel von Beck (2008b), Schmidtke (2002) oder Strutz (1989), verwiesen.

2.4 Hochschulkooperationen als Rekrutierungsinstrumente

Unter Hochschulkooperationen werden in der vorliegenden Arbeit Kooperationen zwischen Unternehmen und Hochschulen[21] verstanden. Der Begriff *Hochschulkooperationen* ist dahingehend nicht ganz eindeutig, als dass er ebenfalls für Kooperationen zwischen verschiedenen Hochschulen aufgegriffen wird (Martini, 2014). Die gewählte Bezeichnung verdeutlicht allerdings den Blickwinkel der Argumentation, weshalb diese beibehalten wird. Die Kooperationen zwischen Unternehmen und Hochschulen werden im Rahmen dieser Arbeit vor dem Hintergrund der Unternehmensinteressen analysiert.[22]

Hochschulkooperationen sind bei Unternehmen weit verbreitet und haben eine lange Tradition (Kirsch, 1995: 178; Van Berk, 1992: 219). Die Gründe, warum ein Unternehmen Interesse daran hat, sich im Hochschulbereich einzubringen, sind sehr mannigfaltig. Unternehmen können durch Hochschulkooperationen beispielsweise ihrer gesellschaftspolitischen Verantwortung Ausdruck verleihen, einen Beitrag zur praxisorientierten Gestaltung der Hochschulausbildung leisten, neues Wissen und neue Technologien der Hochschulen ins Unternehmen transferieren, Kundenakquisition betreiben und nicht zuletzt sowohl mittel- als auch unmittelbar Personalwerbung betreiben. Letzteres beinhaltet die Maximierung der Sympathiewerte und die Positionierung als attraktiver Arbeitgeber (Ahlers, 1994: 67; Van Berk, 1992). Neben den Gründen für eine Hochschulkooperation ist auch die Art und Weise, wie sich Unternehmen im Hochschulbereich einbringen können, sehr vielfältig. In der Regel unterhalten Unternehmen mit einer Hochschule mehrere Kooperationsformen gleichzeitig (Höllmüller, 2002: 72; Kirsch, 1995: 178). Aus Unternehmenssicht zählen Lehrstuhlkooperationen, Exkursionen, Firmenkontaktmessen, Gastvorträge, Werbung an Hochschulen sowie Lehraufträge zu den beliebtesten Kooperationsformen (Kirsch, 1995: 178).

Das untersuchte Unternehmen greift neben diesen Hochschulkooperationsformen zusätzlich auf in der Praxis weniger verbreitete Kooperationsformen zurück, die ebenfalls Betrachtungsgegenstand der vorliegenden Arbeit sind. Neben den bekannteren Kooperationsformen wie Exkursionen, Firmenkontaktmessen, Forschungsprojekten, Gastvorträgen, Lehraufträgen/Honorarprofessuren und Sponsoring-Aktivitäten werden auch Ehrentitel, Gremienarbeit, und Stiftungsprofessuren näher beleuchtet.[23]

In der wissenschaftlichen Literatur werden, wie bereits aufgeführt, eine Vielzahl der oben aufgeführten Kooperationsformen als Instrumente des Personalmarketings beziehungsweise Hochschulmarketings bezeichnet (Baum & Kabst, 2011; Hagen, 2011; Holtbrügge, 2013: 113; Kanning, Schmalbrock & Wild, 2009; Thielsch, Träumer, Pytlik & Kanning, 2012). Vor dem Hintergrund des Begriffsverständnisses von Hochschulmarketing (siehe Kapitel 2.3) ist diese Klassifizierung nicht verwunderlich. Alle Hochschulkooperationsformen, bis auf Exkursionen und gegebenenfalls Forschungsprojekte, finden an der Hochschule statt und wenden sich direkt an die Zielgruppe der Studierenden. Zudem zielt ein Großteil der Hoch-

---

[21] Unter dem Begriff Hochschule fasst das Deutsche Hochschulrahmengesetz gem. § 1 die Universitäten, die Pädagogischen Hochschulen, die Kunsthochschulen, die Fachhochschulen und die sonstigen Einrichtungen des Bildungswesens, die nach Landesrecht staatliche Hochschulen sind, zusammen (Bundesministerium der Justiz, 1999).

[22] Zu den Gründen, warum Hochschulen Interesse an Praxiskontakten haben, siehe zum Beispiel Ahlers (1994: 27 ff.).

[23] Die Fokussierung auf diese Hochschulkooperationsformen ergibt sich aus unternehmensspezifischen Gründen, weshalb die Aufzählung keinen Anspruch auf Vollständigkeit erhebt.

schulkooperationsformen, wie Exkursionen, Firmenkontaktmessen, Gastvorträge und Sponso-ring-Aktivitäten, unmittelbar darauf ab, dass eigene Unternehmen bekannter zu machen und den Studierenden ein positives Arbeitgeberimage zu vermitteln.

Da die verschiedenen Hochschulmarketingaktivitäten ebenfalls als Möglichkeit betrachtet werden können, wie Unternehmen und Hochschulen zusammenarbeiten, wird im Rahmen der vorliegenden Arbeit für alle Aktivitäten auf den Oberbegriff Hochschulkooperationen zurück-gegriffen.

Im Folgenden soll nun näher auf die einzelnen Hochschulkooperationsformen eingegangen werden sowie deren Informationsreichtum (informationsärmer versus informationsreicher) bestimmt werden. Es sei vorangestellt, dass davon auszugehen ist, dass die Ausgestaltung der einzelnen Kooperationsformen je nach Unternehmen und involvierten Mitarbeitern variiert. Im Folgenden beziehen sich die Ausführungen auf die idealtypische Ausgestaltung bezie-hungsweise den idealtypischen Verlauf in dem betrachteten Unternehmen.

Bei **Exkursionen** handelt es sich um eine ein- bis zweitägige Veranstaltung, zu der das Un-ternehmen im Vorfeld ausgewählte Studierende einer bestimmten Fachrichtung zu sich ein-lädt. Neben einer Unternehmenspräsentation über die verschiedenen Einstiegsprogramme werden fachspezifische Vorträge sowie Führungen angeboten, die Studierenden bekommen eine Werksführung und haben die Möglichkeit, sich in informeller Runde mit Experten auszu-tauschen. Ziel ist es, die Studierenden während der Exkursion für das eigene Unternehmen zu begeistern und zu einem positiven Arbeitgeberimage beizutragen.

Firmenkontaktmessen werden in der Regel von den Hochschulen selbst oder Studenteniniti-ativen, wie zum Beispiel bonding[24], organisiert. Das Unternehmen ist bei diesen Messen mit einem Unternehmensstand präsent, um Studierende, die auf der Suche nach Praktikumsplät-zen oder Einstiegspositionen sind, individuell zu beraten und bei Eignung zu einer Bewer-bung zu motivieren. Bei den Hochschulkontaktmessen wird in der Regel darauf geachtet, dass nicht nur Vertreter des Personalwesens und des Hochschulmarketings vor Ort sind, sondern auch zukünftige Kollegen oder direkte Vorgesetzte aus unterschiedlichen Fachbereichen (Connerley, 2014: 24).

Bei **Forschungsprojekten** mit Hochschulen steht aus Unternehmenssicht der Wissenstransfer im Vordergrund. Unternehmen haben durch gemeinsame Forschungsprojekte die Möglich-keit, Einblick in den neusten Stand der Wissenschaft und Technik zu bekommen, und nicht zuletzt auch die Möglichkeit, an öffentlich geförderten Forschungsprojekten mitzuwirken (Blume & Fromm, 2000: 53). Durch gemeinsame Forschungsprojekte „entsteht ein enges Be-ziehungsgeflecht zwischen einzelnen Mitarbeitern des Unternehmens und Angehörigen der Hochschule" (Van Berk, 1992: 214), was zu einem beschaffungsförderlichen positiven Ar-beitgeberimage beiträgt.

Im Bereich der Lehrveranstaltungen reicht das Spektrum der Kooperationsmöglichkeiten zwi-schen Unternehmen und Hochschulen von einmaligen Gastvorträgen bis hin zur Übernahme von Lehraufträgen oder dem Innehaben einer Honorarprofessur. Bei einem **Gastvortrag** hält ein Unternehmensvertreter im Rahmen einer Lehrveranstaltung einen Fachvortrag und infor-miert, in der Regel daran anschließend, über die verschiedenen Einstiegsmöglichkeiten beim eigenen Arbeitgeber. Demgegenüber erstreckt sich ein **Lehrauftrag** über ein ganzes Semes-

---

[24] Bonding-studenteninitiative ist ein eingetragener gemeinnütziger Verein und der größte Anbieter von Fir-menkontaktmessen in Deutschland (bonding-studenteninitiative e. V., 2016).

ter. In diesem Fall ist der Unternehmensvertreter als freier Mitarbeiter an der Hochschule angestellt und bietet dort eine Lehrveranstaltung (üblicherweise semesterbegleitende Veranstaltungen oder Blockveranstaltungen) inklusive Abschlussprüfung an. Eine **Honorarprofessur** ist vergleichbar mit einem Lehrauftrag. In beiden Fällen übt der Unternehmensvertreter nebenberuflich eine Lehrtätigkeit an einer Hochschule aus. Im Gegensatz zum Lehrauftrag kann sich der Unternehmensvertreter allerdings nicht für eine Honorarprofessur bewerben. In diesem Fall ist er gezwungen darauf zu warten, dass die Hochschule gegebenenfalls auf ihn zukommt. Wer für eine Honorarprofessur in Frage kommt, entscheidet jede Hochschule für sich selbst. Die Kriterien für eine Ernennung als Honorarprofessor sowie die Pflicht zu Lehren sind in den Hochschulgesetzen der einzelnen Bundesländer geregelt. Ohne vorangegangene jahrelange Lehrtätigkeit und den Nachweis von besonderen wissenschaftlichen und pädagogischen Kenntnissen wird aber kaum jemand zum Honorarprofessor ernannt. Trotz dieser strengen Voraussetzungen nimmt die Anzahl an Honorarprofessuren zu (Frank, Meyer-Guckel & Schneider, 2007: 54).

Während bei Gastvorträgen das vorrangige Ziel die Erzeugung von Präferenzen bei den Studierenden ist, tragen Lehraufträge und Honorarprofessuren in erster Linie dazu bei, dass das Studium mehr Praxisbezug erhält. Das Unternehmen profitiert dann mittelbar davon, sofern sich die Absolventen für das Unternehmen als Arbeitgeber entscheiden. Darüber hinaus können Lehrbeauftragte und Honorarprofessoren aufgrund ihres direkten Kontakts zu den Studierenden aber auch Nachwuchskräfterekrutierung betreiben.

Sponsoring-Aktivitäten zeichnen sich durch einen öffentlichkeitswirksamen Leistungsaustausch zwischen Unternehmen (Sponsor) und Hochschule (Gesponsertem) aus. Die Erscheinungsform des Sponsorings ist grundsätzlich nicht festgelegt. Sie hängt maßgeblich von den Zielen des Unternehmens ab. Im Regelfall gewährt das Unternehmen der Hochschule Finanz- oder Sachleistungen, um im Gegenzug Werbung für das Unternehmen und die eigenen Produkte machen zu können (zum Beispiel Barmittel für Namensrechte oder die Überlassung von Motoren/Autos, an denen die Studierenden/Akademiker arbeiten können, damit diese Erfahrungen mit den Produkten des Unternehmens sammeln können). Das Unternehmen ist bestrebt, durch verschiedene Sponsoring-Aktivitäten zum einen seiner gesellschaftlichen Verantwortung an der Ausbildung der Jugend gerecht zu werden und zum anderen seine Arbeitgeberattraktivität zu erhöhen.

Im Falle von **Ehrentiteln** verleihen Hochschulen ehrenhalber den Grad eines Professors (Prof. h. c.) oder Doktors (Dr. h. c.). Der Verleihung gehen in der Regel besondere Verdienste des Kandidaten (Unternehmensvertreter) voraus. Hierzu zählen insbesondere wirtschaftliche, technische, politische oder wissenschaftliche Leistungen in Verbindung mit sozialem Engagement in Gesellschaft und Politik (Turner, Weber & Göbbels-Dreyling, 2001: 149). Im Gegensatz zur Honorarprofessur ist eine Ehrendoktorwürde oder Ehrenprofessorwürde nicht mit einer Lehrtätigkeit verbunden. Der Ehrentitel eines Unternehmensvertreters kann allerdings aufgrund der Präsenz in den Medien mittelbar zum Imagegewinn des Unternehmens beitragen.

Eine häufig vorzufindende Form von **Gremienarbeit** ist die Mitwirkung von Unternehmensvertretern – vorrangig aus dem Topmanagement – in Hochschulräten (Frank et al., 2007: 57; Nienhüser, 2012: 100). Im zentralen Verantwortungsbereich des Hochschulrates liegt die Aufsicht über die Geschäftsführung des Rektorats und die Gesamtentwicklung der Hochschule, vor allem in Bezug auf die Profilbildung und Stärkung der Wettbewerbsfähigkeit (Sandberger, 2009: 35 f.).[25] Unternehmensvertretern wird daher zum Beispiel ein Mitspracherecht bei der Einrichtung von neuen Studiengängen gewährt, was analog zu einer Stiftungsprofessur die Möglichkeit eröffnet, sowohl Lehre als auch Forschung in unternehmensrelevanten Themenfeldern voranzutreiben. Unternehmen stellen daher gerne Führungskräfte für die Gremienarbeit an Hochschulen frei. Hinzu kommt, dass das gesellschaftspolitische Engagement einzelner Unternehmensvertreter mittelbar zum Imagegewinn des Unternehmens beiträgt.

Bei einer **Stiftungsprofessur**[26] handelt es sich um eine Professorenstelle, die nicht vom Staat, sondern von privater Hand, wie zum Beispiel einem Unternehmen, finanziert wird. Stiftungsprofessuren werden in der Regel für fünf bis zehn Jahre eingerichtet. Unternehmen haben durch die Finanzierung einer Stiftungsprofessur die Möglichkeit, die Lehre und Forschung in den für sie relevanten Themenfeldern voranzutreiben und weiterzuentwickeln, durch die Förderung der Ausbildung des wissenschaftlichen Nachwuchses ihr Image zu steigern und nicht zuletzt Kontakt zu talentierten Nachwuchskräften aufzubauen und diese indirekt auch an sich zu binden (Frank et al., 2007: 7, 45).

Wie bereits in Kapitel 2.2 aufgeführt, ist die Unterscheidung zwischen informationsärmeren und informationsreicheren Rekrutierungsinstrumenten vor allem im Hinblick auf das Verständnis von Wirkungsunterschieden von Relevanz. Dieses Verständnis ist wiederum Voraussetzung für einen effektiven Einsatz der unterschiedlichen Rekrutierungsinstrumente. Der Informationsreichtum lässt sich, wie bereits beschrieben, durch die Schnelligkeit der Rückkopplungsmöglichkeiten, die Anzahl der benutzten Informationskanäle, den Persönlichkeitsgrad der Kommunikation sowie die sprachliche Vielfalt bestimmen.

Bei Exkursionen, Firmenkontaktmessen, Gastvorträgen und Lehraufträgen/Honorarprofessuren stehen die Unternehmensvertreter in direktem persönlichem Kontakt mit den Studierenden, was bedeutet, dass sie unmittelbar auf etwaige Fragestellungen und Äußerungen reagieren können und die Möglichkeit haben, die Studierenden auch auf der affektiven/emotionalen Ebene zu erreichen. Neben diesen zwei Kernelementen des Informationsreichtums (Allen et al., 2004) wird bei den oben angeführten Hochschulkooperationsformen neben dem persönlichen Kontakt in der Regel auch auf weitere Informationskanäle in Form von Informationsmaterialien (zum Beispiel Broschüren, Imagefilme oder Ähnliches) zurückgegriffen.

In Anbetracht dessen lassen sich Exkursionen, Firmenkontaktmessen, Gastvorträge und Lehraufträge/Honorarprofessuren den informationsreicheren Kooperationsformen zuordnen.

Demgegenüber stehen Unternehmensvertreter im Falle von Ehrentiteln, Gremienarbeit, Forschungsprojekten, Sponsoring-Aktivitäten und Stiftungsprofessuren, wenn überhaupt, lediglich in Ausnahmefällen in direktem Kontakt mit den Studierenden. Die Studierenden erfahren durch Medien, wie die Hochschulhomepage oder die Tageszeitung, von Ehrentitel-Verleihungen oder der Mitgliedschaft eines Unternehmensvertreters im Hochschulgremium. Im Falle von Forschungsprojekten, Sponsoring-Aktivitäten und Stiftungsprofessuren sind es überwiegend die Professoren, wissenschaftlichen Mitarbeiter oder die Hochschulleitung, die in direktem Kontakt mit dem Unternehmen stehen. Aufgrund der fehlenden Möglichkeit einer persönlichen Kommunikation zwischen Unternehmensvertretern und Studierenden zählen diese Hochschulkooperationsformen zu den informationsärmeren Rekrutierungsinstrumenten.

---

[25] Die Aufgaben, die der Hochschulrat im Entscheidungssystem wahrnimmt, unterscheiden sich allerdings von Bundesland zu Bundesland geringfügig (Sandberger, 2009: 35).

[26] Zurzeit gibt es in Deutschland ca. 1000 Stiftungsprofessuren (Stifterverband für die Deutsche Wissenschaft e. V., 2016).

2.5 Indikatoren für den Rekrutierungserfolg

In den letzten Jahrzehnten wurde eine Vielzahl an Studien publiziert, die sich mit der Effektivität von unterschiedlichen Rekrutierungsinstrumenten beschäftigen. „The effectiveness of different recruitment sources is one of the most intensely researched aspects of recruitment." (Barber, 1998: 22) Für einen detaillierten Überblick sei an dieser Stelle auf die Beiträge von Breaugh (2008), Darnold & Rynes (2013), Griffeth et al. (2014), Wanous & Colella (1989) sowie Zottoli & Wanous (2000) verwiesen. Der Fokus dieses Forschungsstrangs (*recruitment source literature*) liegt insbesondere darauf, herauszufinden, inwieweit verschiedene Rekrutierungsinstrumente in einem Zusammenhang mit Einstellungs- und Verhaltenseffekten nach erfolgter Einstellung (*post-hire outcomes*) stehen, wobei vor allem die Arbeitsleistung und die Fluktuation als organisationale Erfolgsgrößen herangezogen werden (Barber, 1998: 22).

Ganon (1971) vergleicht beispielsweise verschiedene Rekrutierungswege einer Bank und zeigt in seiner Studie, dass Personen, die über einen Mitarbeiter empfohlen werden oder sich initiativ bewerben, weniger häufig ihren Arbeitgeber wechseln als Personen, die über eine Zeitungsannonce eingestellt werden. Breaugh (1981) zeigt in seiner Studie, dass Personen, die durch Career Center an Hochschulen oder Zeitungsannoncen rekrutiert werden, eine schlechtere Leistung zeigen als Personen, die sich initiativ bewerben oder durch Annoncen in Fachzeitschriften rekrutiert werden. Zudem zeigt Breaugh (1981), dass diejenigen Personen, die über Zeitungsannoncen rekrutiert werden, doppelt so hohe Fehlzeiten aufweisen wie Initiativbewerber und Personen, die über Career Center oder Annoncen in Fachzeitschriften rekrutiert werden. Taylor & Schmidt (1983) können im Gegensatz zu Ganon (1971) allerdings nicht feststellen, dass Mitarbeiterempfehlungen (Mitarbeiter werben Mitarbeiter) einen effektiven Rekrutierungskanal darstellen. Aktuellere Studien, wie zum Beispiel die Studie von Williams, Labig & Stone (1993), finden dagegen keinen signifikanten Zusammenhang zwischen Rekrutierungsinstrumenten und der Arbeitsleistung oder Fluktuation.

Als konsistentestes Ergebnis über die Vielzahl an frühen Studien lässt sich festhalten, dass typischerweise informelle Rekrutierungsinstrumente einen positiveren Einfluss auf verschiedene organisationale Erfolgsgrößen nach erfolgter Einstellung ausüben als formale Rekrutierungsinstrumente (Barber, 1998: 23; Breaugh, 1992: 319; Saks, 2005: 53).

Seit einiger Zeit werden jedoch die Studien, die sich mit dem Zusammenhang zwischen verschiedenen Rekrutierungsinstrumenten und den organisationalen Erfolgsgrößen nach erfolgter Einstellung widmen, kritisch diskutiert. Barber (1998: 29) konstatiert, dass die frühen Studien „fail to paint a compelling picture regarding relationship between recruitment source and post-hire outcomes." Diesen Standpunkt vertreten auch anderen Wissenschaftler wie Breaugh & Starke (2000) sowie Zottoli & Wanous (2000). Ein Teil der Forscher plädiert daher für den Einsatz organisationaler Erfolgsgrößen vor erfolgter Einstellung (*pre-hire outcomes*), wie zum Beispiel die Bewerbungsabsicht, die tatsächliche Bewerbungsentscheidung oder die Qualität des Bewerberpools, zur Evaluierung von Rekrutierungswegen (Barber, 1998; Breaugh & Starke, 2000; Werbel & Landau, 1996; Williams et al., 1993).

Demgegenüber erachtet es Moser (2005: 188) weiterhin als sinnvoll und interessant, in Bezug auf die verschiedenen Rekrutierungsinstrumente die organisationalen Auswirkungen nach erfolgter Einstellung näher zu untersuchen. Allerdings unterscheidet er zwischen proximalen und distalen Erfolgsgrößen nach erfolgter Einstellung und sieht im Zusammenhang mit der Effektivitätsuntersuchung von Rekrutierungsinstrumenten vor allem die proximalen Erfolgsgrößen nach erfolgter Einstellung als relevant an. Was die Zuordnung betrifft, werden zum Beispiel *erfüllte Erwartungen*, *Arbeitszufriedenheit* und *organisationales Commitment* zu den proximalen Auswirkungen nach erfolgter Einstellung gezählt, während *Arbeitsleistung* und *Fluktuation* distale Auswirkungen nach erfolgter Einstellung darstellen (Moser, 2005: 188; Williams et al., 1993: 171). Auch Williams et al. (1993: 171) schließen im Gegensatz zu den distalen Auswirkungen nach erfolgter Einstellung einen Zusammenhang zwischen Rekrutierungsinstrumenten und proximalen Auswirkungen nach erfolgter Einstellung nicht aus. Griffeth et al. (2014: 216) beschreiben die seit jüngerer Zeit stattfindende Fokusverschiebung in Bezug auf den Forschungsstrang wie folgt: „Apparently, the research broadened in the last decade to include 'softer' criteria than turnover and performance". Ihnen zufolge zählen neben Fluktuation und Arbeitsleistung vor allem Absentismus, Arbeitseinstellungen, Passung, Wahrnehmungen, Stressreaktionen, Demografien, Informationsarten und Bewerbereigenschaften zu den am häufigsten untersuchten Erfolgsgrößen von Rekrutierungsinstrumenten (Griffeth et al., 2014: 216).[27] In der vorliegenden Arbeit werden verschiedene proximale Effektivitäts-/Erfolgsmaße herangezogen (Zottoli & Wanous, 2000; Moser, 2005).

Unternehmen greifen zu Rekrutierungszwecken auf Hochschulkooperationen zurück, um neben der Kommunikation beziehungsweise Bereitstellung von Arbeitgeber- und Arbeitsplatzinformationen dafür zu sorgen, dass sie bei den Studierenden positiv im Gedächtnis bleiben und als attraktiver Arbeitgeber wahrgenommen werden.

Im Hinblick auf die Evaluierung der verschiedenen Hochschulkooperationsformen ist es daher wichtig, dass beide Ziele Berücksichtigung finden und entsprechende Erfolgsgrößen herangezogen werden, die die Informationsbereitstellung und/oder positiv-affektive Einstellung gegenüber dem Unternehmen evaluieren.

Inwieweit Hochschulkooperationen dem Ziel der Informationsbereitstellung nachkommen, lässt sich gut mittels *erfüllter Erwartungen* oder anders ausgedrückt der *realistischen Tätigkeitsvorstellung* untersuchen (Griffeth et al., 2014), da die Variable die Diskrepanz zwischen den Erwartungen des potenziellen Mitarbeiters an die Tätigkeit und den tatsächlichen Erfahrungen, was die Tätigkeit mit sich bringt, beschreibt (Porter & Steers, 1973: 152: 231). Die realistische Tätigkeitsvorstellung wird bereits in verschiedenen Studien als Erfolgsgröße zur Evaluierung von unterschiedlichen Rekrutierungswegen herangezogen (Moser, 2005; Saks, 1994).

Im Zusammenhang mit der Arbeitgeberattraktivität sind die Vertrautheit mit dem Unternehmen, das Arbeitgeberimage (in einigen Studien als Jobinformationen bezeichnet) sowie die Arbeitgeberreputation[28] von Bedeutung (Baum & Kabst, 2011; Cable & Turban, 2001; Collins, 2007; Lievens, Van Hoye & Schreurs, 2005), wobei vor allem die *(Arbeitgeber-) Reputation* als Maß für die Arbeitgeberattraktivität herangezogen wird (Allen et al., 2007; Belt & Paolillo, 1982; Cable & Graham, 2000; Gatewood et al., 1993; Rynes, 1991).[29] Der Vorteil der Arbeitgeberreputation gegenüber dem Arbeitgeberimage und der Vertrautheit mit dem Unternehmen als Maß für die Arbeitgeberattraktivität ist, dass die Arbeitgeberreputation eine

---

[27]   Im Gegensatz zu den Variablen *Fluktuation* und *Arbeitsleistung* umfassen die anderen Erfolgsgrößen mehrere Variablen. Die Variable *Passung* beinhaltet zum Beispiel *erfüllte Erwartungen, Person-Organisation Passung* oder *Person-Job Passung*.

[28]   Cable & Turban (2001: 127) definieren Arbeitgeberreputation als „job seeker's beliefs about the public's affective evaluation of the organization". In Abgrenzung dazu ist unter Arbeitgeberimage „the set of beliefs that a job seeker holds about the attributes of an organization" zu verstehen (Cable & Turban, 2001: 125).

[29]   Zu den Gründen, warum in der vorliegenden Arbeit auf das wahrgenommene Arbeitgeberprestige anstatt die Arbeitgeberreputation zurückgegriffen wird, siehe Abschnitt 2.5.2.

affektive evaluative Komponente beinhaltet sowie auf einer relativen Beurteilung basiert (Cable & Turban, 2001: 126 f.).

Aus Unternehmenssicht von besonders hoher Relevanz[30] und daher Gegenstand vieler Untersuchungen im Zusammenhang mit der Evaluierung von Rekrutierungswegen ist das *organisationale affektive Commitment*, das heißt die *Mitarbeiterbindung* (Alniacik, Cigerim, Akcin & Bayram, 2011: 1179; Moser, 2005).[31]

In der Rekrutierungsliteratur bislang nur vereinzelt herangezogen (Allen et al., 2007; Allen et al., 2004; Cober, Brown, Keeping & Levy, 2004), aber nach Ansicht der Autorin als proximalste Erfolgsgröße vor erfolgter Einstellung nicht zu vernachlässigen ist die Zufriedenheit mit dem jeweiligen Rekrutierungsinstrument beziehungsweise in Bezug auf Hochschulkooperationen die *Zufriedenheit der Studierenden mit der Hochschulpräsenz* des Unternehmens. Da in der vorliegenden Arbeit die zuvor aufgeführten Erfolgsgrößen (mitunter in leicht abgewandelter Form) zur Evaluierung der Hochschulkooperationsformen herangezogen werden, sollen diese in den folgenden Abschnitten einer näheren Betrachtung unterzogen werden.

2.5.1 Realistische Tätigkeitsvorstellung

Das im Rahmen dieser Arbeit vorliegende Verständnis in Bezug auf die *realistische Tätigkeitsvorstellung* findet sich in der Forschungsliteratur vermehrt unter dem Begriff *met expectations* (Earnest, Allen & Landis, 2011; Porter & Steers, 1973; Saks, 1994: 232; Turnley & Feldman, 2000) wieder. In Anlehnung an Feldman (1976: 434) wird im Rahmen dieser Arbeit auf den Begriff *realistische Tätigkeitsvorstellung* zurückgegriffen, der darunter den „extent to which individuals have a full and accurate picture of what life in the organization is really like" versteht. Saks (1994: 232) sowie zu einem späteren Zeitpunkt Feldman selbst (Turnley & Feldman, 2000) verwenden in ihren Studien die *Realism-Items* von Feldman (1976: 451) zur Operationalisierung der Variable *met expectations*.

Porter & Steers (1973) gehören zu den ersten Autoren, die das Konzept im organisationalen Kontext herangezogen haben und dadurch das heutige Begriffsverständnis maßgeblich prägen. Sie definieren *met expectations* als „discrepancy between what a person encounters on this job in the way of positive and negative experiences and what he expected to encounter" (Porter & Steers, 1973: 152). Earnest et al. (2011: 869) definieren *met expecations* in ähnlicher Weise als „accuracy or degree to which applicant expectations prior to starting the job match expectations experienced once on the job". Folglich geht es um das Ausmaß eines akkuraten und realistischen Bildes von Neueinsteigern im Zusammenhang mit ihrer Tätigkeit in der neuen Organisation. Damit stimmt die Definition von *met expectations* inhaltlich mit dem im Rahmen dieser Arbeit eingenommenen Verständnis einer realistischen Tätigkeitsvorstellung überein.

In Bezug auf die realistische Tätigkeitsvorstellung ist davon auszugehen, dass Neueinsteiger, entsprechend ihren Vorabinformationen über das Unternehmen und die potenzielle Tätigkeit, unterschiedliche Erwartungen an den Arbeitsalltag stellen. Infolgedessen ist es trotz identischer Erfahrungen am Arbeitsplatz, zum Beispiel in Form von unfreundlichen Arbeitskolle-

---

[30]   Siehe Kapitel 1.1.

[31]   Zu den Gründen der Vorrangstellung von Commitment gegenüber anderen Arbeitseinstellungen wie zum Beispiel Arbeitszufriedenheit oder Identifikation mit dem Unternehmen siehe Abschnitt 2.5.4.

gen oder monotonem Arbeiten, möglich, dass die realistische Tätigkeitsvorstellung zwischen den Neueinsteigern variiert (Porter & Steers, 1973: 152).

Zur Evaluierung von verschiedenen Rekrutierungsaktivitäten wird die realistische Tätigkeitsvorstellung als psychologische Schlüsselvariable betrachtet (Wanous & Colella, 1989). Sie dient in vielen Studien als möglicher Erklärungsansatz dafür, dass Mitarbeiter, die über interne Rekrutierungsinstrumente ins Unternehmen kommen, eine längere Verweildauer im Unternehmen (*job survival rate*), eine geringe Fluktuationsneigung, weniger Fehlzeiten oder eine höhere Arbeitsleistung aufweisen als Mitarbeiter, die über externe Rekrutierungsinstrumente ins Unternehmen kommen.

Dass es einen positiven Zusammenhang zwischen der realistischen Tätigkeitsvorstellung und den Einstellungen/Verhaltensweisen von Mitarbeitern gibt, die für Unternehmen von Relevanz sind, wird bereits in vielen Studien empirisch nachgewiesen (Arnold & Feldman, 1982; Delobbe & Vandenberghe, 2000; Moser, 2005; Naumann, Widmier & Jackson Jr., 2000; Saks, 1994; Wanous, Poland, Premack & Davis, 1992).

Wanous et al. (1992) weisen beispielsweise in ihrer Metaanalyse positive Zusammenhänge zwischen der realistischen Tätigkeitsvorstellung auf der einen Seite und Arbeitszufriedenheit (0,39), organisationalem Commitment (0,39), Fluktuationsabsicht (0,29), Verweildauer im Unternehmen (0,19) sowie Arbeitsleistung (0,11) auf der anderen Seite nach.

Moser (2005), der in seiner Studie 767 Neueinsteiger (überwiegend Ingenieure) eines großen deutschen Elektronikunternehmens befragt hat, bestätigt Teilergebnisse von Wanous et al. (1992) und findet einen negativen Zusammenhang zwischen einer unrealistischen Tätigkeitsvorstellung (Erwartungsenttäuschungen) und Arbeitszufriedenheit (-0,54) sowie zwischen einer unrealistischen Tätigkeitsvorstellung und organisationalem Commitment (-0,48). Zudem weist er nach, dass die unrealistische Tätigkeitsvorstellung den Zusammenhang sowohl zwischen internen als auch externen Rekrutierungskanälen und Arbeitszufriedenheit sowie organisationalem Commitment mediiert. Auch Saks (1994) bestätigt in seiner Untersuchung einen positiven Zusammenhang zwischen der realistischen Tätigkeitsvorstellung und Arbeitszufriedenheit (0,68).[32]

In Bezug auf die Determinanten der realistischen Tätigkeitsvorstellung fokussieren sich die Studien vor allem darauf, welche Art von Informationen die unterschiedlichen Rekrutierungsinstrumente (intern vs. extern) zur Verfügung stellen. Dies führt zu der Annahme, dass interne Rekrutierungsinstrumente akkuratere beziehungsweise realistischere Informationen über das Unternehmen zur Verfügung stellen können als externe Rekrutierungsinstrumente und folglich als realistische Tätigkeitsvorschau (Realistic Job Preview) fungieren (Wanous & Colella, 1989: 82). Wanous (1992) findet auf Basis von zwölf Studien heraus, dass interne Bewerbungswege zu einer 30 % längeren Verweildauer der Mitarbeiter im Unternehmen beitragen als externe Bewerbungswege und begründet dies damit, dass Mitarbeiter, die über interne Bewerbungswege ins Unternehmen kommen, im Vorfeld besser beziehungsweise realistischer über den zukünftigen Arbeitsplatz informiert werden und infolgedessen weniger Enttäuschungen erleben. Quaglieri (1982) sowie Breaugh & Mann (1984) bestätigen in ihren Untersuchungen die Annahmen, dass interne Rekrutierungswege bessere beziehungsweise realistischere Informationen zur Verfügung stellen. Zudem berichtet Moser (2005) in seiner Studie,

---

[32] Eine detaillierte Übersicht der Studien, die sich mit dem Zusammenhang zwischen der realistischen Tätigkeitsvorstellung auf der einen Seite und affektivem Commitment sowie organisationaler Identifikation auf der anderen Seite widmen, findet sich in Kapitel 3.2.3.

dass Mitarbeiter, die über interne Rekrutierungsinstrumente in das Unternehmen kommen, eine weniger unrealistische Tätigkeitsvorstellung haben als diejenigen, die über externe Rekrutierungsinstrumente rekrutiert werden. Saks (1994) dokumentiert ebenfalls einen stärkeren positiven Zusammenhang zwischen informellen Rekrutierungskanälen und erfüllten Erwartungen als zwischen formalen Rekrutierungsinstrumenten und erfüllten Erwartungen. Skolnik (1987) kann diese Annahme dagegen nicht bestätigen. Zusammenfassend lässt sich dennoch sagen, dass die Bereitstellung von Informationen über die Organisation sowie die Tätigkeit einen positiven Einfluss auf die realistische Tätigkeitsvorstellung ausübt.

2.5.2 Wahrgenommenes Arbeitgeberprestige

Das der Arbeit zugrundeliegende Begriffsverständnis von wahrgenommenem Arbeitgeberprestige weist starke Parallelen zu den in der Forschungsliteratur häufiger anzutreffenden Konstrukten *Arbeitgeberreputation* und *wahrgenommenes externes Prestige* auf (Abramovskij, 2013: 78; Bartels et al., 2007). Mit wahrgenommenem externem Prestige ist die eigene Überzeugung der Mitarbeiter zu verstehen, wie ihre Organisation von Außenstehenden gesehen und bewertet wird (Brown, 2006: 101). In der Literatur finden sich verschiedene Begriffe für dieses Außenbild, wie zum Beispiel *perceived organizational prestige* (Ashforth & Mael, 1989; Mael, 1988; Mael & Ashforth, 1992), *construed external image* (Dutton, Dukerich & Harquail, 1994; Fuller, Marler, Hester, Frey & Relyea, 2006b), *perceived corporate reputation* (Alniacik et al., 2011), *perceived external image* (Van Dick, 2004) oder *perceived external prestige* (Bartels et al., 2007; Carmeli, 2005a; Kim, Lee, Lee & Kim, 2010; Smidts, Pruyn & Van Riel, 2001), wobei mehrheitlich davon ausgegangen wird, dass diese Begriffe den gleichen inhaltlichen Sachverhalt beschreiben. Dutton et al. (1994: 248) verstehen beispielsweise unter *construed external image* „a members beliefs about outsiders' perceptions of the organization". Mael & Ashforth (1992: 111) definieren *perceived organizational prestige* als „degree to which the institution is well regarded both in absolute and comparative terms". Carmeli, Gilat & Weisberg (2006: 92 f.) halten dagegen *konstruiertes externes Image* und *wahrgenommenes externes Prestige* für zwei distinkte Konstrukte. Ihrer Ansicht nach beinhaltet das *wahrgenommene externe Prestige* im Gegensatz zum *konstruierten externen Image* eine Beurteilung oder ein Werturteil in Bezug auf den Organisationsstatus. Dagegen herrscht Einigkeit darüber, dass *wahrgenommenes externes Prestige* den Mitarbeitern Auskunft darüber gibt, wie Außenstehende aufgrund ihrer Unternehmenszugehörigkeit über sie denken (Dutton et al., 1994: 248; Smidts et al., 2001: 1052). Dutton, Dukerich & Harquail (1991: 249) vergleichen das wahrgenommene externe Prestige mit einem Spiegel, der den Organisationsmitgliedern vor Augen führt, wie die Organisation und das Verhalten der Organisationsmitglieder von Außenstehenden beurteilt wird. Wahrgenommenes externes Prestige kann damit als indirektes Instrument zur Imagebildung angesehen werden. Die eigenen Vorstellungen der Mitarbeiter über das Unternehmen (Unternehmensimage) basieren auf ihrer Wahrnehmung, wie Außenstehende das Unternehmen beurteilen (Kim et al., 2010: 561). Zur Bildung dieses Außenbildes kann auf eine Vielzahl von Informationsquellen, wie zum Beispiel die Meinungen von Referenzgruppen, Mundpropaganda oder Publicity, zurückgegriffen werden (Smidts et al., 2001: 1052). Da es sich um ein Konstrukt auf Individualebene handelt und jeder Mitarbeiter in der Regel Zugang zu unterschiedlichen Informationen hat, kann es durchaus vorkommen, dass die Mitarbeiter einer Organisation über unterschiedliche Vorstellungen bezüglich des wahrgenommenen externen Prestiges verfügen.

Analog zur oben aufgeführten Definition von wahrgenommenem Prestige wird in der vorliegenden Arbeit unter wahrgenommenem Arbeitgeberprestigedie Überzeugung der Mitarbeiter verstanden, wie die eigene Organisation von Außenstehenden als Arbeitgeber gesehen und bewertet wird.[33] Beim wahrgenommenen Arbeitgeberprestige steht somit die subjektive Einschätzung eines Organisationsmitglieds in Bezug auf die extern wahrgenommene Arbeitgeberattraktivität im Vordergrund. Der Vorteil gegenüber dem wahrgenommenen externen Prestige ist, dass es sich beim wahrgenommenen Arbeitgeberprestige um einen spezifisch definierten Teilaspekt zur Begründung von Prestige handelt und nicht um sehr allgemein gehaltene Aspekte organisationalen Prestiges, wie zum Beispiel die Bekanntheit eines Unternehmens (Carmeli, 2005a: 445).

Da es sich beim wahrgenommenen Arbeitgeberprestige um einen spezifischen Teilaspekt von wahrgenommenem externem Prestige handelt, ist davon auszugehen, dass sowohl die Determinanten als auch die Konsequenzen weitestgehend identisch sind (Carmeli, 2005a; Carmeli, Gilat & Waldman, 2007). Im Zusammenhang mit den Konsequenzen von wahrgenommenem externem Prestige kann in einer Vielzahl von Studien ein positiver Zusammenhang mit der organisationalen Identifikation nachgewiesen werden (Dutton et al., 1994; Lipponen, Helkama, Olkkonen & Juslin, 2005; Mael & Ashforth, 1992; Smidts et al., 2001).[34] Allerdings variiert die Stärke des Zusammenhangs in den einzelnen Studien. Mael & Ashforth (1992) finden beispielsweise auf Basis ihrer Befragung von 297 Alumni einer religiösen Schule für Männer heraus, dass das wahrgenommene organisationale Prestige und die Identifizierung mit der Alma Mater in einem positiven Zusammenhang stehen (0,26). Smidts, Pruyn & Van Riel (2001), die in ihrer Studie Mitarbeiter einer großen, gemeinnützigen Kundenserviceorganisation, eines national operierenden Versorgungsunternehmens[35] und einer Bank mit langjähriger Tradition und Reputation befragt haben, decken ebenfalls einen positiven Zusammenhang zwischen wahrgenommenem externem Prestige und organisationaler Identifikation auf (0,65). Carmeli et al. (2006) befragen in ihrer Studie 182 Mitarbeiter aus vier israelischen Unternehmen der Elektronik- und Mediaindustrie und differenzieren in Bezug auf das wahrgenommene externe Prestige zwischen der Kunden-, Konkurrenten- und Lieferantenperspektive. Die Ergebnisse zeigen, dass unabhängig von den Stakeholdern (Kunden, Konkurrenten und Lieferanten) zwischen wahrgenommenem externem Prestige und organisationaler Identifikation ein positiver Zusammenhang besteht (0,21, 0,17, 0,22).

Herrbach, Mignonac & Gatignon (2004), die in ihrer Studie 801 französische Manager unterschiedlicher Unternehmen im Privatsektor befragen, finden heraus, dass der negative Effekt von wahrgenommenem externem Prestige auf die Fluktuationsneigung partiell durch das affektive Commitment und die Arbeitszufriedenheit mediiert wird. Des Weiteren legen sie offen, dass ein direkter negativer Einfluss von wahrgenommenem externem Prestige auf die Fluktuationsneigung besteht (-0,11).

Ebenfalls Gegenstand mehrerer Untersuchungen ist der Zusammenhang zwischen wahrgenommenem externem Prestige und affektivem Commitment (Alniacik et al., 2011; Carmeli, 2005a; Carmeli & Freund, 2009). Carmeli et al. (2006) differenzieren in ihrer Untersuchung zwischen wahrgenommenem externem ökonomischem und sozialem Prestige. Auf Basis ihrer Untersuchung von 228 israelischen Sozialarbeitern decken die Autoren für beide Formen des wahrgenommenen externen Prestiges einen positiven Einfluss auf das affektive Commitment

---

[33] Inwieweit wahrgenommenes Arbeitgeberprestige Parallelen zu der häufig herangezogenen organisationalen Erfolgsgröße der Arbeitgeberreputation aufweist beziehungsweise davon abzugrenzen ist, wird im weiteren Verlauf dieses Abschnitts noch diskutiert.

[34] Für eine detaillierte Übersicht siehe Kapitel 3.2.4.

[35] Das Versorgungsunternehmen befand sich inmitten eines Transformationsprozesses von einer gemeinnützigen hin zu einer kommerziellen Organisation.

auf, wobei wahrgenommenes externes soziales Prestige einen stärkeren Einfluss aufweist als wahrgenommenes externes ökonomisches Prestige.

In Bezug auf die Determinanten von wahrgenommenem (Arbeitgeber-)Prestige belegen mehrere Studien (Baum & Kabst, 2011, 2014; Collins, 2007), dass Rekrutierungsinstrumente, worunter auch die Präsenz an Hochschulen fällt, einen positiven Einfluss auf die Arbeitgeberreputation haben.

Aufgrund der konzeptionellen Ähnlichkeit ist festzuhalten, dass wahrgenommenes (Arbeitgeber-)Prestige, Arbeitgeberreputation und Arbeitgeberimage teilweise synonym verwendet werden (Hildebrandt, Kreis & Schwalbach, 2008). Zwar handelt es sich laut einschlägiger Literatur um unterschiedliche, voneinander trennbare Konstrukte (Cable & Turban, 2001), aber die Tatsache, dass selbst innerhalb der Rekrutierungsliteratur kein einheitliches Begriffsverständnis für die einzelnen Konzepte vorliegt und sie dementsprechend je nach Autor unterschiedlich operationalisiert werden (Barber, 1998), erschwert eine Abgrenzung ungemein.

Wie bereits in Kapitel 2.4 aufgeführt, definieren Cable & Turban (2001: 127) Arbeitgeberreputation als „job seeker's beliefs about the public's affective evaluation of the organization". Analog zum wahrgenommenen Arbeitgeberprestige umfasst die Arbeitgeberreputation eine affektive, evaluative Komponente und spiegelt die Einschätzung wider, wie Außenstehende die Organisation bewerten. Damit unterscheidet sich die Arbeitgeberreputation in einem wesentlichen Punkt vom wahrgenommenen Arbeitgeberprestige. Im Gegensatz zum wahrgenommenen Arbeitgeberprestige basiert die Arbeitgeberreputation auf der öffentlichen Meinung als Grundlage für die Wahrnehmung von Außenstehenden und nicht auf der subjektiven Einschätzung eines einzelnen Organisationsmitglieds, wie Externe das Unternehmen beurteilen.

In Abgrenzung zur Arbeitgeberreputation ist unter Arbeitgeberimage „the set of beliefs that a job seeker holds about the attributes of an organization" zu verstehen (Cable & Turban, 2001: 125), wobei sich die Attribute im Wesentlichen aus Informationen über das Unternehmen, die potenzielle Tätigkeit sowie potenzielle Kollegen zusammensetzen. Demnach gibt es zwei wesentliche Unterschiede zwischen dem Arbeitgeberimage auf der einen Seite und der Arbeitgeberreputation sowie dem wahrgenommenen Arbeitgeberprestige auf der anderen Seite. Zum einen beinhaltet Arbeitgeberimage im Gegensatz zur Arbeitgeberreputation und dem wahrgenommenen Arbeitgeberprestige keine affektive, evaluative Komponente. Zum anderen geht es beim Arbeitgeberimage um die eigene Einschätzung hinsichtlich der Organisation und nicht um die Einschätzung von Außenstehenden (Cable & Turban, 2001: 127). Im Gegensatz zur Arbeitgeberreputation unterscheidet sich das Arbeitgeberimage demnach in zwei wesentlichen Punkten vom wahrgenommenen Arbeitgeberprestige.

2.5.3 Zufriedenheit mit der Hochschulpräsenz

Es ist davon auszugehen, dass Arbeitsuchende, abhängig von ihren jeweiligen Erwartungen und Vorkenntnissen, Rekrutierungspraktiken unterschiedlich bewerten und folglich unterschiedlich zufrieden mit ihnen sind. Die Zufriedenheit mit der Hochschulpräsenz spiegelt in der vorliegenden Arbeit die affektive Einstellung der Studierenden gegenüber den unterschiedlichen Hochschulkooperationen wider. Zudem ist sie als Ergebnis eines Soll-Ist-Vergleichs zwischen den Erwartungen der Studierenden an die Hochschulkooperationen und den tatsächlich gemachten Erfahrungen zu verstehen. Die Zufriedenheit mit der Hochschulpräsenz beinhaltet demnach eine evaluative Komponente. Wie bereits in Kapitel 2.5 angesprochen, wurden ähnliche Variablen in der Literatur bislang nur vereinzelt herangezogen.

Allen et al. (2007) greifen beispielsweise auf die Variable *attitude towards Web site* zurück, mit der sie bezogen auf die webbasierte Rekrutierung die Zufriedenheit mit der Nutzung der Karrierehomepage eines Unternehmens erheben.

Cober et al. (2004: 637) stellen die Annahmen auf, dass die Zufriedenheit mit der Karrierehomepage eines Unternehmens einen positiven Einfluss auf das Unternehmensimage sowie die Attraktivität des Unternehmens hat; sie prüfen diesen Zusammenhang allerdings nicht empirisch nach. Was empirisch nachgewiesen werden kann, ist ein positiver Zusammenhang zwischen der Zufriedenheit mit dem Kommunikationskanal (0,18) sowie der Zufriedenheit mit der Karrierehomepage eines Unternehmens (0,49) und der positiven Haltung gegenüber dem Unternehmen (Allen et al., 2007; Allen et al., 2004).

Laut Rekrutierungsliteratur ist der Rekrutierungskontakt für die Attrahierung von Arbeitsuchenden von besonderer Bedeutung. In diesem Zusammenhang ist allerdings zu berücksichtigen, dass Arbeitsuchende in der frühen Rekrutierungsphase vor allem mit Kommunikationskanälen in Berührung kommen, da Unternehmen zur Kommunikation und Verbreitung ihrer Rekrutierungsbotschaften verstärkt auf diese zurückgreifen (Allen et al., 2007: 1704 f.).

Was die Determinanten der Zufriedenheit mit der Hochschulpräsenz betrifft, lässt sich auf Basis der Zielsetzung der frühen Rekrutierungsphase[36] schlussfolgern, dass insbesondere die Bereitstellung von Informationen über das Unternehmen sowie die potenzielle Tätigkeit einen positiven Einfluss hat. Rekrutierungsinstrumente, die dieser Aufgabe nachkommen, werden als nützlicher angesehen, was wiederum zu Zufriedenheit führt (Allen et al., 2007: 1700). Allen et al. (2007: 1704) bestätigen diesen Zusammenhang in ihrer Studie und weisen einen positiven Zusammenhang zwischen der Bereitstellung von Informationen über das Unternehmen (0,31) sowie die Tätigkeit (0,34) und der Zufriedenheit mit der Karrierehomepage des Unternehmens nach. Allen et al. (2004) schauen sich in ihrer Studie neben der Informationsmenge noch weitere Merkmale in Bezug auf Rekrutierungsinstrumente an und finden einen positiven Zusammenhang zwischen dem Persönlichkeitsgrad (0,39), der sozialen Präsenz (0,15) sowie der Signalwirkung (0,19) und der Zufriedenheit mit der Informationsbereitstellung. Eine wechselseitige Kommunikation übt dagegen keinen signifikanten Einfluss auf die Zufriedenheit mit der Informationsbereitstellung aus. Im webbasierten Rekrutierungskontext sehen Cober et al. (2004: 629) die Zufriedenheit mit der Karrierehomepage eines Unternehmens als proximalste Erfolgsgröße vor erfolgter Einstellung in Bezug auf die Evaluierung der Karrierehomepage als Rekrutierungsinstrument. Gleiches wird für die Zufriedenheit mit der Hochschulpräsenz in Bezug auf die Evaluierung von Hochschulkooperationen angenommen.

2.5.4 Affektives Commitment als Zielkonstrukt

Die Mitarbeiterbindung, von anderen Autoren auch als „organisationale Bindung" beziehungsweise „organisationales Commitment" bezeichnet[37] (Felfe, 2008: 25), ist als For-

---

[36] In der frühen Rekrutierungsphase steht insbesondere die Kommunikation beziehungsweise Bereitstellung von Informationen über das Unternehmen sowie den potenziellen Arbeitsplatz im Vordergrund (Allen et al., 2007: 1698; Walker & Hinojosa, 2014: 269).

[37] In der vorliegenden Arbeit werden die Begriffe *Mitarbeiterbindung* sowie *organisationale Bindung* beziehungsweise *organisationales Commitment* synonym verwendet und damit einhergehend die Organisation als Bindungsobjekt definiert. Alternative Bindungsobjekte, in der Forschungsliteratur auch als Foci bezeichnet, wie zum Beispiel der Arbeitsplatz, Arbeitsgruppen oder Vorgesetzte (siehe hierzu zum Beispiel Cohen, 2003), sind nicht Gegenstand dieser Arbeit.

schungsthema seit mehreren Jahrzehnten vorrangig im angloamerikanischen Raum verankert (Mowday et al., 1982; Mowday, Steers & Porter, 1979; Porter, Steers, Mowday & Boulian, 1974). Seither lassen sich in der einschlägigen Literatur viele unterschiedliche theoretische Erklärungsansätze im Zusammenhang mit dem Commitment-Konstrukt[38] finden, die letztlich auch zu einer gewissen Vielfalt an Begriffsbestimmungen[39] und Schwerpunktsetzungen geführt haben. Minimalkonsens besteht seit jüngerer Zeit dahingehend, dass mit organisationalem Commitment ein „psychologischer Zustand" gemeint ist, der die Beziehung eines Individuums zu seiner Organisation beschreibt (Gauger, 2000: 78; Herscovitch & Meyer, 2002: 475; Meyer & Allen, 1997: 10 ff.). „[Organizational Commitment] is considered to be a bond or linking of the individuals to the organization" (Mathieu & Zajac, 1990: 171). Weiterhin umstritten bleibt jedoch die Art und Güte des psychologischen Zustandes und wie dieser entsteht (Meyer & Allen, 1991; Meyer & Allen, 1997; Meyer & Herscovitch, 2001).

Bevor eine endgültige Arbeitsdefinition von organisationalem Commitment für die vorliegende Arbeit abgeleitet wird und der Fokus auf die affektive Facette gelegt wird, soll zur leichteren Begriffsschärfung ein kurzer Rückblick in die Dogmengeschichte vorgeschaltet werden (Meifert, 2005: 39). Hierzu kann auf grundlegende Arbeiten zum organisationalen Commitment, wie zum Beispiel von Moser (1996), Mowday et al. (1982) und Meyer & Allen (1997), zurückgegriffen werden, da die Autoren der Forderung nach einer Systematisierung nachkommen und die unterschiedlichen theoretischen Erklärungsansätze und Definitionen von Commitment strukturieren sowie einzelne Forschungstraditionen offenlegen.

In der Forschungslandschaft wenig umstritten scheint die Auffassung, dass die Erklärungsansätze und Definitionen im Wesentlichen auf zwei Forschungstraditionen (verhaltensbezogene versus einstellungsbezogene Schule) zurückzuführen sind (Weller, 2003: 77). Demzufolge ist organisationales Commitment entweder als Einstellung oder Verhaltensweise zu betrachten (Meyer & Allen, 1991: 62).[40]

Während beim verhaltensorientierten Commitment davon ausgegangen wird, dass zurückliegende Verhaltensweisen die Bindung eines Individuums an eine Organisation erzeugen, wird einstellungsorientiertem Commitment – wie es der Namen bereits andeutet – der Status einer Einstellung oder einer Gruppe von Verhaltensintentionen zugewiesen. Einstellungsorientiertes Commitment ist als Prozess zu verstehen, in dem sich ein Individuum mit den Werten und Zielen einer Organisation identifiziert (Weller 2003: 77 ff.).

Die Perspektive des einstellungsorientierten Commitments beschäftigt sich hauptsächlich mit den vorausgehenden Einflussgrößen, die zur Entstehung von Commitment führen, sowie den daraus resultierenden Verhaltenskonsequenzen (vergleiche zum Beispiel Buchanan, 1974; Steers, 1977). Demgegenüber steht beim handlungsorientierten Commitment zum einen die Analyse der Bedingungen im Fokus, die dazu führen, dass ein Verhalten wiederholt gezeigt wird, und zum anderen die Wirkung dieses Verhaltens auf Einstellungsänderungen (Meyer & Allen, 1991: 62).

---

[38] In der deutschsprachigen Literatur wird neben dem Begriff der Mitarbeiterbindung ebenfalls auf den englischen Begriff *Commitment* zurückgegriffen (Moser, 1996; Schmidt, Hollmann & Sodenkamp, 1998; Van Dick, 2004; Weller, 2003), weshalb dieser Begriff auch im weiteren Verlauf der vorliegenden Arbeit Verwendung findet.

[39] Für einen zusammenfassenden Überblick siehe Meyer & Allen (1997), Meyer & Herscovitch (2001) oder Gauger (2000).

[40] Die begriffliche Trennung geht auf Salancik (1977) zurück.

Mowday et al. (1982: 26) beschreiben die beiden Ansätze wie folgt:

"Attitudinal commitment focuses on the process by which people come to think about their relationship with the organization. In many ways, it can be thought of as a mind set in which individuals consider the extent to which their own values and goals are congruent with those of the organization. Behavioral commitment, on the other hand, relates to the process by which individuals become locked into a certain organization and how they deal with this problem."

Bei näherer Analyse der Beziehung von Verhalten und Einstellungen ist die strikte Unterscheidung zwischen verhaltensorientiertem Commitment und einstellungsorientiertem Commitment allerdings kritisch zu betrachten (Meyer & Allen, 1997: 9). Vielmehr ist davon auszugehen, dass Wechselwirkungen zwischen Verhalten und Einstellungen existieren (Wilkens, 2004: 115). Die beiden Auffassungen von Commitment sind somit eher als sich gegenseitig ergänzend zu betrachten.

Meyer & Allen (1991) nehmen daher Abstand von der bis dato vorherrschenden Abgrenzung und integrieren die theoretischen Sichtweisen in einem multidimensionalen Commitment-Konstrukt. Mit ihrem Drei-Komponenten-Modell haben die beiden Wissenschaftler den Grundstein für ein Commitment-Konzept gelegt, welches bis dato den am häufigsten verwendeten Forschungsansatz darstellt (Van Dick, 2004: 3). Das Modell konnte bereits durch eine Vielzahl an empirischen Studien bestätigt werden (zum Beispiel Bentein, Stinglhamber & Vandenberghe, 2002; Felfe, Schmook & Six, 2006; Meyer, Stanley, Herscovitch & Topolnytsky, 2002; Schmidt, Hollmann & Sodenkamp, 1998; Vandenberghe, Stinglhamber, Bentein & Delhaise, 2001)[41] und findet daher auch im Rahmen dieser Arbeit Verwendung. Meyer & Allen (1991, 1997) zufolge ist organisationales Commitment als dreidimensionales psychologisches Konstrukt zu verstehen. Sie unterscheiden zwischen affektivem, kalkulatorischem sowie normativem Commitment und gehen davon aus, dass eine Person parallel alle drei Bindungsmechanismen in unterschiedlichem Grad entwickeln kann (Meyer & Allen, 1997: 13). Die Gemeinsamkeit der drei Dimensionen besteht nach Meyer & Allen (1991) darin, dass diese einen psychologischen Zustand beschreiben, der zum einen die Beziehung des Mitarbeiters zur Organisation charakterisiert und zum anderen Einfluss auf dessen Entscheidung ausübt, auch künftig in der Organisation verbleiben zu wollen oder nicht.

Affektives Commitment bezieht sich auf die emotionale Bindung zwischen einer Person und einer Organisation, wobei die Merkmale Bindung, Identifikation, Involvement und der freie Wunsch, im Unternehmen bleiben zu wollen, zentral sind. „Affective Commitment refers to the employee's emotional attachment to, identification with, and involvement in the organization. Employees with a strong affective commitment continue employment because they *want* to do so" (Meyer & Allen, 1991: 67; Hervorhebung im Original).

Kalkulatorisches Commitment lässt sich dagegen durch die Wahrnehmung der tatsächlichen Opportunitätskosten kennzeichnen, die beim Verlassen der Organisation entstehen würden. Der Verbleib in der Organisation ist als Ergebnis einer individuellen Kosten-Nutzen-Abwägung zu betrachten. „Continuance commitment refers to an awareness of the costs associated with leaving the organization. Employees whose primary link to the organization is based on continuance commitment remain because they *need* to do so" (Meyer & Allen, 1991: 67; Hervorhebung im Original).

---

[41] Eine metaanalytische Zusammenfassung findet sich bei Meyer et al. (2002).

Beim *normativen Commitment* als dritte Bindungskomponente empfindet die Person eine Verpflichtung, in der Organisation zu verbleiben, weil dies moralisch richtig ist. „... normative commitment reflects a feeling of obligation to continue employment. Employees with a high level of normative commitment feel that they *ought* to remain with the organization" (Meyer & Allen, 1991: 67; Hervorhebung im Original).

Das **affektive Commitment** nach Meyer & Allen (1991) weist konzeptionell eine große Ähnlichkeit zum *attitudinal commitment* nach Porter et al. (1974) sowie Buchanans (1974) Definition von Commitment auf, die allesamt bereits einen erheblichen Beitrag zur Erforschung des affektiven Commitments geleistet haben (Ko, Price & Mueller, 1997: 961).[42] Porter et al. (1974: 604) definieren Commitment als (1) einen starken Glauben an die Ziele und Werte der Organisation sowie der starken Akzeptanz dieser, (2) eine Bereitschaft, sich in besonderem Maße für die Organisation einzusetzen, und (3) einen Wunsch, auch zukünftig in der Organisation zu bleiben. Daneben beschreibt Buchanan (1974: 533) Commitment als eine affektive Bindung an die Ziele und Werte der Organisation. Der Mitarbeiter identifiziert sich mit der Organisation, ist ihr gegenüber loyal und zeigt ein hohes Maß an Engagement für seine Arbeit. Im Gegensatz zu der Definition von Porters et al. (1974), die den Wunsch, im Unternehmen bleiben zu wollen, in ihre Definition von Commitment integrieren, besteht in der Forschungsgemeinschaft mittlerweile weitestgehend Konsens darüber, dass dieser Wunsch als Konsequenz der organisationalen Bindung zu betrachten ist (Felfe, 2008; Meyer et al., 2002). Meyer & Allen (1997) fokussieren sich bei ihrer Definition neben der Identifikation und dem Involvement insbesondere auf die emotionale Beziehung zwischen Mitarbeiter und Organisation. Hohes affektives Commitment zeigt sich dadurch, dass die Organisation für die Person einen hohen persönlichen Stellenwert einnimmt und sich die Person der Organisation als „Teil der Familie" zugehörig fühlt (Van Dick, 2004: 3). Mitunter wird affektives Commitment sogar als stärkste Form der Verbundenheit angesehen, die eine Person gegenüber einer Organisation entwickeln kann (Carmeli, 2005a: 447). Damit lässt sich auch das verstärkte Forschungsinteresse am affektiven Commitment im Gegensatz zum normativen und kalkulatorischen Commitment erklären. Zudem weist das affektive Commitment die stärksten Zusammenhänge mit Einstellungen und Verhaltensweisen auf, die für Mitarbeiter von Bedeutung sind, und hat die stärksten positiven Auswirkungen auf den betriebswirtschaftlichen Erfolg eines Unternehmens (Beinborn, 2007: 360; Meyer et al., 2002: 20).

Die positiven Auswirkungen des organisationalen Commitments lassen sich grob in drei Gruppen untergliedern: (1) die Bindung von Mitarbeiterpotenzialen, d. h. geringere Fehlzeiten sowie eine geringere Kündigungsabsicht beziehungsweise tatsächliche Kündigung, (2) die erhöhte Nutzung von Mitarbeiterpotenzialen, worunter eine erhöhte Arbeitsleistung und das Organizational Citzenship Behavior[43] der Mitarbeiter fällt, und (3) die Gesundheit und das gesteigerte Wohlbefinden der Mitarbeiter (Gauger, 2000; Meyer et al., 2002; Westphal & Gmür, 2009).

---

[42] Affektives Commitment ist die am meisten erforschte Komponente (Somers, 1995: 50).

[43] Mit Organizational Citizenship Behavior ist das freiwillige Engagement der Mitarbeiter gemeint, das weder vertraglich verpflichtend ist noch zu einer monetären Entlohnung führt. Langfristig kommt dieses Verhalten, wie zum Beispiel die Bereitschaft, zusätzliche Aufgaben zu erledigen, oder die Hilfsbereitschaft gegenüber Kollegen, der Organisation allerdings zugute (Van Dick, 2004: 8). Bergami & Bagozzi (2000) zufolge wird Organizational Citizenship Behavior vorrangig durch affektives Commitment ausgelöst.

Die skizzierten Zusammenhänge werden durch empirische Studien und Metaanalysen[44] (Mathieu & Zajac 1990; Meyer et al. 2002; Westphal & Gmür 2009; Westphal, 2011) weitestgehend gestützt, wobei sich die folgenden Befunde auf die Metaanalysen stützen. Die Korrelation zwischen affektivem Commitment und dem Kündigungsverhalten liegt im mittleren bis hohen Bereich, wobei affektives Commitment stärker mit der Kündigungsabsicht als mit der tatsächlichen Kündigung korreliert (Mathieu & Zajac, 1990; Meyer et al., 2002; Westphal, 2011). Mathieu & Zajac (1990) finden zum Beispiel einen Zusammenhang zwischen affektivem Commitment und der Kündigungsabsicht von -0,52 sowie -0,28 für den Zusammenhang mit der tatsächlichen Kündigung von Mitarbeitern. Demgegenüber ermitteln Meyer et al. (2002) eine etwas höhere Korrelation zwischen affektivem Commitment und der Kündigungsabsicht (-0,56) und eine niedrigere Korrelation im Zusammenhang mit der tatsächlichen Kündigung der Mitarbeiter (-0,17).

Für den Zusammenhang zwischen affektivem Commitment und Arbeitsleistung ermitteln Meyer et al. (2002) einen Koeffizienten in Höhe von 0,16. Für den Zusammenhang mit subjektiven Leistungsevaluationen lässt sich festhalten, dass dieser stärker ist, wenn der Vorgesetzte (0,17) anstatt der Mitarbeiter selbst (0,12) die Leistung beurteilt (Meyer et al., 2002). Was den Zusammenhang zwischen affektivem Commitment und Organizational Citizenship Behavior betrifft, ermitteln Meyer et al. (2002) ebenfalls eine positive Korrelation (0,32). Gleiches gilt in Bezug auf eine gesteigerte Gesundheit (Meyer et al., 2002).

Ausgehend davon, dass affektives Commitment aus betrieblicher Sicht eine wichtige Steuerungsgröße darstellt, ist im Folgenden zu klären, welche Determinanten die affektive Commitment-Komponente beeinflussen, um so aktiv und systematisch auf diese einwirken zu können. „Literally hundreds of studies have examined the correlations between affective commitment and variables hypothesized to be its antecedents" (Meyer & Allen, 1997: 42), mit dem Ergebnis, dass affektives Commitment von vielen unterschiedlichen Variablen beeinflusst wird.

Die Einflussfaktoren lassen sich analog zu den Auswirkungen ebenfalls grob in drei Kategorien aufteilen: (1) personenbezogene Einflussfaktoren, (2) arbeitssituationsbezogene Einflussfaktoren sowie (3) organisationsbezogene Einflussfaktoren (Meyer & Allen, 1997: 42; Westphal & Gmür, 2009: 208). Hier sind in erster Linie die wahrgenommenen und subjektiv bewerteten Merkmale der Arbeitstätigkeit und -organisation von Bedeutung (Westphal & Gmür, 2009: 210).

Meyer & Allen (2002: 39) kritisieren allerdings zu Recht, dass es an einer systematischen und theoriegeleiteten Untersuchung der Einflussfaktoren mangelt. Während es bei den persönlichen Einflussfaktoren meistens gänzlich an einer theoretischen Herleitung mangelt, gestaltet es sich im Falle der arbeits- und organisationsbezogenen Einflussfaktoren so, dass viele unterschiedliche Ansätze und Theorien zur Erklärung der Entstehung von affektivem Commitment herangezogen werden. In Bezug auf die Entwicklung der affektiven Facette ist es nach Meyer & Allen (1997: 46) vor allem wichtig, dass die Organisation ihre Mitarbeiter unterstützt, sie fair behandelt und ihnen das Gefühl vermittelt, dass sie einen wertvollen Beitrag zum Unternehmenserfolg leisten. Als dahinterstehende Erklärungsmechanismen identifizieren die beiden Autoren den Prozess der retrospektiven Rechtfertigung und den Prozess der Erfüllung

---

[44]   Die Metaanalyse von Mathieu & Zajac (1990) basiert auf 174 unabhängigen Stichproben und betrachtet lediglich die affektive Facette. Meyer et al. (2002) beziehen 155 unabhängige Stichproben in ihre Metaanalyse ein und berücksichtigen alle drei Commitment-Komponenten. Bei Westphal (2009) handelt es sich um eine qualitative Metastudie, die insgesamt 61 Primärstudien erfasst.

von persönlichen Bedürfnissen (Meyer & Allen, 1997: 49 f.). Demnach kann sich affektives Commitment entwickeln, um zurückliegendes Verhalten zu rechtfertigen. Weiterhin kann angenommen werden, dass „[e]mployees will develop affective commitment to an organization to the extent that it satisfies their need, meets their expectations, and allows them to achieve their goals. In other words, affective commitment develops on the basis of psychologically rewarding experiences" (Meyer & Allen, 1997: 50).[45]

Nachfolgend werden die empirischen Befunde hinsichtlich der Determinanten von affektivem Commitment, analog der Auswirkungen des affektiven Commitments, insbesondere auf Basis der Metaanalysen von Mathieu & Zajac (1990), Meyer et al. (2002) und Westphal (2009) zusammengefasst.[46]

Im Zusammenhang mit den arbeitsbezogenen Einflussfaktoren lässt sich festhalten, dass verschiedene Merkmale wie eine abwechslungsreiche Tätigkeit (0,21), eine herausfordernde Tätigkeit (0,35) oder das Aufgabenportfolio (0,50) positiv mit affektivem Commitment korrelieren (Mathieu & Zajac, 1990: 175). Daneben stehen der transformationale Führungsstil (0,46) (Meyer et al., 2002: 31), der partizipative Führungsstil (0,39) (Mathieu & Zajac 1990: 175) sowie der transaktionale Führungsstil (Westphal & Gmür, 2009: 214) in einem positiven Zusammenhang mit affektivem Commitment. Darüber hinaus finden Schneider & Flore (2017) einen positiven Zusammenhang zwischen verschiedenen Weiterbildungsformaten für Mitarbeiter und affektivem Commitment.

Was die organisationsbezogenen Einflussfaktoren betrifft, korreliert die Unterstützung durch die Organisation am stärksten mit affektivem Commitment (0,63) (Meyer & Allen 2002). Ebenfalls korreliert die Wahrnehmung organisationaler Gerechtigkeit positiv mit affektivem Commitment (Westphal & Gmür, 2009: 216). Meyer et al. (2002: 31) finden einen positiven Zusammenhang zwischen interaktionaler Gerechtigkeit (0,50), distributiver Gerechtigkeit (0,40) sowie prozeduraler Gerechtigkeit (0,38) und affektivem Commitment. Darüber hinaus finden Westphal & Gmür (2009: 214) einen positiven Zusammenhang zwischen einer familienfreundlichen Unternehmenspolitik sowie dem externen Ansehen des Unternehmens und affektivem Commitment. Negativ korrelieren dagegen unerfüllte beziehungsweise gebrochene Versprechen und affektives Commitment (siehe ebd.).

Zusammenfassend lässt sich festhalten, dass sich die empirischen Befunde mittlerweile stärker gliedern lassen und eine gewisse Systematik aufweisen. Weiterhin werden insbesondere Arbeitserfahrungen, die mit dem Gefühl der organisationalen Unterstützung einhergehen, als wesentliche Einflussfaktoren von affektivem Commitment angesehen. Diese Erkenntnis steht konträr zu der von Reichers (1985: 467), der vor gut 30 Jahren im Zusammenhang mit den Determinanten von affektivem Commitment noch von einer „laundry list" gesprochen hat.

Im Zusammenhang mit organisationalem Commitment, insbesondere mit der affektiven Komponente, wird allerdings immer wieder die Frage aufgeworfen, inwieweit das Konstrukt eigenständig operationalisierbar ist, d. h. sich von verwandten Konstrukten abgrenzen lässt.

---

[45] Eine detaillierte Auseinandersetzung mit den Erklärungsmechanismen zur Entwicklung von affektivem Commitment folgt in Kapitel 3.2.

[46] Für einen detaillierteren Überblick über die verschiedenen Determinanten von affektivem Commitment siehe Westphal & Gmür (2009).

Zum einen scheint ein starker Zusammenhang zwischen den Konstrukten Arbeitszufriedenheit und affektivem Commitment vorzuliegen und zum anderen wird das Konstrukt der Identifikation häufig synonym für Commitment verwendet.

Was den Zusammenhang zwischen organisationalem Commitment und Arbeitszufriedenheit betrifft, lässt sich zunächst festhalten, dass die Beziehung zwischen den beiden Konstrukten bereits in zahlreichen Studien untersucht worden ist. Trotzdem ist die kausale Beziehung zwischen den beiden Konstrukten weiterhin umstritten (Moser, 1996: 65). So ist es durchaus denkbar, dass Commitment zu einer höheren Arbeitszufriedenheit (Bateman & Strasser, 1984; Vandenberg & Charles E. Lance, 1992) oder reziprok Arbeitszufriedenheit zu einem höheren Commitment führt (Buchanan, 1974; Gregson, 1992; Williams & Hazer, 1986). Zudem wird angenommen, dass organisationales Commitment und Arbeitszufriedenheit zwei distinkte Konstrukte sind, die in einer wechselseitigen Beziehung zueinander stehen (Mathieu, 1991). Curry, Wakefield, Price & Mueller (1986: 851 f.) können dagegen keine der beschriebenen Wirkungsrichtungen bestätigen.

Nach vorherrschender Meinung ist es jedoch wahrscheinlicher, dass Arbeitszufriedenheit und affektives Commitment sich gegenseitig beeinflussen (Plassmeier, 2011: 19). Mathieu & Zajac (1990: 178), Meyer et al. (2002: 33) sowie Tett & Meyer (1993: 271) bestätigen in ihren Studien einen starken Zusammenhang zwischen Arbeitszufriedenheit und affektivem Commitment (0,69, 0,65 beziehungsweise 0,71).

Trotz der engen Verbundenheit zwischen Arbeitszufriedenheit und affektivem Commitment gibt es dennoch grundlegende Unterschiede zwischen den beiden Konstrukten, sodass die theoretische Distinktheit beider Konstrukte als bewiesen gilt. Während die Arbeitszufriedenheit eine Einstellung zur Tätigkeit ausdrückt und nach Wiener (1982: 422) als „an attitude toward (…) a work-related condition, facet, or aspect" definiert werden kann, ist affektives Commitment viel globaler zu sehen und als Reaktion auf die Organisation im Ganzen zu betrachten (Mowday et al., 1982: 28). „Although day-to-day events in the work place may affect an employee's level of job satisfaction, such transitory events should not cause an employee to reevaluate seriously his or her attachment to the overall organization" (Mowday et al., 1982: 28). Affektives Commitment gilt damit im Vergleich zur Arbeitszufriedenheit als stabiler und weniger situationsabhängig.

Was die Abgrenzung zwischen *organisationaler Identifikation* und *organisationalem Commitment* betrifft, gibt es dagegen bislang keinen Konsens. Neben Studien, in denen die Begriffe *organisationale Identifikation* und *organisationales Commitment* synonym verwendet werden (Dutton et al., 1994: 242; Van der Vegt & Bunderson, 2005: 533), gibt es Autoren, die Identifikation als affektive Dimension von organisationalem Commitment (O'Reilly & Chatman, 1986), wie in der vorliegenden Arbeit als Teil des affektiven Commitments (Meyer & Allen, 1991), als Determinante zur Entwicklung von affektivem Commitment (Meyer & Herscovitch, 2001: 316) oder reziprok Commitment als Teil der Identifikation (Carmeli, 2005a; Ellemers, Gilder & Haslam, 2004; Ellemers, Kortekaas & Ouwerkerk, 1999) sehen. Weiterhin gibt es Studien, die von zwei verwandten, aber dennoch distinkten Konstrukten ausgehen (Bergami & Bagozzi, 2000; Dick, Wagner, Stellmacher & Christ, 2004; Gautam, Van Dick & Wagner, 2004; Riketta, 2005; Van Knippenberg, 2000). Felfe (2008: 67) kommt zu dem Schluss, dass „[…] die konzeptuelle Unterscheidbarkeit von Commitment und Identifikation bislang nicht abschließend geklärt und aufgrund der erheblichen Überschneidungen auch nur begrenzt möglich [ist]" (siehe auch Herrbach, 2006: 361). Aufgrund der konzeptuellen Ähnlichkeit beider Konstrukte spricht sich Riketta (2005: 377) daher dafür aus, dass im Bereich der Commitment-Forschung (affektives Commitment) die Forschungsergebnisse in Bezug auf die organisationale Identifikation mit berücksichtigt werden sollten sowie vice versa. Eine analoge Argumentationsweise findet sich auch in den Studien von Glavas & Godwin (2013: 18) sowie Lipponen et al. (2005: 99). Während Glavas & Godwin (2013) einen Zusammenhang zwischen *perceived corporate social responsibility* und *organizational identification* auf Basis von Studien zur Erklärung von Commitment begründen, sehen Lipponen et al. (2005) die Forschung in Bezug auf die Korrelate von affektivem Commitment als indirekten Nachweis für Korrelate von organisationaler Identifikation. Da diese Frage hier nicht abschließend geklärt werden kann, wird der Vorschlag von Riketta (2005) aufgegriffen und die Forschungsergebnisse in Bezug auf die organisationale Identifikation mit berücksichtigt (siehe Kapitel 3.2.3 und 3.2.4).

2.6 Stand der Forschung zur Rekrutierungswirkung von Hochschulkooperationen

Abschließend sollen im Folgenden die empirischen Studien vorgestellt werden, die sich entweder mit Hochschulkooperationen im Allgemeinen oder mit dem Zusammenhang zwischen einzelnen Hochschulkooperationsformen und den gerade näher beschriebenen Erfolgsgrößen beschäftigen. Ziel ist es, einen Überblick über die bisherige empirische Forschung im Zusammenhang mit den unterschiedlichen Hochschulkooperationsformen zu geben.

Zunächst ist festzuhalten, dass, obwohl Unternehmen auf eine Vielzahl an Rekrutierungsaktivitäten zur Attrahierung von potenziellen Bewerbern zurückgreifen können, sich die Forschungsliteratur bislang nur auf eine kleine Gruppe an Rekrutierungsaktivitäten fokussiert hat. Im Gegensatz zu Stellenanzeigen oder Mitarbeiterempfehlungen finden die in der vorliegenden Untersuchung relevanten Hochschulkooperationsformen lediglich vereinzelt Berücksichtigung in empirischen Untersuchungen.

In der Untersuchung von Baum & Kabst (2011) wird ein positiver Effekt vom Karrieretag und der Unternehmenspräsentation auf die Arbeitgebermarke und dadurch mediiert auf die Bewerbungsabsicht vermutet. Die Arbeitgebermarkenstärke wird in der Studie mit Hilfe der drei Konstrukte Jobinformation, Reputation und Vertrautheit operationalisiert. Der positive Zusammenhang wird dadurch begründet, dass Unternehmen durch Rekrutierungspraktiken sowie die in diesem Zusammenhang gesendeten Signale die Einschätzungen der Arbeitsuchenden beeinflussen können. Andererseits verweisen Baum & Kabst (2011: 334) auf Studien, die offenlegen, dass Rekrutierungspraktiken die Meinungen in Bezug auf Jobattribute und das Unternehmen positiv beeinflussen (zum Beispiel Barber & Roehling, 1993). Der vermutete Zusammenhang, dass die beiden Maßnahmen zur Steigerung der Arbeitgebermarkenstärke beitragen, wird durch ihre Untersuchung bestätigt. Im Gegensatz zur Unternehmenspräsentation weist der Karrieretag allerdings keinen signifikanten Einfluss auf die Jobinformation aus. Ebenfalls wird bestätigt, dass die Entstehung einer Bewerbungsabsicht durch die drei Dimensionen der Arbeitgebermarkenstärke vorhergesagt werden kann.

Breaugh, Greising, Taggart & Chen (2003) vermuten, dass Bewerber, die sich initiativ oder auf Empfehlung eines Mitarbeiters bewerben, mit höherer Wahrscheinlichkeit ein Jobangebot bekommen und eingestellt werden als Bewerber, die sich über das Career Center an Hochschulen, Stellenannoncen oder Firmenkontaktmessen bewerben. Als Begründung führen die Autoren an, dass Bewerber, die sich auf Empfehlung eines Mitarbeiters bewerben, besser über die Tätigkeit informiert sind und sich bei nicht ausreichender Qualifikation entsprechend selbst ausselektieren. Im Zusammenhang mit Initiativbewerbern wird als Grund angeführt, dass sich diese Bewerber intensiver mit potenziellen Arbeitgebern auseinandersetzen und sich bei einer geringen Person-Job-Passung ebenfalls selbst ausselektieren (Breaugh et al., 2003: 2272 f.). Die postulierten Hypothesen werden in der Untersuchung bestätigt. Indes deckt die Untersuchung keinen Unterschied in der Qualität der Bewerber auf. Weiterhin können Breaugh et al. (2003) keinen positiven Zusammenhang zwischen Firmenkontaktmessen und wünschenswerten Erfolgsgrößen vor erfolgter Einstellung nachweisen.

Collins (2007: 180) vermutet, dass der Zusammenhang zwischen informationsärmeren Rekrutierungsinstrumenten (Imageanzeigen und Sponsoring-Aktivitäten) sowie informationsreicheren Rekrutierungspraktiken (Stellenannoncen und Mitarbeiterempfehlungen) auf der einen Seite und dem Arbeitgeberwissen sowie nachfolgend der Bewerbungsabsicht auf der anderen Seite durch die Produktbekanntheit moderiert wird. Collins (2007) geht davon aus, dass informationsärmere Rekrutierungspraktiken als Substitute für die Produktbekanntheit fungieren. Die Studienergebnisse bestätigen die beiden postulierten Hypothesen. Das heißt, dass informationsärmere Rekrutierungspraktiken einen signifikanten Einfluss auf die Vertrautheit und Arbeitgeberreputation sowie nachfolgend auf die Bewerbungsabsicht ausüben, wenn die Produktbekanntheit des Unternehmens gering ist, und informationsreichere Rekrutierungspraktiken einen signifikanten Einfluss auf die Arbeitgeberreputation und Jobinformationen sowie nachfolgend auf die Bewerbungsabsicht ausüben, wenn die Produktbekanntheit des Unternehmens hoch ist (Collins, 2007: 185).

Turban (2001) zeigt in seiner Studie über ein großes Chemieunternehmen, dass Rekrutierungspraktiken wie Campus-Aktivitäten[47] mit dem Unternehmensimage korrelieren und dieses wiederum positiv auf die Arbeitgeberattraktivität wirkt. Damit unterstellt er eine Mediatorstruktur, ohne diese allerdings explizit statistisch zu testen.

Thielsch, Träumer, Pytlik & Kanning (2012) untersuchen in ihrer Studie mit 1630 Befragten[48] unterschiedlicher Berufsfelder, wie zum Beispiel Metall und Maschinenbau, Produktion und Fertigung oder Technik und Elektronik, zwölf verschiedene Personalmarketingmaßnahmen hinsichtlich ihrer Nutzung und Bewertung, wobei die Bewertung der Maßnahmen aus Sicht der potenziellen Bewerber im Zentrum des Interesses steht. Im Zusammenhang mit den in dieser Arbeit betrachteten Hochschulkooperationen sind lediglich drei der betrachteten Personalmarketingmaßnahmen von Relevanz: Vorträge und Firmenpräsentationen, Kontakte/Kooperationen von Unternehmen zu Lehrern/Dozenten und Personalmessen. Vorträge und Firmenpräsentationen sind 6 % der Befragten nicht bekannt, 54 % haben sie noch nie genutzt und 40 % der Befragten haben sie genutzt. Die Bewertung dieser Maßnahmen liegt im Mittel bei 3,64.[49] Kontakte/Kooperationen von Unternehmen zu Lehrern/Dozenten sind 6 % der Befragten nicht bekannt, 53 % haben sie noch nie genutzt und 41 % der Befragten haben sie genutzt. Die Bewertung liegt im Mittel mit 3,81 etwas höher. Personalmessen sind 7 % der Befragten nicht bekannt, 62 % haben sie noch nie genutzt und 31 % der Befragten haben sie bereits genutzt. Die Bewertung liegt im Mittel mit 3,33 am niedrigsten (Thielsch et al., 2012: 5).

---

[47]   Hierbei handelt es sich um einen Faktor, der aus den folgenden Items besteht: Interaktion mit Studentenorganisationen, Sichtbarkeit an der Hochschule, Investieren von Zeit, Personen und Ressource in die Hochschulausbildung, Interaktion mit Fakultätsmitgliedern, Werbung an Hochschulen, Sponsoring von Hochschulevents, Engagement in Bezug auf die Verbesserung des Bildungsprozesses, Interaktion mit dem Career Center sowie Angebot von Praktikumsplätzen.

[48]   57 % der Befragten befanden sich noch in Ausbildung oder im Studium.

[49]   Die Bewertungsskala reicht von *1 = spricht mich gar nicht an* bis *5 = spricht mich sehr an*.

Kanning, Schmalbrock & Wild (2009) untersuchen in ihrer explorativen Studie mit N = 317 Studierenden unterschiedlicher Fächergruppen (Wirtschaftswissenschaftlern, Technikern und Sozialwissenschaftlern), inwieweit diese acht verschiedene Personalmarketingmaßnahmen kennen, sich bereits mit ihnen beschäftigt haben und bewerten. Analog zu der Studie von Thielsch et al. (2012) sind nicht alle Personalmarketingmaßnahmen für die vorliegende Untersuchung relevant, weshalb lediglich drei Maßnahmen (Firmenpräsentationen an Hochschulen, Firmenkontakte zu Professoren und Personalmessen) näher betrachtet werden. Der Bekanntheitsgrad von Firmenpräsentationen liegt im Durchschnitt bei 76,3 %, von Firmenkontakten zu Professoren bei 64,4 % und von Personalmessen bei 83 %. Der individuelle Beschäftigungsgrad liegt bei Firmenpräsentationen an Hochschulen bei 50,2 %, bei Firmenkontakten zu Professoren bei 28,4 % und bei Personalmessen bei 46,7 %. Die Bewertung liegt im Mittel bei 3,76[50] für Firmenpräsentationen, bei 3,37 für Firmenkontakte zu Professoren und bei 3,65 für Personalmessen.

Aus dem zuvor beschriebenen aktuellen Forschungsstand zu Hochschulkooperationen im Allgemeinen sowie der Rekrutierungswirkung von Hochschulkooperationen im Speziellen lassen sich einige Forschungslücken ableiten, auf die sich diese Arbeit konzentriert. Erstens existieren nur wenige empirische Studien, die sich der Evaluation verschiedener Hochschulkooperationsformen widmen, obwohl diese in der Praxis stetig an Bedeutung gewinnen (Van Berk, 1992). Daher ist insbesondere für die in der vorliegenden Untersuchung betrachteten Hochschulkooperationsformen eine Lücke zwischen praktischer Relevanz und empirischer Forschung festzustellen. Da Unternehmen üblicherweise mehrere Kooperationsformen gleichzeitig mit einer Hochschule unterhalten (Höllmüller, 2002: 72; Kirsch, 1995: 178), ist es verwunderlich, dass – soweit der Autorin bekannt – bislang noch keine empirische Studie vorliegt, die sich der Evaluierung von mehreren Hochschulkooperationsformen widmet. Zweitens werden die einzelnen Hochschulkooperationsformen meistens zu Faktoren zusammengefasst (Collins, 2007; Turban, 2001), sodass keine direkte Aussage über die Effektivität einzelner Kooperationsformen möglich ist. Drittens werden die im Rekrutierungskontext als zentral angesehenen Erfolgsgrößen, wie zum Beispiel affektives Commitment, im Zusammenhang mit Hochschulkooperationen bislang noch nicht berücksichtigt. Viertens ist ungeklärt, ob Hochschulkooperationen überhaupt ein effektives Rekrutierungsinstrument darstellen. Es ist bislang nicht bekannt, ob Hochschulkooperationen einen positiven Einfluss auf verschiedene Einstellungen und Verhaltensweisen von Bewerbern und Neueinsteigern haben und wenn ja, welche in der Literatur diskutierten Grundmechanismen dafür verantwortlich sind.

---

[50] Die Bewertungsskala reicht von *1 = spricht mich gar nicht an* bis *5 = spricht mich sehr an.*

3 Theoretischer Bezugsrahmen und Konzeption eines Untersuchungsmodells

In Kapitel 2.5 werden auf Basis der Zielsetzung von Hochschulkooperationen verschiedene Indikatoren für die Evaluierung des Rekrutierungserfolgs identifiziert. Im folgenden Kapitel sollen diese unter Berücksichtigung der in der Rekrutierungsliteratur primär diskutierten Erklärungsansätze zur Wirkungsweise von Rekrutierungspraktiken in ein theoretisches Modell zur Wirkungsweise von Hochschulkooperationen überführt werden.

In der bis dato vorliegenden Rekrutierungsliteratur werden als Erklärungsansätze für die Wirksamkeit von Unternehmens-/Rekrutierungspraktiken vor allem die folgenden Grundideen diskutiert.

Vielfach wird davon ausgegangen, dass Unternehmen durch den Einsatz von Rekrutierungspraktiken dazu beitragen, dass potenzielle Bewerber eine genauere Vorstellung über das Unternehmen sowie die potenziellen Arbeitsplätze bekommen (Baum & Kabst, 2011; Cable & Turban, 2001; Collins, 2007). In diesem Zusammenhang wird angenommen, dass Rekrutierungsaktivitäten neben der Kommunikation von Arbeitgeber- und Arbeitsplatzinformationen als Signale für weitere nicht beobachtbare Unternehmens- und Tätigkeitsmerkmale fungieren, sodass sich die potenziellen Bewerber ein detaillierteres Bild in Bezug auf das Unternehmen als Arbeitgeber sowie die Arbeitsbedingungen machen können (Baum & Kabst, 2011; Breaugh, 1992; Rynes & Miller, 1983; Turban & Greening, 1997) und infolgedessen als Neueinsteiger womöglich weniger Enttäuschungen erleben (Moser, 1995). Durch die kommunizierten Informationen sehen sich die potenziellen Bewerber einem kognitiven Prozess gegenübergestellt, bei dem vor allem die Aufnahme und Verarbeitung der vom Unternehmen bereitgestellten Informationen im Vordergrund steht (Baum & Kabst, 2011).

Die Annahme, dass Rekrutierungsinstrumente über die Informationsbereitstellung hinaus den potenziellen Bewerbern als Signale für weitere nicht direkt beobachtbare Unternehmens- und Tätigkeitsmerkmale dienen, basiert auf der Signaling-Theorie (Spence 1973, 1974; Rynes 1991; Allen, Mahto & Otondo 2007).

Daneben wird in der Rekrutierungsliteratur ebenfalls davon ausgegangen, dass Rekrutierungsaktivitäten durch die Kommunikation von positiven Arbeitgeber- und Arbeitsplatzinformationen sowie die Signalisierung weiterer wichtiger Jobattribute dazu beitragen, dass potenzielle Bewerber einen positiven Eindruck in Bezug auf das Arbeitgeberimage sowie die Arbeitgeberreputation entwickeln (Cable & Turban, 2001). Eine als positiv wahrgenommene Beurteilung der (potenziellen) Organisationsmitgliedschaft trägt wiederum zu einer Aufwertung der (potenziellen) Mitgliedschaft in diesem Unternehmen bei (Bartels et al., 2007; Cable & Turban, 2003; Tajfel & Turner, 1979, 1986). Neben der Signaling-Theorie (Spence 1973, 1974) wird ebenfalls der Mere-Exposure-Effekt (Zajonc, 1968) (siehe Kapitel 4.1.2) als Erklärungsgrundlage dafür herangezogen, dass sich der bloße Einsatz von Rekrutierungsinstrumenten positiv auf die affektive Einstellung der potenziellen Bewerber gegenüber dem Unternehmen beziehungsweise die Arbeitgeberreputation auswirkt.

Vor dem Hintergrund der Annahme, dass Rekrutierungsaktivitäten Informationen für potenzielle Bewerber bereitstellen und die affektive Einstellung zum Unternehmen verbessern, lässt sich die Entstehung von affektivem Commitment beziehungsweise der Mitarbeiterbindung, wie in der Forschungsliteratur üblich, sowohl unter Rückgriff auf die soziale Austauschtheo-

© Springer Fachmedien Wiesbaden GmbH, ein Teil von Springer Nature 2018
F. M. Bauhoff, *Hochschulkooperationen und die Einstellung von Neueinsteigern zum Unternehmen*, AutoUni – Schriftenreihe 121,
https://doi.org/10.1007/978-3-658-22055-6_3

rie als auch mit Hilfe der Theorie der sozialen Identität erklären (Alniacik et al., 2011; Brammer, Millington & Rayton, 2007; Carmeli, 2005a; Flore, 2014; Meifert, 2005; Sekler, 2016). Bevor allerdings das Untersuchungsmodell zur Wirkungsweise von Hochschulkooperationen zusammenfassend dargestellt wird, sollen zunächst die zur Fundierung des Modells herangezogenen Theorien kurz erläutert werden. Mit dem Ziel, empirisch überprüfbare Hypothesen abzuleiten, werden diese Theorien anschließend auf den vorliegenden Forschungskontext übertragen und mittels einschlägiger, empirischer Forschungsergebnisse untermauert. Zudem wird herausgestellt, warum die individuelle Vorprägung in Bezug auf das Unternehmen bei der Betrachtung der Wirkung von Rekrutierungspraktiken zu berücksichtigen ist, bevor das Untersuchungsmodell gesamthaft dargestellt wird.

3.1 Theoretische Fundierung des Untersuchungsmodells

3.1.1 Signaling-Theorie

Die Signaling-Theorie geht auf Spence (1973, 1974) zurück und befasst sich im Allgemeinen mit der Reduzierung von Informationsasymmetrien zwischen zwei Parteien (Spence, 2002: 436). Anders ausgedrückt, beschäftigt sie sich mit der Kommunikation von Eigenschaften, die für andere nicht beobachtbar und daher nicht glaubhaft zu übermitteln sind (Schmidtke, 2002: 64). Spence (1973: 356) führt das Konzept des Signaling am Beispiel des Arbeitsmarktes aus, wobei er darauf hinweist, dass es prinzipiell auch auf andere Märkte sowie andere Kontexte innerhalb des Arbeitsmarktes übertragbar ist.[51] In seinem Modell geht Spence (1974: 6 f.) von einer asymmetrischen Informationslage zwischen Arbeitnehmern und Arbeitgebern zum Nachteil Letzterer aus. Auf den meisten Arbeitsmärkten kann sich ein Arbeitgeber zum Zeitpunkt der Einstellung eines neuen Arbeitnehmers (und selbst noch einige Zeit danach) nicht sicher über dessen wahre Produktivität und Leistungsbereitschaft sein (Spence, 1973: 356), wohingegen dem potenziellen Arbeitnehmer seine eigene Arbeitsproduktivität bewusst ist. Für einen Arbeitgeber handelt es sich somit bei der Einstellung eines neuen Arbeitnehmers um eine Entscheidung unter Unsicherheit. Neben Arbeitgebern sind auch potenzielle neue Arbeitnehmer bestrebt, die vorliegende Unsicherheit zu reduzieren, da es im originären Interesse eines jeden Bewerbers liegt, sich von anderen (möglicherweise weniger geeigneten) Kandidaten abzuheben. Eine Möglichkeit zum Abbau dieser Unsicherheit beziehungsweise der Informationsasymmetrien ist das Signaling.[52] Beim Signaling wird die besser informierte Partei aktiv, indem diese mittels Indizes[53] und Signalen Informationen an die schlechter informierte Partei übermittelt. Nach Spence (1974: 1) sind Signale „activities or attributes of individuals in a market which by design or accident, alter the beliefs of, or convey infor-

---

[51] Dies veranschaulichen beispielhaft die folgenden Arbeiten: Signaling im Personalmarketing (Schmidtke, 2002), Signaling im Marketing (Connelly, Ketchen & Slater, 2011), Signaling in Produkt-Vorankündigungen (Schnoor, 2000) oder Signaling im Sponsoring (Clark, Cornwell & Pruitt, 2002). Für einen umfassenden Überblick über die Anwendung der Signaling-Theorie in der Management-Literatur siehe Connelly, Certo, Ireland & Reutzel (2010).

[52] Die andere Möglichkeit zum Abbau von Informationsasymmetrien stellt das sogenannte Screening dar (Stiglitz, 1974). Die Informationsgewinnung findet hierbei durch die uninformierte Partei (Arbeitgeber) statt, die versucht, vorab möglichst viele Informationen über den Arbeitnehmer einzuholen.

[53] Bei Indizes handelt es sich um nicht veränderbare Attribute, wie zum Beispiel das Geschlecht oder die ethnische Herkunft (Spence, 1973: 357).

mation to, other individuals in the market." Wenn nun ein potenzieller Arbeitnehmer einem Arbeitgeber Informationen über seine Ausbildung übermittelt, betreibt er Spences (1974) Auffassung zufolge „Signaling". Der Arbeitgeber als Signalempfänger stützt sich bei seiner Einstellungsentscheidung unter anderem auf die vom Bewerber gesendeten Signale, weil er davon ausgeht, dass zum Beispiel die Bildung eines Bewerbers Rückschlüsse auf nicht beobachtbare Eigenschaften, wie seine Produktivität und Leistungsbereitschaft, zulässt.

Damit die Argumentationslogik der Signaling-Theorie Anwendung finden kann, müssen laut Spence (1973, 1974) insgesamt vier Bedingungen erfüllt sein:

Zunächst muss zwischen dem Signalsender und dem Signalempfänger[54] eine asymmetrische Informationslage zugunsten des Signalsenders vorliegen, wobei beide Seiten die bestehenden Informationsasymmetrien auf ein Minimum reduzieren wollen (Spence, 1974: 2).

Des Weiteren muss der Signalempfänger das gesendete Signal wahrnehmen können. Der potenzielle Arbeitnehmer muss zum Beispiel seine Ausbildung durch Zeugnisse nachweisen können, sodass der Arbeitgeber in der Lage ist, das Signal zu erkennen und entsprechend zu bewerten (Spence, 1974: 3).

Ferner müssen beim Senden eines Signals Kosten[55] anfallen. Anderenfalls würden alle Signalsender die gleichen Signale senden, sodass es für den Signalempfänger unmöglich wäre, zwischen diesen zu differenzieren. Für produktivere Signalsender muss es leichter und kostengünstiger sein, ein Signal zu senden (Spence, 1973: 358). Würde es produktiven und weniger produktiven Arbeitnehmern gleich leicht beziehungsweise schwer fallen, einen hohen Ausbildungsgrad zu erreichen, wäre die Ausbildung kein starkes Signal für den Arbeitgeber (Pindyck & Rubinfeld: 808).

Zuletzt muss der Signalsender ein Signal beeinflussen können. Im Gegensatz zu Indizes, die als gegeben zu betrachten sind (zum Beispiel das Geschlecht und das Alter einer Person), liegt es im eigenen Ermessen einer Person, wie viel Zeit sie in ihre eigene Ausbildung investieren möchte (Spence, 1973: 357).

3.1.2 Mere-Exposure-Effekt

Der Mere-Exposure-Effekt geht auf Robert Zajonc (1968) zurück und beschreibt die Auswirkungen der mehrfachen Darbietung eines Reizes auf die affektive Bewertung dieses Reizes. Dem Mere-Exposure-Effekt zufolge reicht die bloße, mehrfache Darbietung eines Reizes aus, um eine Einstellungsverbesserung gegenüber diesem Reiz herbeizuführen (Zajonc, 1968: 1). Zajonc (1968: 13 ff.) konnte dies experimentell nachweisen, indem er Versuchspersonen unterschiedliche Typen unbekannter Stimuli (türkische Wörter, chinesische Schriftzeichen oder Passbilder von Universitätsabsolventen) mit einer bestimmten Häufigkeit (entweder 25-mal, zehnmal, fünfmal, zweimal, einmal oder überhaupt nicht) gezeigt hat und anschließend die Einstellung der Versuchspersonen zu den jeweiligen Stimuli gemessen hat. Die Ergebnisse dieser Experimente zeigen, dass mit zunehmender Darbietungshäufigkeit eine positivere Einstellung gegenüber allen drei Stimulustypen auszumachen ist.

---

[54]   Wie bereits ausgeführt wendet Spence (1973, 1974) die Signaling-Theorie im Rahmen der Analyse von Arbeitsmärkten an, sodass die Signalsender die potenziellen Arbeitnehmer und die Signalempfänger die Arbeitgeber darstellen.

[55]   Spence (1973: 359) fasst den Begriff der Kosten in Verbindung mit dem Senden von Signalen weit. Neben monetären Kosten können seiner Meinung nach auch Kosten in Form von Zeit entstehen.

In einer weiteren Studie konnten Kunst-Wilson & Zajonc (1980) nachweisen, dass dieser Effekt selbst dann auftritt, wenn sich die Versuchspersonen nicht bewusst an die dargebotenen Wahrnehmungsobjekte erinnern können.

Bisweilen haben zahlreiche empirische Studien den Mere-Exposure-Effekt nachweisen können[56], sodass die Existenz des Effekts unstrittig ist. Bornstein & D'Agostino (1992: 545) sowie Blascovich & Seery (2007: 34) charakterisieren den Mere-Exposure-Effekt daher als robustes und reliables Phänomen.

Im Gegensatz zur Existenz des Mere-Exposure-Effekts ist sich die Literatur allerdings uneinig über die Gründe für das Auftreten des Mere-Exposure-Effekts (Lee, 2001: 1255). Im Wesentlichen lassen sich zwei Erklärungsansätze, die sogenannte Wahrnehmungsflüssigkeit (perceptual fluency) und die wahrgenommene Vertrautheit (perceived familiarity) (Petty, Brinol, Tormala & Wegener, 2007: 258) unterscheiden, für die sich jeweils auch empirische Belege finden lassen (Bornstein & D'Agostino, 1992; Lee, 1994). Die Grundannahme des Perceptual-fluency-Ansatzes besagt, dass die wiederholte Darbietung eines Reizes bei den Rezipienten eine leichtere Wahrnehmung oder Wahrnehmungsflüssigkeit hervorruft, die wiederum in einer höheren Sympathie und affektiven Einstellung gegenüber dem Objekt mündet (Petty et al., 2007: 258). In dieser Fehlattribution liegt dem Perceptual-fluency-Ansatz zufolge die Ursache dafür, dass sich bereits dargebotene Objekte einer höheren Beliebtheit erfreuen (vergleiche dazu Bornstein & D'Agostino, 1992, 1994 und Reber, Winkielman & Schwarz, 1998).

Demgegenüber suggerieren einige Forschungsergebnisse, dass der Mere-Exposure-Effekt zumindest teilweise durch ein Gefühl der Vertrautheit entsteht (Bornstein & D'Agostino, 1994; Lee, 2001). Lee (1994, 2001) findet beispielsweise in ihren Studien heraus, dass Personen im Allgemeinen bekannte (vertraute) Stimuli gegenüber unbekannten Stimuli bevorzugen, auch wenn die bekannten Stimuli keine mehrfache Darbietung erfahren haben. Explizit auf den Mere-Exposure-Effekt bezogen gehen Klinger & Greenwald (1994: 84) auf Basis ihrer empirischen Befunde davon aus, dass die Vertrautheit mit einem Stimulus, hervorgerufen durch dessen wiederholte Darbietung, für die Einstellungsverbesserung gegenüber dem Stimulus verantwortlich ist.

3.1.3   Sozialer Austausch und der psychologische Vertrag

Rein ökonomisch betrachtet kann die Arbeitsbeziehung als Austausch von Arbeit gegen Geld verstanden werden.[57] Neben dieser ökonomisch und juristisch definierten Arbeitsbeziehung existiert allerdings immer auch eine psychologische Beziehung zwischen Arbeitnehmer und Arbeitgeber, die auf einem sozialen Austauschprozess beruht (Conway & Briner, 2009: 121; Raeder & Grote, 2012: 1 f.) und für die im Folgenden der Begriff des psychologischen Vertrags verwendet wird. Bevor jedoch das psychologische Vertragskonzept näher vorgestellt wird, soll zunächst auf die soziale Austauschtheorie und in diesem Zusammenhang speziell auf die Arbeiten von Blau (2008) und Gouldner (1960) eingegangen werden, „as these re-

---

[56]   Für einen umfassenden Überblick über die Studien zum Mere-Exposure-Effekt siehe Bornstein (1989).

[57]   Den rechtlichen Bezugsrahmen bildet der formale, juristische Arbeitsvertrag.

present the foundational ideas of social exchange theory upon which subsequent theorizing on the psychological contract draws" (Coyle-Shapiro & Parzefall, 2008: 17).[58] Grundsätzlich nehmen austauschtheoretische Erklärungsansätze an, dass nicht nur Marktbeziehungen durch Austauschprozesse gekennzeichnet sind, sondern dass Austausch ein allgegenwärtiges Prinzip gesellschaftlichen Zusammenlebens von Menschen ist, dem eine stabilisierende Funktion zukommt (Blau, 2005: 127; Esser, 2000: 305; Schroeter, 2008: 351). „Exchange is by no means the prerogative of the economist and of the economic market. Outside the market we find that neighbors exchange favors; children, toys; colleagues, assistance; acquaintances, courtesies; politicians, concessions; discussants, ideas; housewives, recipes" (Blau 1964: 88). Als elementare Verhaltensweise des Menschen ist sozialer Austausch Gegenstand verschiedener sozialwissenschaftlicher Disziplinen, wie zum Beispiel der Anthropologie, der Sozialpsychologie und der Soziologie, sodass weder auf ein einheitliches theoretisches Konzept noch auf ein in sich geschlossenes Theoriegebäude zurückgegriffen werden kann (Cropanzano & Mitchell, 2005: 874; Emerson, 1976: 336). Die **soziale Austauschtheorie**, bei der es sich laut Emerson (1976: 336) keineswegs um *eine* eigenständige Theorie handelt, stellt vielmehr eine Sammlung verschiedener theoretischer Ansätze mit unterschiedlichen Forschungsschwerpunkten dar (Chadwick-Jones, 1976: 1).[59]

Blau (1968: 454) definiert sozialen Austausch als „voluntary social actions that are contingent on rewarding reaction from others and that cease when these expected reactions are not forthcoming" und differenziert in seinen Arbeiten explizit zwischen dem ökonomischen und dem sozialen Austausch. Blau (1964) unterscheidet hier insbesondere anhand der Spezifität der gegenseitigen Verpflichtungen, dem zeitlichen Horizont und der Reziprozitätsnorm (Coyle-Shapiro & Parzefall, 2008: 19).[60] Im Gegensatz zum ökonomischen Austausch beruht sozialer Austausch auf keiner expliziten vertraglichen Vereinbarung und zieht damit keine genauer konkretisierten Verpflichtungen nach sich. Weder Zeitpunkt noch Möglichkeit oder Art der Gegenleistung[61] ist im Vorfeld festgelegt. Sozialer Austausch erfordert damit ein hohes Maß an wechselseitigem Vertrauen zwischen den Akteuren (Blau, 2005: 130). Diejenige Partei, die in der Austauschbeziehung in Vorleistung gegangen ist, muss auf das reziproke Verhalten der anderen Partei vertrauen. Blau (1964) geht allerdings davon aus, dass ein sozialer Austausch nur dann zustande kommt, wenn beide Tauschparteien davon ausgehen, dass sie ihren persönlichen Nutzen vermehren können (Adloff & Mau, 2005: 26).

Die Reziprozitätsnorm ist nach Gouldner (1960: 171) eine universelle Norm der Gesellschaft und erhebt zwei miteinander verbundene Minimalanforderungen: „(1) people should help those who have helped them and (2) people should not injure those who have helped them". Sie spielt somit eine wichtige Rolle hinsichtlich der Entstehung und Stabilisierung von sozialen Austauschbeziehungen (Coyle-Shapiro & Parzefall, 2008: 20). Wie stark die Verpflichtung des Erwiderns ist, hängt nach Gouldner (1960) von dem Wert der Gabe und dem persönlichen Nutzen ab. Gaben von hohem Wert führen zu einer stärkeren Verpflichtung, etwas erwidern zu müssen.

---

[58] Für einen umfassenden Überblick über die verschiedenen sozialtauschtheoretischen Ansätze siehe Cropanzano & Mitchell (2005) und Coyle-Shapiro & Conway (2004).

[59] Für eine ausführliche Auseinandersetzung mit den unterschiedlichen Tauschtheorien siehe zum Beispiel Ekeh (1974).

[60] Auf die Reziprozitätsnorm (Gouldner 1960) wird im weiteren Verlauf näher eingegangen.

[61] Beim sozialen Tausch gibt es kein Pendant zu Preisen (Blau, 2005: 130).

Wie bereits oben angeführt, basiert das psychologische Vertragskonzept auf Ideen der sozialen Austauschtheorie, weshalb die beiden Ansätze Gemeinsamkeiten aufweisen (Coyle-Shapiro & Parzefall, 2008: 20). Beiden Ansätzen zufolge schließt eine Austauschbeziehung sowohl materielle als auch nicht materielle Güter ein und wird durch die Reziprozitätsnorm beherrscht. Des Weiteren bringen beide Parteien Erwartungen und Verpflichtungen in die Austauschbeziehung ein.

Die Auseinandersetzung mit dem Konzept des psychologischen Vertrags wurde insbesondere durch die Arbeiten von Argyris (1960), Levinson, Price, Munden, Mandl & Solley (1962) und Schein (1980) angestoßen. Argyris (1960: 97) benutzt erstmals den Begriff „psychological work contract", um eine stillschweigende Übereinkunft über die Zusammenarbeit zwischen einem Vorarbeiter und seinen Mitarbeitern in einer Fabrik zu beschreiben (Coyle-Shapiro & Kessler 2000: 904).[62] Levinson et al. (1962: 21) entwickeln das Konzept weiter und liefern eine erste genaue Begriffsdefinition. Sie beschreiben den psychologischen Vertrag als „a series of mutual expectations of which the parties to the relationship may not themselves be dimly aware but which nonetheless govern their relationship to each other" (Coyle-Shapiro & Kessler 2000: 904). Des Weiteren stellen die Autoren auch Überlegungen in Bezug auf mögliche Konsequenzen bei Nichterfüllung an (Conway & Briner, 2009: 12).

Schein (1980: 22) greift ebenfalls das Konzept des psychologischen Vertrags auf und definiert dessen Charakter als „an unwritten set of expectations operating at all the times between every member of an organization and the various managers and others in that organization." Damit handelt es sich beim psychologischen Vertrag um eine bilaterale Austauschbeziehung zwischen Arbeitnehmern und Arbeitgebern (Organisationen), die von unausgesprochenen gegenseitigen Erwartungen geprägt ist.[63]

In der neueren psychologischen Vertragsforschung, die vor allem durch die Beiträge von Rousseau[64] und Robinson (Robinson, 1996; Robinson & Rousseau, 1994; Rousseau, 1989, 1990) geprägt ist, ist eine Rekonzeptualisierung des psychologischen Vertragskonstrukts zu erkennen, die ihm eine zunehmende wissenschaftliche Bedeutung beschert (Coyle-Shapiro & Parzefall, 2008: 20; Daser, 2009: 135).

Rousseau (1989: 123) definiert den psychologischen Vertrag in ihrem grundlegenden Artikel wie folgt:

> *„The term psychological contract refers to an individual's beliefs regarding the terms and conditions of a reciprocal exchange agreement between that focal person and another party. Key issues here include the belief that a promise has been made and a consideration offered in exchange for it, binding the parties to some set of reciprocal obligations."*

---

[62]   Einen detaillierten Überblick über die historische Entwicklung des Konzepts findet sich in den Beiträgen von Conway & Briner (2009), Dadi (2012) und Roehling (1997). Für einen umfassenden Überblick über den derzeitigen Forschungsstand siehe insbesondere Petersitzke (2009).

[63]   Obwohl die Erwartungen für Levinson et al. (1962) und Schein (1965) einen verpflichtenden Charakter haben, gehen sie davon aus, dass sich Erwartungen aus den individuellen Bedürfnissen ableiten (Coyle-Shapiro & Parzefall, 2008: 21).

[64]   „Rousseau's work is widely acknowledged as having had the greatest influence on psychological contract research since the writings of Levinson and Schein" (Conway & Briner, 2009: 14).

Nach Rousseaus Definition handelt es sich beim psychologischen Vertrag demnach nicht länger um eine bilaterale Austauschbeziehung zwischen Arbeitnehmer und Arbeitgeber (Argyris, 1960; Levinson et al., 1962; Schein, 1980), sondern um ein unilaterales, arbeitnehmerbezogenes Konzept.[65] Damit ist der psychologische Vertrag die subjektive Vorstellung des Arbeitnehmers hinsichtlich der eigenen Verpflichtungen gegenüber der Organisation sowie der Verpflichtungen der Organisation gegenüber der eigenen Person (Anderson & Schalk, 1998: 639). Die Verpflichtungen sind hierbei im Zusammenhang mit impliziten oder expliziten Versprechen, nicht aber im Zusammenhang mit allgemeinen Erwartungen zu sehen (Rousseau, 1990: 390). „The psychological contract, unlike expectations, entails a belief in what the employer is obliged to provide, based on perceived promises of reciprocal exchange" (Robinson & Rousseau, 1994: 246).

Des Weiteren führt Rousseau (1990: 391) bezugnehmend auf Macneil (1985) die Unterscheidung in transaktionale und relationale psychologische Verträge ein, wobei die beiden Vertragsformen als Endpunkte eines psychologischen Vertragskontinuums zu verstehen sind. Während transaktionale Verträge auf kurzfristige materielle Austauschbeziehungen (zum Beispiel Arbeitsanstrengung gegen Geld) angelegt sind, steht bei relationalen Verträgen eine langfristig angelegte, umfassende Austauschbeziehung im Vordergrund. Hinzu kommt ein stärkerer Fokus auf die sozio-emotionale Ebene zwischen den Vertragsparteien (Wehling, 2013: 406).

Aufgrund der Vielzahl an existierenden Definitionen ist eine eindeutige Bestimmung des psychologischen Vertrags bis dato schwierig (Anderson & Schalk, 1998: 369; Conway & Briner, 2009: 21; Cullinane & Dundon, 2006: 115). Insbesondere herrscht Uneinigkeit darüber, ob sich der psychologische Vertrag aus Erwartungen (Kotter, 1973), aus Versprechen[66] abgeleiteten Verpflichtungen (Rousseau 1989, 1995; Morrison & Robinson, 1997) oder sowohl Erwartungen[67] als auch Verpflichtungen (Daser, 2009; Guzzo, Noonan & Elron, 1994; Herriot, Manning & Kidd, 1997; Levinson, 1972; McLean Parks, Kidder & Gallagher, 1998; Müller, 2010; Raeder & Grote, 2012) konstituiert. Vor dem Hintergrund, dass Versprechen nicht nur zu Verpflichtungen, sondern auch zu entsprechenden Erwartungen führen können (Guest, 1998a: 651; Robinson, 1996: 575), wird letztere Auffassung in der vorliegenden Arbeit als sinnvoll erachtet. Deshalb sieht Guest (1998: 651) die Diskussion, zwischen den Begriffen *Erwartung* und *Verpflichtung* zu unterscheiden oder nicht, als nicht zielführend an.

Es sei an dieser Stelle angemerkt, dass allgemeine Erwartungen und Erwartungen aus impliziten Versprechen letztlich doch schwer voneinander zu trennen sein dürften (Wilkens, 2004: 68 f.).

---

[65] Ob es sich beim psychologischen Vertrag um ein unilaterales oder bilaterales Konzept handelt, ist bislang nicht abschließend geklärt. Im Gegensatz zu den Vertretern der „Rousseau School" (Guest, 1998b: 675) wird der psychologische Vertrag in neueren Ausführungen, vor allem im deutschsprachigen Raum (vergleiche Coyle-Shapiro & Kessler, 2000; Herriot, Manning & Kidd, 1997; Raeder & Grote, 2012; Raeder, 2007), in Anlehnung an die klassischen Definitionen (Argyris 1960; Kotter 1973; Levinson et al. 1962; Schein 1980) wieder verstärkt als bilaterale Austauschbeziehung aufgefasst und daher ebenfalls die organisationale Perspektive berücksichtigt. Dies ist laut Guest (1989) notwendig, um die reziproken Verpflichtungen des psychologischen Vertrags vollständig zu erfassen.

[66] Es kann sich sowohl um explizite als auch implizite Versprechen handeln. Allerdings gibt Rousseau (1989: 124) zu bedenken, dass je expliziter und öffentlicher das Versprechen gemacht wird, umso eher nehmen Individuen den psychologischen Vertrag auch tatsächlich wahr.

[67] Die Erwartungen beruhen dabei auf impliziten oder expliziten Versprechen.

Neben den erheblichen Unterschieden in Bezug auf die Inhalte des psychologischen Vertrags können in der Literatur auch Gemeinsamkeiten ausgemacht werden. Zum einen herrscht Einigkeit darüber, dass es sich beim psychologischen Vertrag um ein sehr subjektives Konstrukt handelt, welches sich von Individuum zu Individuum unterscheidet (Anderson & Schalk, 1998). Zum anderen stimmen die Autoren darin überein, dass eine reziproke Austauschbeziehung im Fokus des Konzeptes steht (Conway & Briner, 2009: 30 f.; Levinson et al., 1962; Schein, 1980).

In der vorliegenden Arbeit wird die Definition von Daser (2009: 133) aufgegriffen, die in Anlehnung an Argyris (1960), Levinson et al. (1962) und Schein (1980) unter einem psychologischen Vertrag „eine Erwartungsstruktur von (mehr oder weniger bewussten) impliziten Erwartungen der Beschäftigten in Bezug auf die mit ihrem Beschäftigungsverhältnis verbundenen Rechte und Pflichten, die sie gegenüber der Organisation haben", versteht.

3.1.4   Theorie der sozialen Identität

Die Theorie der sozialen Identität wurde von Henri Tajfel und John Turner (1979, 1986) entwickelt und befasst sich im Kern mit dem Erleben und Verhalten von Individuen in Gruppenkontexten sowie dem Intergruppenverhalten. Empirische Grundlage für die Theoriebildung waren Tajfels Wahrnehmungsstudien, seine Studien über Stereotypen und Vorurteile sowie seine Experimente zum minimalen Gruppen-Paradigma aus den 1970er-Jahren (Zick, 2005: 410).[68] Die Theorie der sozialen Identität verknüpft vier Konzepte über sozialpsychologische Prozesse: das Konzept der sozialen Kategorisierung, der sozialen Identität, des sozialen Vergleichs sowie der sozialen Distinktheit (Mummendey, 1985). Diese werden nachfolgend näher erläutert.

Die **soziale Kategorisierung** ist ein kognitiver Prozess, mittels dessen Individuen ihr soziales Umfeld in unterscheidbare Klassen beziehungsweise Kategorien unterteilen, um es zu strukturieren und damit für sich handhabbar zu machen. Tajfel (1975: 345) definiert die soziale Kategorisierung als einen Prozess, „[...] in dem die Umwelt nach Kategorien, also Personen, Objekten und Ereignissen (oder deren ausgewählten Attributen) geordnet wird, die in Bezug auf ihre Relevanz für die Handlungen, Absichten oder Einstellungen eines Individuums ähnlich oder äquivalent sind." Neben dieser Ordnungsfunktion dient die Kategorisierung den Individuen aber auch als Referenzrahmen zur Orientierung in Bezug auf die eigene soziale Position und die Position Anderer innerhalb der Gesellschaft (Tajfel & Turner, 1986: 16). Individuen unterscheiden prinzipiell zwischen Gruppen, denen sie selbst angehören (Eigengruppen), und Gruppen, denen sie selbst nicht angehören (Fremdgruppen).

Die Zugehörigkeit zu einer sozialen Gruppe[69] bildet die Grundlage für die Entwicklung der **sozialen Identität** eines Individuums (Röder, 2001: 44). Die soziale Identität bildet zusammen mit der persönlichen Identität das Selbstkonzept eines Individuums (Mummendey, 1985: 199). Der Begriff der *sozialen Identität* wird von Tajfel (1978a: 63, 1981: 255) definiert als „part of an individual's self-concept which derives from his knowledge of his membership of

---

[68]   Für eine detaillierte Darstellung der Ursprünge und der wesentlichen Aspekte der Theorie der sozialen Identität siehe Mummendey & Otten (2002: 98 ff.).

[69]   Unter einer sozialen Gruppe verstehen Tajfel & Turner (1986: 15) „a collection of individuals who perceive themselves to be members of the same social category, share some emotional involvement in this common definition of themselves, and achieve some degree of social consensus about the evaluation of their group and of their membership in it."

a social group (or groups) together with the value and emotional significance attached to that membership".[70] Im Gegensatz zur persönlichen Identität, die sich aus den individuellen Merkmalen einer Person[71] formt (Mummendey, 1985), ergibt sich die soziale Identität durch die subjektive Wahrnehmung eines Individuums, Teil einer sozialen Gruppe zu sein, sowie den Wert und die emotionale Bedeutung dieser Mitgliedschaft (Tajfel, 1978a: 63; Übersetzung in Anlehnung an Van Dick, 2004: 14). Wird diese Definition der sozialen Identität zugrunde gelegt, kann nach Ansicht von Bergami & Bagozzi (2000) sowie Ellemers, Kortekaas & Ouwerkerk (1999) die soziale Identität in eine kognitive (hierunter fällt das Wissen um die Zugehörigkeit zu einer sozialen Gruppe), eine evaluative (hierunter fällt die Bewertung der Gruppenmitgliedschaft) und eine emotionale (hiermit sind die mit der Gruppenzugehörigkeit verbundenen emotionalen Aspekte gemeint) Komponente unterteilt werden, wobei nach Ellemers et al. (1999: 373) die emotionale Komponente dem affektiven Commitment gegenüber einer Gruppe entspricht.[72] Abhängig vom Kontext wird das Verhalten eines Individuums somit entweder durch die soziale oder die persönliche Identität bestimmt, wobei die soziale Identität insbesondere bei Intergruppensituationen ausschlaggebend ist (Mummendey 1985).

Der Theorie der sozialen Identität zufolge streben Individuen danach, ihr Selbstwertgefühl zu erhalten oder aufzuwerten (vergleiche hierzu und im Folgenden Tajfel & Turner, 1986: 16 f.). Als Teilaspekt des menschlichen Selbstkonzeptes bildet die soziale Identität eine zentrale Determinante des individuellen Selbstwertgefühls, weshalb Individuen nach einer positiven sozialen Identität streben. Eine positive soziale Identität liegt vor, wenn die eigene Gruppe in **sozialen Vergleichen** gegenüber anderen Gruppen als positiver wahrgenommen wird. Soziale Vergleiche dienen damit der Bewertung der eigenen Gruppe. Zusammengefasst besteht das Ziel des sozialen Vergleichs darin, die Differenz zwischen der Eigen- und Fremdgruppe zugunsten der eigenen Gruppe zu maximieren. Je höher die Differenz zur Fremdgruppe ausfällt, desto höher ist der Gruppenstatus und desto positiver fällt die soziale Identität aus (Röder, 2001: 48).

Der Prozess des sozialen Vergleichs unterliegt allerdings einigen Einschränkungen. Erstens müssen sich die Individuen als Teil der Gruppe begreifen und ihre Gruppenmitgliedschaft internalisiert haben.[73] Zweitens beschränkt sich der Vergleich mit Fremdgruppen ausschließlich auf relevante und für beide Gruppen gleichermaßen werthaltige Vergleichsdimensionen. Drittens wird für einen Vergleich nicht jede beliebige Gruppe herangezogen, sondern lediglich die als relevant erachteten Fremdgruppen.[74] Da grundsätzlich alle Gruppenmitglieder

---

[70]   Ein Individuum hat dementsprechend so viele soziale Identitäten, wie es soziale Gruppen gibt, denen es sich zugehörig fühlt beziehungsweise mit denen es sich identifiziert.

[71]   Hierzu gehören zum Beispiel die intellektuellen Fähigkeiten und Persönlichkeitsmerkmale einer Person.

[72]   An dieser Stelle ist es sinnvoll, darauf hinzuweisen, dass in der Literatur Uneinigkeit darüber herrscht, ob es sich bei der sozialen Identität um ein eindimensionales oder mehrdimensionales Konstrukt handelt (vergleiche dazu die Beiträge von Bergami & Bagozzi, 2000; Brown, Condor, Mathews, Wade & Williams, 1986; Cameron, 2004; Ellemers, Kortekaas & Ouwerkerk, 1999; Hinkle, Taylor, Fox-Cardamone & Crook, 1989; Jackson & Smith, 1999). Wenn auch mit unterschiedlichen Bezeichnungen und unterschiedlicher Differenziertheit, wird in jüngerer Zeit zunehmend von einer dreidimensionalen Struktur ausgegangen (Bergami & Bagozzi, 2000; Cameron, 2004; Ellemers et al., 1999).

[73]   Es reicht nicht aus, dass außenstehende Personen ein Individuum einer Gruppe zuordnen.

[74]   Für die Wahrnehmung einer Fremdgruppe als relevante Vergleichsgruppe sind Variablen wie Ähnlichkeit, Proximität und situative Salienz von Bedeutung (Tajfel & Turner, 1986: 16 f.).

nach einer positiven sozialen Identität streben, ist das Verhältnis unter den Gruppen kompetitiv.

Das Ergebnis sozialer Vergleiche ist die **soziale Distinktheit** oder anders ausgedrückt die psychologische Eigenart einer Gruppe (Tajfel, 1978b: 83). Eine positive soziale Distinktheit wird geschaffen, wenn es gelingt, die Eigengruppe von der Fremdgruppe positiv abzuheben und eine positive soziale Identität zu entwickeln.[75] Sobald die Gruppenmitglieder jedoch wahrnehmen, dass sie bei einer relevanten Vergleichsdimension schlechter als die Fremdgruppe abschneiden, sinkt der Gruppenstatus. Dementsprechend fallen auch die Beiträge zu der positiven sozialen Identität sowie für den Selbstwert geringer aus (Tajfel & Turner, 1986: 19).[76]

3.2 Herleitung der Forschungshypothesen

3.2.1 Hochschulkooperationen und der Effekt auf die realistische Tätigkeitsvorstellung

Während Spence (1973, 1974) in seinem Signaling-Modell von einer Informationsasymmetrie zugunsten des (potenziellen) neuen Arbeitnehmers ausgeht, argumentieren die Rekrutierungsforscher aus der Perspektive der Arbeitsuchenden und gehen von einer Informationsasymmetrie zugunsten des Arbeitgebers aus (Breaugh, 1992; Rynes, 1991; Spence, 1973). Dies wird damit begründet, dass unabhängig davon, welche und wie viele Informationen ein rekrutierendes Unternehmen bereitstellt, es verschiedene Tätigkeits- und Organisationsmerkmale gibt, über die sich Arbeitsuchende im Vorfeld des Beschäftigungsverhältnisses kein konkretes Bild machen können (Breaugh, 1992: 71, 332). Dies gilt insbesondere für die frühe Rekrutierungsphase – Generierung von Bewerbern –, wenn Arbeitsuchende vor der konkreten Entscheidung stehen, sich um eine Stelle zu bewerben oder nicht (Turban & Cable, 2003: 735). Oftmals sind es aber genau diese nicht greifbaren beziehungsweise nicht beobachtbaren Aspekte im Hinblick auf das Arbeiten in einem Unternehmen, die für Arbeitsuchende wichtig und entscheidungsrelevant sind (Breaugh, 1992: 71, 332). Folgt man der Aussage von Chapman & Webster (2006: 1033), wissen wir bislang noch zu wenig darüber, „[…] what information applicants use to make decisions, and how this information is processed."

In der Rekrutierungsforschung gibt es allerdings eine Reihe von Wissenschaftlern, die auf Basis der Signaling-Theorie annehmen, dass potenzielle Bewerber Rekrutierungsaktivitäten sowie die im Rahmen dessen bereitgestellten Informationen, die Eigenschaften von Personalbeschaffern oder auch die Unternehmensarchitektur als Signale[77] für unbekannte organisatio-

---

[75] Um eine positive Distinktheit zu erreichen, kann sowohl die Eigengruppe auf- als auch die Fremdgruppe abgewertet werden (Thomas, 1992: 65).

[76] In diesem Fall wird das Individuum beziehungsweise die Gruppe im Kollektiv versuchen, einer weniger positiven oder gar negativen sozialen Identität entgegenzuwirken. Diesbezüglich beschreiben Tajfel & Turner (1986: 19 f.) drei mögliche Strategien: die individuelle Mobilität, die soziale Kreativität und den sozialen Wettbewerb. Die unterschiedlichen Strategien werden ausführlich bei Tajfel & Turner (1986: 19 f.) diskutiert und sollen daher an dieser Stelle nicht repliziert werden.

[77] Im Gegensatz zu Spence (1973, 1974) wird in der Rekrutierungsforschung ein sehr breites Verständnis in Bezug auf Signale eingenommen. Highhouse, Thornbury & Little (2007: 136) konstatieren daher zu Recht, dass „subsequent researchers have coined the term 'signaling theory' to refer to any instance in which prospective applicants make inferences about unknown organizational characteristics." Die Autorin weist daher an dieser Stelle ausdrücklich darauf hin, dass das Wort *Signal* im Folgenden nicht zwangsläufig in Spences Sinne (vergleiche Kapitel 3.1.1) zu verstehen ist.

nale und tätigkeitsbezogene Attribute interpretieren und sich auf diese Weise Vorstellungen in Bezug auf den Arbeitsalltag, das -umfeld und den -umfang bilden (Baum & Kabst, 2011: 331; Breaugh, 1992: 332; Highhouse & Hoffman, 2001; Radermacher, Schneider, Iseke & Tebbe 2017; Rynes, 1991: 438; Rynes & Miller, 1983: 148; Spence, 1973).[78] Highhouse & Hoffman (2001: 39 f.) unterscheiden in diesem Kontext zwischen Signalen, die Unternehmen mit Hilfe von direkten Informationen bewusst manipulieren, wie zum Beispiel Informationen in Stellenausschreibungen oder von Personalbeschaffern, und Signalen, die Unternehmen nicht (absichtlich) senden, aber dennoch aufgrund ihrer indirekten Informationen von Relevanz für Arbeitsuchende sind. Unter Letztere fallen beispielsweise CSR-Aktivitäten oder Informationen aus dem sozialen Umfeld der Arbeitsuchenden (Highhouse & Hoffman, 2001: 46 ff.).[79] Im Rahmen der vorliegenden Arbeit sind beide Signalformen von Relevanz. Die informationsreicheren Hochschulkooperationsformen zählen zu der Art von Signalen, die Unternehmen mittels direkter Informationsweitergabe bewusst manipulieren können. Dagegen handelt es sich bei den meisten informationsärmeren Hochschulkooperationsformen um Signale, die Unternehmen nicht bewusst senden.[80]

Bisweilen liegen vornehmlich Studien vor, die theoretisch begründen, dass unterschiedliche **Rekrutierungsquellen** (Allen et al., 2007; Rynes, 1991: 404; Rynes et al., 1991: 487; Turban, Campion & Eyring, 1995) sowie die vom Unternehmen bereitgestellten **Informationen**, zum Beispiel über die *Tätigkeit* (Allen et al., 2007; Collins & Han, 2004), die *Organisation im Allgemeinen* (Allen et al., 2007), *familienfreundliche Karrieremöglichkeiten* (Honeycutt & Rosen, 1997), die *Unternehmenspolitik zum Umgang mit Diversität* (Williams & Bauer, 1994: 302), *freiwillige Sozialleistungen* (García, Posthuma & Quiñones, 2010: 524), den *Selektionsprozess* (Reeve & Schultz, 2004), die *Ansprüche an Bewerber* (Rafaeli & Oliver, 1998), die *Lohn-/Tarifpolitik* (Aiman-Smith, Bauer & Cable, 2001; Cable & Judge, 1994; Gerhart & Milkovich, 1992; Lievens, Decaesteker, Coetsier & Geirnaert, 2001; Turban & Keon, 1993), die *Aufstiegschancen* (Aiman-Smith et al., 2001) den *Zentralisierungs*grad/*Internationalisierungsgrad* (Lievens et al., 2001; Turban & Keon, 1993) und die *Unternehmensgröße* (Lievens et al., 2001; Turban & Keon, 1993), als Signale für weniger sichtbare Attribute über die Tätigkeit, das Unternehmen und/oder die Mitarbeiter fungieren.

---

[78] Abhängig vom jeweiligen Kenntnisstand steigt/fällt der Stellenwert des Signaling (Rynes, Bretz & Gerhart, 1991). Es ist davon auszugehen, dass bei Arbeitsuchenden, die lediglich über einen geringen Kenntnisstand in Bezug auf ein Unternehmen verfügen, Signaling einen höheren Stellenwert einnimmt und umgekehrt.

[79] Diese Unterscheidung weist starke Parallelen zu der in der Rekrutierungsliteratur üblichen Unterscheidung zwischen unternehmensabhängigen Informationsquellen und unternehmensunabhängigen Informationsquellen auf (siehe Cable & Turban, 2001; Van Hoye & Lievens, 2007). Celani & Singh (2011) unterscheiden demgegenüber zwischen organisationalen Signalen (zum Beispiel Unternehmensmarketing) und individuellen Signalen (zum Beispiel Charakteristika des Personalbeschaffers).

[80] Die Zuordnung der einzelnen Hochschulkooperationsformen zu informationsärmeren und -reicheren Maßnahmen findet sich in Abschnitt 2.4. Da das primäre Ziel der informationsärmeren Hochschulkooperationsformen **nicht** die Rekrutierung neuer Mitarbeiter ist, fallen diese in die zweite Kategorie. Sponsoring-Aktivitäten lassen sich allerdings nicht eindeutig zuordnen. Eine entsprechende Zuordnung hängt maßgeblich von dem Sponsoringobjekt ab (zum Beispiel Hörsaal versus Veranstaltungen mit eigener Präsenz).

Eine empirische Überprüfung der jeweiligen Annahmen bleibt in den Studien jedoch aus.[81] So wird beispielsweise angenommen, dass Arbeitsuchende Informationen über den Zentralisierungsgrad als Signale für die Kultur und Werte einer Organisation (Lievens et al., 2001: 36), Informationen über die Unternehmenspolitik im Umgang mit Diversität als Signal für die Arbeitsbedingungen im Unternehmen (Williams & Bauer, 1994: 297) oder die Gestaltung der Unternehmenswebsite als Signal für Professionalität und technische Stärke (Allen et al., 2007: 1700) interpretieren.

Zu den wenigen Studien, welche die theoretisch angenommene Signalwirkung auch empirisch untermauern, zählen die von Allen et al. (2004), Barber & Roehling (1993), Baum & Kabst (2011), Collins & Stevens (2002), Goltz & Giannantonio (1995), Highhouse, Beadle, Gallo & Miller (1998), Rynes & Miller (1983), Saks & Uggerslev (2010) und Turban (2001). Ein Forschungsstrang untersucht beispielsweise die physischen Attribute von Anzeigen beziehungsweise Stellenausschreibungen und findet heraus, dass mehr Informationen (Allen et al., 2007; Allen et al., 2004; Barber & Roehling, 1993; García et al., 2010; Gatewood et al., 1993; Saks & Uggerslev, 2010; Yüce & Highhouse, 1998) oder auch spezifischere Informationen (Stevens & Szmerekovsky, 2010) bei Arbeitsuchenden zu der Annahme führen, dass die ausgeschriebene Stelle attraktiver ist.

In Bezug auf konkrete inhaltliche Variationen finden Rynes & Miller (1983: 151) einen signifikanten positiven Zusammenhang zwischen einer attraktiveren Tätigkeit im Hinblick auf Einstiegsgehalt, Zusatzleistungen, Arbeitsbedingungen sowie der Berücksichtigung individueller Standortpräferenzen auf der einen Seite und der Einschätzung, dass das Unternehmen seine Mitarbeiter gut behandelt, auf der anderen Seite. Barber & Roehling (1993: 852) kommen zu ähnlichen Ergebnissen und finden in ihrer Studie heraus, dass Arbeitsuchende die Informationen in Stellenausschreibungen, zum Beispiel über die Industrie, die Unternehmensgröße, die Anzahl der zu besetzenden Stellen oder Maßnahmen zur Herstellung von Chancengleichheit, als Signale nutzen, um Rückschlüsse auf fehlende Tätigkeitsmerkmale zu ziehen. Die Rückschlüsse in Bezug auf unbekannte Tätigkeitsmerkmale basieren bei 37 % der Untersuchungsteilnehmer auf der Industrie, in der das Unternehmen tätig ist, und bei 32 % der Untersuchungsteilnehmer auf der Unternehmensgröße (siehe ebd.).

Weiterhin finden Collins & Stevens (2002) einen signifikanten positiven Zusammenhang zwischen Ausschreibungen[82] sowie positiver Mundpropaganda und der positiven Vorstellung, dass das Unternehmen verschiedene organisationale Attribute, wie zum Beispiel Arbeitsplatzsicherheit und gute Weiterbildungsmöglichkeiten, vorzuweisen hat. Sie finden allerdings keinen signifikanten Zusammenhang zwischen einer stärkeren Unternehmens-Publicity sowie

---

[81]   Das Ziel der Untersuchung von Williams & Bauer (1994) ist es, festzustellen, inwieweit die kommunizierte Unternehmenspolitik im Umgang mit Diversität in einer Rekrutierungsbroschüre einen Einfluss auf die Attraktivität des Unternehmens hat. Zwar beinhaltet die abhängige Variable neben Aussagen in Bezug auf die Bewerbungsabsicht (Job Pursuit Intention) auch eine allgemeine Einschätzung hinsichtlich der Arbeitsbedingungen („this company appears to care about its employees"), die zehn Items werden allerdings zu einem Faktor verdichtet, sodass keine dezidierte Aussage in Bezug auf die Signalwirkung der Informationen im Hinblick auf potenzielle Arbeitsbedingungen möglich ist. Gleiches gilt für die Studie von Aiman-Smith, Bauer & Cable (2001), die den Einfluss von beworbenen tätigkeitsspezifischen Aspekten wie Gehalt und Aufstiegschancen auf die Attraktivität des Unternehmens untersuchen. Auch hier ist die Aussage „This company cares about its employees" integraler Bestandteil des Attraktivitäts-Faktors.

[82]   Hierzu zählen die Autoren Stellenanzeigen, Rekrutierungsbroschüren und die Karrierewebseite eines Unternehmens.

verschiedenen Sponsoring-Aktivitäten und der positiven Einschätzung, dass das Unternehmen verschiedene organisationale Attribute vorzuweisen hat.

Hinsichtlich der Signalwirkung von verschiedenen Rekrutierungsaktivitäten existieren neben der Studie von Collins & Stevens (2002) weitere empirische Untersuchungen, wie zum Beispiel von Baum & Kabst (2011, 2014), Collins (2007) und Turban (2001). In Bezug auf einen positiven Zusammenhang zwischen Rekrutierungsaktivitäten und der Einschätzung, dass das Unternehmen verschiedene organisationale Attribute vorzuweisen hat, liefert die empirische Evidenz allerdings inkonsistente Ergebnisse. Dies könnte sowohl an der uneinheitlichen Operationalisierung der Untersuchungsvariablen als auch an der Tatsache liegen, dass die betrachteten Unternehmen einen unterschiedlichen Bekanntheitsgrad aufweisen (siehe hierzu die Studienergebnisse von Collins, 2007).

Turban (2001: 304) findet beispielsweise einen signifikanten positiven Zusammenhang zwischen Campus-Aktivitäten, Rekrutierungsmaterialien sowie dem Rekrutierungsprozess und den Vorstellungen von Arbeitsuchenden in Bezug auf ein positives Unternehmensimage, die Arbeitsplatzsicherheit oder eine herausfordernde Arbeit.[83]

Collins (2007: 184) untersucht in seiner Studie, wie sich Rekrutierungspraktiken und die Produktbekanntheit eines Unternehmens auf die drei Dimensionen der Arbeitgebermarkenstärke und dadurch mediiert auf das Bewerbungsverhalten von Arbeitsuchenden auswirken. Den deskriptiven Untersuchungsergebnissen lässt sich entnehmen, dass es einen positiven Zusammenhang zwischen Imageanzeigen, Stellenausschreibungen sowie Mitarbeitern, die über ihre Unternehmenserfahrungen berichten, und den Vorstellungen der Arbeitsuchenden in Bezug auf ein gutes Arbeitsumfeld, gute Aufstiegsmöglichkeiten und eine gute Work-Life-Balance gibt. Zwischen Sponsoring-Aktivitäten und der positiven Einschätzung, dass das Unternehmen verschiedene organisationale Attribute vorzuweisen hat, liegt dagegen kein Zusammenhang vor (siehe ebd.). Baum & Kabst (2011: 340, 2014: 365) finden dagegen in ihren Untersuchungen heraus, dass die Unternehmenspräsentation, der Karrieretag und die Karrierewebseite, nicht aber die Imageanzeige einen signifikanten positiven Einfluss auf die Einschätzungen der Arbeitsuchenden im Hinblick auf das Vorhandensein verschiedener Organisations- und Tätigkeitsmerkmale ausübt.

Des Weiteren nehmen mehrere Forscher an, dass Arbeitsuchende das Verhalten sowie verschiedene Charakteristika von Personalbeschaffern als Signale für unbekannte tätigkeitsbezogene und organisationale Charakteristika interpretieren. Zu den Studien, die diesen Zusam-

---

[83]   In der Untersuchung geben die Befragungsteilnehmer auf einer fünfstufigen Skala von *1 – Much poorer bis 5 – Much better* an, ob das zu untersuchende Unternehmen hinsichtlich seiner Rekrutierungsaktivitäten sowie seiner organisationalen Attribute im Vergleich zu anderen Unternehmen, die ebenfalls an der Hochschule rekrutieren, besser oder schlechter abschneidet. Die 19 unterschiedlichen Rekrutierungsaktivitäten werden mittels Hauptkomponentenanalyse zu den drei Faktoren *Campus-Aktivitäten, Rekrutierungsmaterialien* und *Rekrutierungsprozess* verdichtet. Der Faktor *Campus-Aktivitäten* umfasst zum Beispiel *Kontakt mit Studentenorganisationen, Sponsoring von Hochschulevents* oder *Werbung an Hochschulen*. Unter dem Faktor *Rekrutierungsmaterial* werden zum Beispiel *Rekrutierungsbroschüren* und *Firmenkontaktmessen* zusammengefasst. Der Faktor *Rekrutierungsprozess* umfasst dagegen zum Beispiel die *Qualität der Personalbeschaffer*. Die 19 Items zur Messung von organisationalen Attributen werden ebenfalls mittels Hauptkomponentenanalyse zu drei Faktoren verdichtet. Der Faktor *Unternehmensimage* besteht aus fünf Items, worunter zum Beispiel die Items *hohe ethische Grundsätze* oder *Produktqualität* zählen. Der Faktor *Vergütung und Arbeitsplatzsicherheit* wird mit Hilfe von sechs Items erhoben und beinhaltet Items wie *Umgang mit Mitarbeitern* und *Aufstiegschancen*. Items wie *Aus- und Weiterbildung* und *Kompetenz der Mitarbeiter* bilden den Faktor *Herausfordernde Arbeit*, welcher sich insgesamt aus fünf Items zusammensetzt.

menhang empirisch nachweisen, gehören zum Beispiel Connerley (2014), Goltz & Giannantonio (1995), Rynes et al. (1991), Rynes, Heneman & Schwab (1980), Rynes & Miller (1983) und Turban, Forret & Hendrickson (1998). Turban et al. (1998: 35) sowie Goltz & Giannantonio (1995) finden beispielsweise heraus, dass Personalbeschaffer, die gut über das Unternehmen informieren, freundlich sind und strukturierte Interviews führen, einen signifikanten positiven Einfluss auf die Vorstellungen von Arbeitsuchenden im Hinblick auf ein unterstützendes Arbeitsumfeld, das Einkommen und mögliche Aufstiegschancen haben. Rynes et al. (1991) zeigen wiederum in ihrer Studie, dass Arbeitsuchende freundliche Personalbeschaffer sowie Personalbeschaffer, die gut über das Unternehmen und die Tätigkeit informieren, als Indikator für den Umgang mit den Mitarbeitern sehen.

Für die vom Unternehmen unbewusst gesendeten Signale, die aber dennoch relevante Informationen für Arbeitsuchende beinhalten, wird theoretisch begründet, dass eine proaktive Einstellung zur Umwelt (Bauer & Aiman-Smith, 1996) oder die Umsetzung der gesamtgesellschaftlichen Verantwortung (Corporate Social Responsibility) (Backhaus, Stone & Heiner, 2002; Greening & Turban, 2000; Turban & Greening, 1997) als Signale für die vorherrschenden Arbeitsbedingungen fungieren.

Zusammenfassend lässt sich somit sagen, dass die Vorstellungen der potenziellen Bewerber hinsichtlich verschiedener Tätigkeits- und Organisationsmerkmale neben den direkten Informationen ebenfalls auf den von Unternehmen gesendeten Signalen beruhen. Im Hinblick auf die Interpretation der Signale macht es für die potenziellen Bewerber keinen Unterschied, ob das Unternehmen diese bewusst oder unbewusst sendet. Auf Basis der theoretischen Überlegungen sowie der empirischen Befunde wird in der vorliegenden Arbeit daher angenommen, dass neben den direkten Informationen, die mittels der Hochschulkooperationsformen bereitgestellt werden, sowohl die unterschiedlichen Kooperationsformen an sich als auch die involvierten Mitarbeiter[84] Signale senden. Folglich verfügen potenzielle Bewerber neben den direkten Informationen über Vorstellungen in Bezug auf den Arbeitsalltag, das -umfeld und den -umfang und können sich ein genaueres Bild darüber machen, wie es sein wird, für das Unternehmen zu arbeiten (Weller et al., 2014: 145). Daher lautet die zu untersuchende Untersuchungshypothese wie folgt:

Hypothese 1a: Hochschulkooperationen wirken sich positiv auf die realistische Tätigkeitsvorstellung aus.

Grundsätzlich ist davon auszugehen, dass informationsreichere Rekrutierungspraktiken gegenüber informationsärmeren Rekrutierungspraktiken ein höheres Maß an Interaktion aufweisen und eine direkte Rückmeldung in Form von Fragen und Antworten zwischen dem rekrutierenden Unternehmen und den potenziellen Bewerbern ermöglichen. Infolgedessen können informationsreichere Medien vor allem spezifischere Inhalte vermitteln (Baum & Kabst, 2011: 334; Walker, Feild, Giles, Armenakis & Bernerth, 2009). Beide Parteien haben die Möglichkeit, durch Fragen die für sie relevanten Informationen zu beschaffen, sodass informationsreichere Maßnahmen wichtige und mehrdeutige Informationen effektiver übermitteln können als informationsärmere Maßnahmen (Cable & Yu, 2006: 829). Zudem werden informationsreichere Maßnahmen als akkurater (Cable, Aiman-Smith, Mulvey & Edwards, 2000: 1078) und glaubwürdiger (Cable & Yu, 2006: 837) angesehen. In der vorliegenden Arbeit wird deshalb davon ausgegangen, dass informationsreichere Kooperationsformen potenziellen Bewerbern ein genaueres Bild über das Unternehmen sowie die Arbeitsbedingungen vermit-

---

[84]   Zum Beispiel bei Firmenkontaktmessen oder Gastvorträgen.

teln als informationsärmere Hochschulkooperationsformen. Die dazugehörige Untersuchungshypothese lautet wie folgt:

Hypothese 1b: Informationsreichere Hochschulkooperationsformen haben einen stärkeren positiven Einfluss auf die realistische Tätigkeitsvorstellung als informationsärmere Hochschulkooperationsformen.

3.2.2 Hochschulkooperationen und der Effekt auf das wahrgenommene Arbeitgeberprestige

Die Grundvoraussetzung dafür, dass eine Person Vorstellungen in Bezug auf die Arbeitgeberreputation eines Unternehmens als Arbeitgeber entwickeln kann, ist, dass ihr das Unternehmen bekannt und gedanklich präsent ist (Cable & Turban, 2001: 129). Wenn einem potenziellen Bewerber ein Unternehmen vertraut ist, wird er dieses mit höherer Wahrscheinlichkeit als einen seriösen Arbeitgeber ansehen als ein ihm unbekanntes Unternehmen (siehe ebd.). Da mit der Seriosität die Zuschreibung von gerechten und sozial angemessenen Arbeitsbedingungen einhergeht, schlussfolgern Cable und Turban (2001: 129), dass die Vertrautheit mit dem Arbeitgeber dazu führt, dass potenzielle Bewerber es für wahrscheinlicher halten, dass auch andere Personen positiv über das Unternehmen als Arbeitgeber denken.

Es liegt also die Vermutung nahe, dass Unternehmen, indem sie mit Hochschulen kooperieren, einen positiven Einfluss auf die Einschätzung potenzieller Bewerber in Bezug auf die Arbeitgeberreputation ausüben können. Für die theoretische Untermauerung des angenommenen Zusammenhangs kann sowohl auf die Signaling-Theorie als auch auf den Mere-Exposure-Effekt zurückgegriffen werden. Die Theorieauswahl lässt sich vor allem damit begründen, dass beim Erstkontakt mit einer Hochschulkooperationsform der Bekanntheitsgrad und damit einhergehend die gedankliche Präsenz eines Unternehmens bei den potenziellen Bewerbern variiert und sie deshalb unterschiedlich gewillt sind, sich aktiv Informationen zu beschaffen (Collins 2007: 181).

Wie bereits in Kapitel 3.2.1 ausführlich erläutert, wird auf Basis der Signaling-Theorie angenommen, dass potenzielle Bewerber Unternehmens- beziehungsweise Rekrutierungspraktiken per se, die im Rahmen dessen bereitgestellten Informationen sowie Charakteristika der Personalbeschaffer als Signale für unbekannte organisationale und tätigkeitsbezogene Attribute interpretieren. Da Unternehmen mittels Rekrutierungsinstrumenten in der Regel **positive** Informationen über das Unternehmen sowie die Arbeitsplätze bereitstellen beziehungsweise das Vorhandensein weiterer wichtiger organisationaler Attribute signalisieren (Baum & Kabst, 2014: 357; Collins, 2007: 182), tragen sie neben einer konkreten Vorstellungsbildung dazu bei, dass potenzielle Bewerber eine positive Einstellung gegenüber dem Unternehmen und damit einhergehend eine positive Einschätzung in Bezug auf die Arbeitgeberreputation entwickeln (Cable & Turban, 2001: 130; Collins, 2007: 182). Darüber hinaus kann allein die Tatsache, dass sich ein Unternehmen an Hochschulen engagiert und seiner sozialen und gesellschaftspolitischen Verantwortung nachkommt, einen positiven Einfluss auf die Arbeitgeberattraktivität und die Arbeitgeberreputation haben (Jones, Willness & Madey, 2014: 383). Das Engagement sowie das Interesse an den Studierenden könnten als Signale für die vorherrschenden Arbeitsbedingungen fungieren (Bauer & Aiman-Smith, 1996; Backhaus, Stone & Heiner, 2002; Greening & Turban, 2000).

Daneben argumentieren zum Beispiel Klinger & Greenwald (1994: 84) auf Basis des Mere-Exposure-Effekts, dass die wiederholte Darbietung eines Stimulus zu einer Vertrautheit und dadurch zu einer Einstellungsverbesserung gegenüber dem Stimulus führt. Wird dieser Sachverhalt auf die Phase der Attrahierung potenzieller Arbeitnehmer[85] übertragen, lässt sich schlussfolgern, dass ein Unternehmen durch die wiederholte Präsenz in Form von informationsärmeren Hochschulkooperationsformen den potenziellen Bewerbern als Arbeitgeber vertrauter wird und dadurch einen positiven Einfluss auf die Einschätzung der potenziellen Bewerber in Bezug auf die Arbeitgeberreputation ausübt (Baum & Kabst 2014: 356; Boulding, Lee & Staelin, 1994; Cable & Turban, 2001: 129; Chandy, Tellis, MacInnis & Thaivanich, 2001; Collins, 2007: 181 f.; MacInnis & Jaworski, 1989).

Dass es einen positiven Zusammenhang zwischen der *Vertrautheit mit einem Unternehmen* und der *Unternehmensreputation* (Cable & Graham, 2000; Cable & Turban, 2003; Gatewood et al., 1993; Turban & Greening, 1997), der *Vertrautheit mit einem Unternehmen als Arbeitgeber* und der *Arbeitgeberreputation* (Baum & Kabst, 2011, 2014; Collins, 2007) sowie zwischen verschiedenen *Rekrutierungspraktiken* und der *Arbeitgeberreputation* (Baum & Kabst, 2011, 2014; Collins, 2007) gibt, ist bereits mehrfach empirisch belegt worden.[86]

Die ersten Hinweise auf einen positiven Zusammenhang zwischen der Vertrautheit mit einem Unternehmen und der Unternehmensreputation liefern die empirischen Untersuchungen von Gatewood et al. (1993) sowie Turban (1997). Gatewood et al. (1993: 420) finden in ihrer Studie mit Studierenden einen starken positiven Zusammenhang zwischen der Vertrautheit mit einem Unternehmen und der Unternehmensreputation. Turban & Greening (1997: 666) ergänzen die Ergebnisse von Gatewood et al. (1993) und weisen in ihrer Studie eine negative Korrelation zwischen der Unbekanntheit eines Unternehmens (*firm unfamiliarity*) und der Unternehmensreputation nach.[87] Cable & Graham (2000) sowie Cable & Turban (2003) kommen zu einem ähnlichen Ergebnis und finden in ihren Studien einen positiven Zusammenhang zwischen der Vertrautheit mit einem Unternehmen und der wahrgenommenen Unternehmensreputation.

Weiterhin finden Baum & Kabst (2011, 2014) sowie Collins (2007) in ihren Studien einen signifikanten positiven Zusammenhang zwischen der Vertrautheit mit einem Unternehmen als Arbeitgeber und der wahrgenommenen Arbeitgeberreputation.

---

[85] Es ist wichtig zu berücksichtigen, dass es in dieser frühen Phase eher um die gegenseitige Wahrnehmung und allgemeine Absichten geht und weniger um eine konkrete beidseitige Entscheidungsfindung (Baum & Kabst, 2011: 330). Für detailliertere Informationen zu der Phase der Attrahierung potenzieller Arbeitnehmer siehe Abschnitt 2.1.

[86] Für eine abweichende Sichtweise siehe Brooks, Highhouse, Russell & Mohr (2003).

[87] Dieses Ergebnis basiert auf Post-hoc-Analysen. Ursprünglich war die Variable *familiarity* kein Bestandteil ihrer Studie. Um dennoch den Effekt von Vertrautheit auf das Unternehmensimage beurteilen zu können, haben die Autoren die Variable *firm unfamiliarity* konstruiert. Diese Variable basiert auf dem prozentualen Anteil derjenigen Befragungsteilnehmer, die angegeben haben, dass sie die Attraktivität als Arbeitgeber oder die Reputation eines Unternehmens nicht beurteilen können (Turban & Greening, 1997: 665).

Diese Studien greifen zur Erklärung des Bewerbungsverhaltens auf Erkenntnisse aus der Markenwertliteratur[88] zurück und gehen daher implizit auch auf den Zusammenhang zwischen Rekrutierungsinstrumenten und der wahrgenommenen Arbeitgeberreputation als eine Dimension des Arbeitgeberwissens ein (Baum & Kabst, 2011, 2014; Collins, 2007). Die Untersuchungen haben allesamt gemein, dass sie sehr differenziert untersuchen, wie sich der Einsatz von informationsärmeren und informationsreicheren Rekrutierungsinstrumenten[89] auf das Arbeitgeberwissen und dadurch mediiert auf die Bewerbungsabsicht und/oder die Bewerbungsentscheidung von Arbeitsuchenden/Studierenden auswirkt.[90] Im Hinblick auf einen positiven Zusammenhang zwischen verschiedenen Rekrutierungsinstrumenten und der Einschätzung in Bezug auf die Arbeitgeberreputation liefern die Studien allerdings inkonsistente Ergebnisse. Wie bereits in Abschnitt 3.2.1 geschildert, könnte dies auch in diesem Fall an der uneinheitlichen Operationalisierung der Untersuchungsvariablen sowie der Tatsache liegen, dass die betrachteten Unternehmen einen unterschiedlichen Bekanntheitsgrad aufweisen (siehe hierzu die Studienergebnisse von Collins, 2007).

Den Untersuchungsergebnissen von Collins (2007: 184) lässt sich entnehmen, dass es einen positiven signifikanten Zusammenhang zwischen Sponsoring-Aktivitäten, Stellenanzeigen sowie Mitarbeiterempfehlungen und der Einschätzung im Hinblick auf die Arbeitgeberreputation gibt, nicht aber für Imageanzeigen. Baum & Kabst (2014: 365) finden ebenfalls einen signifikanten positiven Zusammenhang zwischen der Karrierewebseite und der Einschätzung im Hinblick auf die Arbeitgeberreputation, nicht aber für Imageanzeigen. In einer ihrer früheren Studien, in der die Autoren ein weniger bekanntes Unternehmen[91] untersuchen, finden sie einen signifikanten positiven Zusammenhang zwischen der Unternehmenspräsentation und der Einschätzung im Hinblick auf die Arbeitgeberreputation, nicht aber für den Karrieretag (Baum & Kabst, 2011: 342).

---

[88] In der Markenwertliteratur herrscht weitestgehend Konsens darüber, dass der Markenwert durch das Markenwissen beeinflusst wird (Aaker, 1991; Kapferer, 1992; Keller, 1993). Das Markenwissen wird von Keller (1993: 3 ff.) definiert als „brand node in memory to which various associations are linked" und setzt sich aus den Komponenten *Markenbekanntheit* und *Markenimage* zusammen. Das Markenwissen ist von entscheidender Bedeutung, da es sowohl die Präferenzbildung als auch die Kaufentscheidung von Konsumenten beeinflusst (Collins & Stevens, 2002: 1122). Was die Generalisierbarkeit der Erkenntnisse des Markenwertkonzeptes auf den Rekrutierungskontext betrifft, leistet insbesondere die theoriebasierte Untersuchung von Cable & Turban (2001) einen wichtigen Beitrag. In Anlehnung an Kellers (1993) Definition von Markenwissen definieren Cable & Turban (2001: 123) Arbeitgeberwissen als „job seeker's memories and associations regarding an organization". Dieses setzt sich nach Ansicht der Autoren aus den drei Dimensionen *Vertrautheit mit dem Unternehmen* (*employer familiarity*), *Arbeitgeberreputation* (*employer reputation*) und *Arbeitgeberimage* (*employer image*) zusammen. Das Arbeitgeberwissen beeinflusst, wie Arbeitsuchende auf Informationen über das Unternehmen reagieren (Cable & Turban, 2001: 123 f.). Somit hängt der Rekrutierungserfolg entscheidend vom Arbeitgeberwissen ab (Cable & Turban, 2001: 119).

[89] Zu den informationsärmeren Rekrutierungsinstrumenten zählen Imageanzeigen, Unternehmenspräsentationen und Sponsoring-Aktivitäten, wohingegen zu den informationsreicheren Rekrutierungsinstrumenten die Karrierewebseite eines Unternehmens, Karrieretage, detaillierte Stellenausschreibungen und der Erfahrungsaustausch mit Mitarbeitern zählen.

[90] Baum & Kabst (2014, 2011) betrachten in ihren beiden Studien explizit die Kombination von informationsärmeren und -reicheren Rekrutierungsinstrumenten.

[91] Baum & Kabst (2011: 335) betrachten in ihrer Untersuchung die Rekrutierungsaktivitäten eines mittelständischen Unternehmens, das lediglich 5 % der Befragten bekannt ist und nur bei 0,9 % der Befragten zu den Top-Arbeitgebern zählt.

Zusammenfassend lässt sich somit sagen, dass neben den theoriegestützten Annahmen auch ein Großteil der oben angeführten Untersuchungsergebnisse belegt, dass Kooperationsformen zwischen Unternehmen und Hochschulen einen positiven Einfluss auf die Einschätzung der Arbeitgeberreputation haben. Aufgrund der konzeptionellen Ähnlichkeit zwischen der Arbeitgeberreputation und dem wahrgenommenen Arbeitgeberprestige (siehe Kapitel 2.5.2) wird in der vorliegenden Arbeit angenommen, dass Hochschulkooperationsformen ebenfalls einen positiven Einfluss auf das wahrgenommene Arbeitgeberprestige haben. Die Untersuchungshypothese lautet daher wie folgt:

Hypothese 2a: Hochschulkooperationen haben einen positiven Einfluss auf das wahrgenommene Arbeitgeberprestige.

Wie bereits dargelegt, stellen informationsreiche Hochschulkooperationsformen aufgrund des höheren Maßes an Interaktion mehr und spezifischere Informationen zur Verfügung als informationsärmere Kooperationsformen. Dies führt wiederum dazu, dass informationsreiche Hochschulkooperationsformen zwischen Unternehmen und Hochschulen verstärkt zur Entwicklung eines positiven organisationalen Images beitragen (Cable & Yu, 2006: 833; Roberson, Collins & Oreg, 2005: 323; Rynes & Cable, 2003: 58; Rynes & Miller, 1983: 150). Weiterhin ermöglichen informationsreiche Kooperationsformen die Übermittlung von affektiveren Informationen (Allen et al., 2004: 148) sowie eine Kontrolle des Kommunikationsinhaltes, sodass auch auf diese Weise Einfluss auf die positiven Vorstellungen des Informationsempfängers in Bezug auf das organisationale Image genommen werden kann (Draft & Lengel, 1986). Da sowohl die gesteigerte Vertrautheit von potenziellen Bewerbern mit einem Unternehmen als auch die positiven Ansichten von potenziellen Bewerbern im Hinblick auf das organisationale Image führen, dass diese es für wahrscheinlicher halten, dass auch andere Personen positiv über das Unternehmen als Arbeitgeber denken (Cable & Turban, 2001: 130), ist auf Basis der Media-Richness-Theorie anzunehmen, dass sich informationsreichere Kooperationsformen positiver auf die Einschätzung der Arbeitgeberreputation auswirken als informationsärmere Kooperationsformen (Baum & Kabst 2011, 2014; Draft & Lengel, 1986). Die empirische Evidenz, die diese Hypothese direkt untersucht (Baum & Kabst, 2011, 2014) oder zumindest einen Rückschluss (Collins, 2007) zulässt, ist sehr begrenzt. Während Baum & Kabst in ihrer Studie aus dem Jahr 2011 hinsichtlich der Arbeitgeberreputation keinen signifikanten Wirkungsunterschied zwischen dem Karrieretag als informationsreichere Hochschulkooperationsform und der Unternehmenspräsentation als informationsärmere Hochschulkooperationsform finden, bestätigen sie in ihrer Studie aus dem Jahr 2014 die Annahme, dass informationsreichere Rekrutierungspraktiken (Karrierewebseite) einen positiveren Effekt auf die Einschätzung der Arbeitgeberreputation haben als informationsärmere Rekrutierungspraktiken (Imageanzeigen). Des Weiteren lässt sich den Untersuchungsergebnissen von Collins (2007) entnehmen, dass die Mitarbeiterempfehlung gefolgt von Sponsoring-Aktivitäten und Stellenanzeigen den stärksten Zusammenhang mit der Arbeitgeberreputation aufweist. Zwischen Imageanzeigen und der Einschätzung der Arbeitgeberreputation findet sich dagegen kein signifikanter Zusammenhang.[92] Dieses Ergebnis bestätigt zumindest in Bezug auf die Mitarbeiterempfehlung, nicht aber in Bezug auf Stellenanzeigen die Hypothese,

---

[92]   Mit Hilfe der z-Transformation von Fisher lässt sich feststellen, ob sich die Stärke zweier Zusammenhänge signifikant unterscheidet. Mit Blick auf die Arbeitgeberreputation lässt sich ein Wirkungsunterschied für die Mitarbeiterempfehlung auf der einen und Sponsoring-Aktivitäten sowie Stellenanzeigen auf der anderen Seite feststellen. Zwischen Sponsoring-Aktivitäten und Stellenanzeigen lässt sich dagegen kein Wirkungsunterschied feststellen.

dass sich informationsreichere Rekrutierungspraktiken positiver auf die Einschätzung der Arbeitgeberreputation auswirken als informationsärmere Rekrutierungspraktiken.[93]

In der vorliegenden Arbeit wird daher auf Basis der Media-Richness-Theorie angenommen, dass informationsreichere Hochschulkooperationsformen einen stärkeren positiven Einfluss auf das wahrgenommene Arbeitgeberprestige haben als informationsärmere Hochschulkooperationsformen. Hieraus lässt sich die folgende Untersuchungshypothese ableiten:

Hypothese 2b: Informationsreichere Hochschulkooperationsformen haben einen stärkeren positiven Einfluss auf das wahrgenommene Arbeitgeberprestige als informationsärmere Hochschulkooperationsformen.

3.2.3 Realistische Tätigkeitsvorstellung und der Effekt auf das affektive Commitment

Wie in Kapitel 3.1.3 angeführt, greift das psychologische Vertragskonzept das Prinzip des sozialen Austausches sowie die Reziprozitätsnorm als Erklärungsprinzip auf. Aufgrund der konzeptionellen Überlappung sind die Wirkungsweisen beider Ansätze nicht gänzlich voneinander trennbar. Dies führt dazu, dass in der vorliegenden Arbeit sowohl die soziale Austauschtheorie als auch das psychologische Vertragskonzept als theoretische Grundlage zum Verständnis der Beziehung zwischen Individuen und ihren Organisationen und somit für den positiven Zusammenhang zwischen der realistischen Tätigkeitsvorstellung und dem affektiven Commitment herangezogen werden können (Coyle-Shapiro & Conway, 2005: 774).[94]

Gemäß der sozialen Austauschtheorie handelt es sich beim Arbeitsverhältnis um eine reziproke Austauschbeziehung, die auf einem langfristig angelegten, nicht näher definierten Austausch fairen Verhaltens beruht (Lazarova, 2015: 383). Vor diesem Hintergrund lässt sich die Entstehung affektiven Commitments dadurch erklären, dass die Mitarbeiter aufgrund von vorausgehenden positiven Arbeitserfahrungen[95], wie zum Beispiel wahrgenommener organisationaler Unterstützung, Arbeitszufriedenheit oder erfüllten Erwartungen, den Wunsch haben, sich zu revanchieren und zum Wohle des Unternehmens beizutragen (Meyer & Allen, 1991: 78; Meyer et al., 2002: 38; Neininger, 2010: 23). „The motive arising from affective commitment might best be described as a desire to contribute to the well-being of the organization in order to maintain equity in a mutually beneficial association" (Meyer & Allen, 1991: 78). In Bezug auf die Reziprozität bezeichnen Meyer & Allen (1991: 78; Hervorhebung im Original) affektives Commitment daher auch als „*reciprocity by desire*".[96]

Neben erfüllten Erwartungen beziehungsweise einer realistischen Tätigkeitsvorstellung[97] als direkte positive Arbeitserfahrung und damit wichtige Komponente des sozialen Austausch-

---

[93] Es ist allerdings fraglich, inwieweit Stellenanzeigen tatsächlich den informationsreicheren Rekrutierungspraktiken zugeordnet werden können, da sie weder eine zweiseitige Interaktion ermöglichen noch auf verschiedene Kommunikationskanäle zurückgreifen (Schmitz & Fulk, 1991: 488). Stellenanzeigen ermöglichen einzig die Weitergabe von Text- und Bildmaterial.

[94] Mowday (1982) zufolge ist die soziale Austauschtheorie die wichtigste Theorie im Zusammenhang mit der Entwicklung von affektivem Commitment.

[95] Siehe Kapitel 2.5.4 zu den Antezedenzvariablen von affektivem organisationalem Commitment und ihrer Kategorisierung.

[96] Davon zu unterscheiden ist „*reciprocity by obligation*", bei der sich das Individuum verpflichtet fühlt, der Organisation etwas zurückzugeben (Meyer & Allen, 1991: 78; Hervorhebung im Original).

[97] Zu den Gründen, warum erfüllte Erwartungen und eine realistische Tätigkeitsvorstellung in der vorliegenden Arbeit als Synonyme verwendet werden, siehe Kapitel 2.5.1.

prozesses (Cohen, 2003: 67) kann in Bezug auf den zu erklärenden Zusammenhang ebenfalls die wahrgenommene organisationale Unterstützung (Eisenberger, Huntington, Hutchison & Sowa, 1986) einen Erklärungsbeitrag leisten (Meyer et al., 2002: 38).

Organisationales Commitment lässt sich am besten als Prozess charakterisieren und entwickelt sich bereits, bevor die Mitarbeiter anfangen, in dem Unternehmen zu arbeiten (Mowday et al., 1982: 45). Unternehmen sollten deshalb bereits während des Rekrutierungsprozesses eine entsprechende Basis für die Entwicklung von affektivem Commitment schaffen. „The foundation for strong organizational commitment must however commence prior to the employee being hired: it must start with the recruitment and selection process" (Pinks, 1992: 13).[98]

Während des Rekrutierungsprozesses interagieren Arbeitsuchende mit ihrem potenziellen Arbeitgeber und entwickeln Erwartungen in Bezug auf die Organisation, das Arbeitsumfeld und die konkrete Tätigkeit. Diese Erwartungen gleichen sie im Arbeitsalltag mit den tatsächlichen Gegebenheiten ab (Pinks, 1992: 13; Sutton & Griffin, 2004). Informiert ein Unternehmen mittels seiner Rekrutierungsaktivitäten realitätsgetreu[99] über den Arbeitsplatz, die Anforderungen und das Umfeld, werden die häufig inflationären Erwartungen der potenziellen Arbeitnehmer auf ein realistisches und erfüllbares Niveau gesenkt (Van Dick, 2004: 9). Infolgedessen kommt es zu einem höheren Grad an erfüllten Erwartungen, welcher den Neueinsteigern signalisiert, dass dem Unternehmen daran gelegen ist, alle notwendigen Informationen, die im Allgemeinen für eine fundierte Arbeitgeberwahlentscheidung benötigt werden, bereitzustellen (Popovich & Wanous 1982; Wanous 1977, beide zitiert nach Ganzach, Pazy, O-hayun & Brainin 2002: 614). Hierdurch kann zum einen die Wahrnehmung der informationalen und interpersonalen Fairness bei den Neueinsteigern erhöht werden (Weller et al., 2014: 146) und zum anderen die Wahrnehmung, dass sich das Unternehmen um ihr Wohlergehen kümmert (Eisenberger, Fasolo & Davis-LaMastro, 1990: 51; Meyer & Allen, 1997: 70).[100] Diese Form von wahrgenommener organisationaler Unterstützung trägt dazu bei, dass die Mitarbeiter den Wunsch haben, ihrem Arbeitgeber etwas zurückzugeben, was sich wiederum in einem höheren affektiven Commitment niederschlagen kann (Meyer & Allen, 1997: 50; Meyer et al., 2002: 38; Rynes, 1991: 423).

Die zweite Theorie, die ebenfalls zur Erklärung von Einstellungen und Verhalten von Arbeitnehmern und somit zur Erklärung von affektivem Commitment herangezogen werden kann, ist die des psychologischen Vertrags (Coyle-Shapiro, 2002; Robinson, Kraatz & Rousseau, 1994: 137; Schein, 1980: 24). Im Gegensatz zur sozialen Austauschtheorie ist es laut psychologischem Vertragskonzept allerdings „[...] not the organization's treatment per se but the *discrepancy* between what is promised and what is fulfilled that provides the basis on which employees reciprocate" (Coyle-Shapiro & Conway, 2005: 775; Hervorhebung im Original).

Psychologische Verträge formen und entwickeln sich durch einen interaktiven Prozess zwischen Arbeitgeber und Arbeitnehmer (Sutton & Griffin, 2004: 494), wobei der Rekrutierungsprozess in vielen Fällen den Ausgangspunkt für die Entwicklung bildet (Rousseau, 2001: 512). Während des Rekrutierungsprozesses stellt das Unternehmen direkt und/oder in-

---

[98]   So auch Caldwell et al. (1990: 246) und Mowday et al. (1982: 45).

[99]   Das heißt, den Bewerbern werden sowohl die positiven als auch negativen Aspekte der Tätigkeit erläutert.

[100] Während bei der informationalen Fairness der Empfänger ehrlich, rechtzeitig und umfassend über Sachverhalte informiert wird, beinhaltet die interpersonale Fairness, dass Menschen sich mit Wertschätzung, Respekt und Empathie begegnen (Klendauer, Streicher, Jonas & Frey, 2006: 190).

direkt Informationen bereit und wirkt dadurch auf die dem psychologischen Vertrag zugrunde liegende Erwartungsstruktur ein (Robinson & Morrison, 2000: 526).[101] Werden die Erwartungen, beispielsweise im Zusammenhang mit der Aus- und Weiterbildung, der Vergütung oder der Art der Tätigkeit, während der ersten Beschäftigungsmonate vom Unternehmen nicht erfüllt, gilt der Vertrag als gebrochen (Müller, 2010: 94).[102]

Obwohl der Fokus in der Literatur auf Vertragsverletzungen und den damit verbundenen negativen Konsequenzen liegt (Robinson, 1996; Robinson & Morrison, 1995; Turnley & Feldman, 2000), ist nicht zu vernachlässigen, dass bei intakten psychologischen Verträgen mit positiven Konsequenzen zu rechnen ist (Conway & Briner, 2009: 11 f.).[103] Eine zentrale Konsequenz im Zusammenhang mit der wahrgenommenen Erfüllung von psychologischen Verträgen ist affektives Commitment (Hislop, 2003; McDonald & Makin, 2000: 87; Robinson et al., 1994). Affektives Commitment wird durch das Ausmaß beeinflusst, inwieweit die eigenen Bedürfnisse und Erwartungen hinsichtlich des Unternehmens mit den Erfahrungen im Unternehmen übereinstimmen (Meyer & Allen, 1997), was nach McDonald & Makin (2000: 86) in einem „deutlichen Zusammenhang mit den wahrgenommenen reziproken Verpflichtungen des psychologischen Vertrags" steht.[104] McDonald & Makin (2000) gehen sogar so weit und sehen in der Erfüllung von Erwartungen beziehungsweise der Erfüllung des psychologischen Vertrags die wichtigste Determinante für affektives Commitment. „The most important determinant of affective commitment is the extent to which the expectations the individual has of the organization are met. In other words, the psychological contract" (McDonald & Makin, 2000: 87). Im Gegensatz zu McDonald & Makin (2000), die erfüllte Erwartungen und die Erfüllung des psychologischen Vertrags synonym verwenden beziehungsweise erfüllte Erwartungen als einzigen Erklärungsmechanismus im Zusammenhang mit der Erfüllung des psychologischen Vertrags sehen, zeigen Robinson (1996) sowie Turnley & Feldman (2000), dass unerfüllte Erwartungen lediglich als partieller Mediator auf den Zusammenhang zwischen der Nicht-Erfüllung des psychologischen Vertrags und der Einstellung sowie dem Verhalten der Mitarbeiter wirken.[105]

Zusammenfassend lässt sich festhalten, dass die Einhaltung des psychologischen Vertrags unter anderem zu erfüllten Erwartungen führt und die Neueinsteiger zu einer reziproken Erwiderung veranlasst, die sich wiederum in Einstellungs- und Verhaltensweisen, wie zum Beispiel affektivem Commitment, niederschlägt.

Die empirische Evidenz, die sich mit dem Zusammenhang zwischen erfüllten Erwartungen und affektivem Commitment beschäftigt, ist allerdings heterogen und die Studienergebnisse

---

[101] In diesem Zusammenhang sollte berücksichtigt werden, dass sich Unternehmen bei der Rekrutierung oftmals besser präsentieren, um die potenziellen Arbeitnehmer für das Unternehmen zu gewinnen. Infolgedessen sind die Erwartungen der Mitarbeiter unrealistisch (Robinson & Rousseau, 1994: 255).

[102] Analog zu den uneinheitlichen Definitionen in Bezug auf das psychologische Vertragskonstrukt (siehe Kapitel 3.1.3) besteht auch bei der Definition des Vertragsbruchs kein Konsens. Die Verwendung der unterschiedlichen Termini ist auch an dieser Stelle von Relevanz. Für Robinson & Rousseau (1994: 247) gilt zum Beispiel ein Vertrag als gebrochen, wenn „one party in a relationship perceives another to have failed to fulfil promised obligations(s)". Genau wie bei ihrer Definition des psychologischen Vertrags stellen sie auch bei ihrer Definition des Vertragsbruchs den Begriff der Verpflichtungen ins Zentrum.

[103] Die Studie von Coyle-Shapiro & Kessler (2000) bildet hier eine Ausnahme.

[104] Für eine ähnliche Sichtweise siehe Cable & Turban (2001: 157 f.), Grant (1999) oder Hislop (2003: 189).

[105] Die Ergebnisse zeigen, dass Erwartungen, auch wenn sie einen wichtigen Inhalt des psychologischen Vertrags bilden, dennoch nicht dessen gesamten Inhalt abbilden (Guzzo, Noonan & Elron, 1994: 618).

lassen sich nur schwer miteinander vergleichen. Dies hängt vor allem damit zusammen, dass die jeweiligen Untersuchungsvariablen in den verschiedenen Forschungsarbeiten unterschiedlich erfasst beziehungsweise operationalisiert werden (Caldwell et al., 1990: 247).[106] Der größeren Übersichtlichkeit wegen werden die vielen Studien sowie deren Ergebnisse in Tabelle 1 zusammenfassend dargestellt. Die überwiegende Anzahl der Studien weist einen positiven Zusammenhang zwischen erfüllten Erwartungen und affektivem Commitment nach (Aryee, Wyatt & Min, 1991; Huselid & Day, 1991; Meyer, Allen & Gellatly, 1990; Reilly, Brown, Blood & Malatesta, 1981; Rosin & Korabik, 1991; Tannenbaum, Mathieu, Salas & Cannon-Bowers, 1991). Auch Wanous et al. (1992) finden in ihrer Metaanalyse einen positiven Zusammenhang zwischen erfüllten Erwartungen und affektivem Commitment.

Unter den Studien, die keinen Zusammenhang zwischen erfüllten Erwartungen von Neueinsteigern in Bezug auf ihre Arbeitsstelle und dem affektiven Commitment nachweisen (Buchanan, 1974; Dean & Wanous, 1984; Hom, Griffeth, Palich & Bracker, 1999; Irving & Meyer, 1994; Michaels & Spector, 1982), deuten die Ergebnisse von Irving & Meyer (1994) sowie Hom et al. (1999) darauf hin, dass es eher auf die positiven Arbeitserfahrungen als auf die Erfüllung individueller Erwartungen ankommt. Trotz dieser Ergebnisse und der von Irving & Meyer (1994; 1995; 1999) aufgedeckten methodischen Schwächen in Bezug auf Differenzwerte zur Erhebung von erfüllten Erwartungen wird in aktuelleren Studien weiterhin die Diskrepanz zwischen den Erwartungen und Erfahrungen als wichtige direkte (Delobbe & Vandenberghe, 2000; Moser, 2005; Naumann et al., 2000; Saks & Ashforth, 2000) oder indirekte (Iverson & Roy, 1994) Determinante von affektivem Commitment betrachtet. Einzig Höft & Hell (2007) finden in ihrer Studie keinen Zusammenhang zwischen einer guten Vorabinformation von Praktikanten in Bezug auf ihre Tätigkeit und affektivem Commitment.

Zusammenfassend lässt sich daher sagen, dass sowohl die theoretischen Überlegungen als auch die empirische Evidenz belegen, dass ein hoher Grad an erfüllten Erwartungen einen positiven Einfluss auf das affektive Commitment von Neueinsteigern zum Unternehmen ausübt. Die Untersuchungshypothese lautet daher wie folgt:

Hypothese 3: Die realistische Tätigkeitsvorstellung hat einen positiven Einfluss auf das affektive Commitment.

---

[106]   Erfüllte Erwartungen werden je nach Verständnis (wahrgenommene versus objektiv vorgefundene Diskrepanz zwischen Erwartungen und Erfahrunge) mittels direkter Messung in Form von retrospektiven Fragen oder mittels eines Differenzwerts zwischen den Erfahrungen im Unternehmen und den Erwartungen vor Unternehmenseintritt erhoben (Edwards, 2001; Moser, 2005). Affektives Commitment wird aufgrund der Vielzahl an Definitionen (Meyer & Allen, 1997; Mowday, Steers & Porter, 1979; Porter, Steers, Mowday & Boulian, 1974) ebenfalls unterschiedlich operationalisiert.

Tabelle 1: Empirische Evidenz zum Zusammenhang zwischen erfüllten Erwartungen und affektivem Commitment

Autor(en)	Untersuchungskontext	Realistische Tätigkeitsvorstellung	Zielgröße	Empirischer Zshg.
Arnold & Feldman (1982)	654 members of the accounting profession	**Met expectations** *Arnold & Feldman (1982)*	**Organizational commitment** *Porter, Steers, Mowday & Boulian (1974) – Organizational Commitment Questionnaire*	+
Aryee, Wyatt & Min (1991)	Sample of certified public accountants in Singapore employed in professional setting employed in nonprofessional setting	**Realization of professional expectations** *Aryee, Yatt & Min (1991)*	**Organizational commitment** *Porter et al. (1974)*	+ +
Blau (1988)	New employees from an insurance company	**Intern met expectations** *Blau (1988)*	**Intern organizational commitment** *Porter, Crampon & Smith (1976)*	+
Buchanan (1974)	279 business and government managers in the northeastern United States in different stages of organizational membership: **Stage 1 - Year 1** **Stage 2 - Year 2 - 4** **Stage 3 - Year 5 +**	**Expectations realization** *Buchanan (1974):* Have I found what I expected to find since coming to work for this organization?	**Commitment** *Hall, Schneider & Nygren (1970); Lodahl & Kejner (1965); Buchanan (1974)*	0 0 +
Caldwell, Chatman & O'Reilly (1990)	291 professional or technical employees of 45 US firms (high technology companies & large public accounting firms)	**Organization recruitment** *Pascale (1985)*	**Commitment** *O'Reilly & Chatman (1986)* normative instrumental	+ 0

Autor(en)	Untersuchungskontext	Realistische Tätigkeitsvorstellung	Zielgröße	Empirischer Zshg.
Dean & Wanous (1984)	49 newly hired bank tellers	**Initial expectations** *Smith, Kendal & Hulin (1969)*	**Organizational commitment** *Porter et al. (1974)*	0
Delobbe & Vanderberghe (2000)	Newly hired employees from a variety of industries	**Met expectations** *Feldman (1976) Delobbe & Vanderberghe (2000)*	**Affective commitment** *Meyer/Allen (1990)*	+
Farkas & Tetrick (1989)	Longitudinal data from 440 regular, male recruits who had completed a 4-year enlistment Points in time: (1) During the 8th week of recruit training (2) 8-10 months after the beginning of recruit training (3) 20-21 months after the beginning of recruit training	**Met expectations** *Farkas & Tetrick (1989)* *(Time 1)* *(Time 3)*	**Organizational commitment** *Porter et al. (1974)* *(Time 1)* *(Time 3)*	+ (indirect effect) + (indirect effect & direct effect)
Fisher (1985)	Newly graduated nurses in their first six months on full-time hospital jobs	**Unmet expectations** *Fisher (1985)* Index of unmet expectations by calculating discrepancy scores 3 months on the job [6 months on the job]	**Organizational commitment** *Mowday, Steers & Porter (1979)* 3 months on the job [6 months on the job]	- [-]
Höft & Hell (2007)	83 Studierende der Wirtschafts- und Ingenieurwissenschaften	**Vorinformation zum Praktikum** *Höft & Hell (2007)*	**Affektives Commitment** *Mowday, Porter & Dubin (1974): deutsche Übersetzung Moser (1996)* Positives Commitment-Skala Negatives Commitment-Skala	0 0

Autor(en)	Untersuchungskontext	Realistische Tätigkeitsvorstellung	Zielgröße	Empirischer Zshg.
Hom, Griffeth, Palich & Bracker (1998)	158 nurses who began orientation	**Met expectations** *Hom, Griffeth, Palich & Bracker (1998)*	**Organizational commitment** *Mowday, Porter & Steers (1982)*	+ (indirect effect)
Hom, Griffeth, Palich & Bracker (1999)	158 nurses who began orientation	**Met expectations** *Irving & Meyer (1994)*	**Organizational commitment** *Mowday, Porter & Steers (1982)*	0
Horner, Mobley & Meglino (1979)	678 enlisted male recruits from the Marine Corps Recruit Depot at Parris Island	**Met expectations** *Horner, Mobley & Meglino (1979)*	**Organizational commitment** *Porter et al. (1974)*	+
Huselid & Day (1991)	Third level supervisors from a nationswide homeproducts retailing firm	**Degree that job met expectations** *Huselid & Day (1991)*	**Attitudinal commitment** *Mowday, Steers & Porter (1979)*	+
Irving & Meyer (1994)	Students from Honors and Master of Business Administration and from the arts and science program at a large Canadian university who had secured full-time employment.	**Met expectations** *Irving & Meyer (1994)* **Comfort:** 1 month 6 months **Reward:** 1 month 6 months **Responsibility:** 1 month 6 months	**Affective commitment** *Allen & Meyer (1990)* after 6 months [after 12 months] after 12 months after 6 months [after 12 months] after 12 months after 6 months [after 12 months] after 12 months	0 [0] 0 0 [0] 0 0 [0] 0
Iverson & Roy (1994)	Blue-collar employees from a manufacturing firm in Australia	**Met expectations** *Iverson & Roy (1994)*	**Attitudinal commitment** *Mowday, Steers & Porter (1979)*	+ (indirect effect)

Autor(en)	Untersuchungskontext	Realistische Tätigkeitsvorstellung	Zielgröße	Empirischer Zshg.
Ko, Price & Müller (1997)	Employees of: - a korean research institute - the head office of an korean airline company	**Met expectations** *Price & Müller (1990)*	**Affective commitment** *Meyer, Allen & Smith (1993)*	+ +
Lee & Mowday (1987)	Employees of a financial institution	**Met expectations** *Steers & Mowday (1981); Mowday, Porter & Steers (1982); Dunham, Smith & Blackburn (1977)*	**Organizational commitment** *Mowday, Steers & Porter (1979)*	+
Major, Kozlowski, Chao & Gardner (1995)	Graduating seniors (graduating mainly in management and engineering) from a large midwestern university	**Expectations (conflict, clarity, acceptance)** *Major et al. (1995)* Scores reflecting the extent to which expectations were unmet, met or exceeded Acceptance expectation Conflict expectation Clarity expectation	**Organizational commitment** *based on Porter & Smith (1970)*	+ + 0
Meyer & Allen (1988)	University graduates who had recently accepted full-time jobs in different companies (longitudinal study)	**Confirmed expectations** *Meyer & Allen (1988)* after 1 month on the job after 1 month on the job after 6 months on the job	**Organizational commitment** *Mowday, Steers & Porter (1979)* after 6 months on the job after 11 months on the job after 11 months on the job	+ + 0

Autor(en)	Untersuchungskontext	Realistische Tätigkeitsvorstellung	Zielgröße	Empirischer Zshg.
Meyer, Allen & Gellatly (1990)	University graduates who had recently accepted full-time jobs in different companies (longitudinal study) **after 1 month on the job after 6 months on the job after 11 months on the job**	**Met expectations** *Meyer, Allen & Gellatly (1990)* confirmation of pre-entry expectations	**Affective commitment** *Meyer & Allen (1984)*	+ + +
Michaels & Spector (1982)	112 permanent employees of a community mental health center in an urban area of the southeastern United States	**Confirmed preemployment expectancies** *Michaels & Spector (1982)*	**Organizational commitment** *Mowday, Steers & Porter (1979)*	0
Moser (2005)	767 new employees (mainly engineers) working in a large German electronic company	**Unmet expectations** *Moser (2005)*	**Organizational commitment** *Mowday, Porter & Steers (1982)*	–
Naumann, Widmier & Jackson (2000)	American expatriate sales representatives based in South Korea, China, Japan, Taiwan and Hong Kong	**Met expectations** *Lee & Mowday (1987)*	**Organizational commitment** *Mowday, Porter & Steers (1982)*	+
Reilly, Brown, Blood & Malatesta (1981)	Applicants offered service representative jobs in 13 operating telephone company locations	**Met expectations** *Reilly, Brown, Blood & Malatesta (1981)* discrepancies between the subjects' expectations and what they actually encountered on the job	**Organizational commitment** *based on Porter et al. (1974)*	+

Autor(en)	Untersuchungskontext	Realistische Tätigkeitsvorstellung	Zielgröße	Empirischer Zshg.
Rosin & Korabik (1991)	306 women holding MBA degrees and working full time in a range of industries	**Met expectations** *Rosin & Korabik (1991)*	**Organizational commitment** *Mowday/Steers/Porter (1979) - Short form*	+
Saks & Ashforth (2000)	Members of two successive graduating classes of an undergraduate business programme	**Unmet expectations** *Meyer/Allen (1988)* after 4 months on the new job	**Normative commitment** *Allen/Meyer (1990)* after 4 months on the new job [after 10 months on the job] **Organizational identifications** *Mael/Ashforth (1992)* after 4 months on the new job [after 10 months on the job]	- [-] - [-]
Smidts, Pruyn & Van Riel (2001)	Employees from three different organization. (1) Large, nonprofit, customer services organization, (2) Nationally operating utilities company, (3) Bank	**Adequacy of information** *Smidts, Pruyn & Van Riel (2001)* on organizational issues regarding personal roles	**Organizational identification** *based on Tajfel (1978b); Abrams(1992); Cheney (1983); Doosje, Ellemers & Spears (1995)*	+ (indirect effect) + (indirect effect)
Steers (1977)	- **Employees of a major midwestern hospital** - **Research scientists and engineers of an independent research laboratory**	**Met expectations** *Buchanan (1974)*	**Organizational commitment** *Porter et al. (1974)*	+ 0
Stumpf & Hartman (1984)	Individuals using the on-campus placement service of a large northeastern graduate school of business	**Realistic expectation** *Feldman (1976)*	**Organizational commitment** *Mowday, Steers & Porter (1979)*	+

Autor(en)	Untersuchungskontext	Realistische Tätigkeitsvorstellung	Zielgröße	Empirischer Zshg.
Tannenbaum, Mathieu, Salas & Canon-Bowers (1991)	Trainees attending Naval recruit training	**Training fulfillment** Hoiberg & Berry (1978); Noe & Schmitt (1986); Tannenbaum, Mathieu, Salas & Canon-Bowers (1991) Training fulfillment scale score (extent to which the training met trainees' expectations and desires)	**Organizational commitment** Mowday, Porter & Steers (1982)	+
Vandenberg & Scarpello (1990)	393 information systems and data processing personnel of 9 major insurance companies in the United States **Newcomer group** (less than 1 year of organizational tenure) **Tenure group** (more than 1 year of tenure)	**Accuracy** Vandenberg & Scarpello (1990) job responsibilities and demands (JRD)/ career progress opportunities (CPO)/ work they would perform (TOW) JRD (CPO) [TOW] JRD (CPO) [TOW]	**Organizational commitment** Mowday, Steers & Porter (1979)	+ (+) [+] + (+) [0]
Wanous, Poland, Premack & Davis (1992)	Meta-Analysis	**Met expectations** Porter and Steers's (1973) definition of met expectations Other definition	**Organizational commitment** Mowday, Steers & Porter (1979) in all studies	+ +

Anmerkungen: „+" = signifikanter positiver Zusammenhang; „-" = signifikanter negativer Zusammenhang; „0" = kein signifikanter Zusammenhang.

3.2.4   Wahrgenommenes Arbeitgeberprestige und der Effekt auf das affektive Commitment

Sowohl die Theorie der sozialen Identität (Tajfel & Turner, 1979: 43) als auch die Ergebnisse empirischer Studien (Ellemers et al., 1999; Ellemers, Wilke & Van Knippenberg, 1993) legen den Schluss nahe, dass die emotionale Bindung (affektives Commitment) in Gruppen mit höherem Status stärker als in Gruppen mit niedrigem Status ist. Dies hängt damit zusammen, dass in erstgenanntem Fall die Gruppenzugehörigkeit zu einer positiveren sozialen Identität und damit zu einer Steigerung des Selbstwerts führt.

Die grundlegenden Ideen der Theorie der sozialen Identität haben erstmalig Ashforth & Mael (1989) auf den organisationalen Kontext übertragen. Demnach sind Organisationen, wie beispielsweise der eigene Arbeitgeber, ebenfalls als soziale Gruppen zu betrachten, die zur Entwicklung einer sozialen Identität beitragen können. Nach Ansicht von Bergami & Bagozzi (2000: 555) sowie Hogg & Terry (2000: 135) stellt der Arbeitgeber sogar eine der wichtigsten sozialen Gruppen eines Individuums dar. Daher wird in der vorliegenden Arbeit davon ausgegangen, dass das wahrgenommene Arbeitgeberprestige einen positiven Einfluss auf das organisationale affektive Commitment hat. Es existieren – soweit der Autorin bekannt – bislang keine empirischen Studien, die diesen Zusammenhang nachweisen. Allerdings hat eine Vielzahl an Studien im organisationalen Kontext die Theorie der sozialen Identität zur Erklärung des positiven Zusammenhangs zwischen *wahrgenommenem externem Prestige*[107] und *affektivem Commitment* (Alniacik et al., 2011; Bergami & Bagozzi, 2000; Carmeli & Freund, 2009; Herrbach et al., 2004), *wahrgenommenem externem Prestige* und *organisationaler Identifikation*[108] (Fuller et al., 2006b; Mael & Ashforth, 1992; Reade, 2001; Smidts et al., 2001), *wahrgenommener sozialer Verantwortung* und *affektivem Commitment* (Brammer et al., 2007) sowie *wahrgenommener sozialer Verantwortung* und *organisationaler Identifikation* (Glavas & Godwin, 2013) herangezogen, deren Ergebnisse sich auf den vorliegenden Kontext übertragen lassen. Der größeren Übersichtlichkeit wegen findet sich die detaillierte Übersicht der Studien sowie deren Ergebnisse in Tabelle 2.

Unter Rückgriff auf den Theorieansatz wird organisationale Identifikation und affektives Commitment insbesondere durch das Bestreben eines Individuums, seinen Selbstwert durch eine positive soziale Identität steigern sowie erhalten zu wollen, begründet (Brammer et al., 2007: 1704; Herrbach et al., 2004: 1393). Ob und wenn ja, in welchem Maße sich ein Individuum mit der eigenen Organisation identifiziert oder auch verbunden fühlt, hängt daher maßgeblich davon ab, was es denkt, wie Nicht-Gruppenmitglieder die eigene Organisation wahrnehmen (Alniacik et al., 2011: 1180; Dutton et al., 1994: 250; Fuller et al., 2006b: 704). Der explizite Fokus auf das wahrgenommene externe Image lässt sich zum einen damit begründen, dass selbst wenn die eigene Einschätzung der Fremdwahrnehmung nicht exakt der tatsächlichen Wahrnehmung der Nicht-Gruppenmitglieder entspricht, sie dennoch, unabhängig von der Akkuratesse, die Arbeitseinstellung bedingt (Peterson, 2004: 300). Zum anderen gehen Dutton et al. (1994: 248) davon aus, dass das wahrgenommene Außenbild dem Individuum nicht nur Informationen darüber liefert, wie Außenstehende die eigene Organisation wahrnehmen, sondern ihm zusätzlich die Frage beantwortet, wie Außenstehende aufgrund seiner Organisationsmitgliedschaft über ihn denken.

---

[107]   Trotz der vielfältigen Begriffe (siehe Abschnitt 2.5.2) hat sich in der Forschungsliteratur der Begriff des *wahrgenommenen externen Prestiges* für das wahrgenommene Außenbild durchgesetzt.

[108]   Zur Übertragbarkeit der Forschungsergebnisse auf das affektive Commitment siehe die Ausführungen in Kapitel 2.5.4.

Lievens, Van Hoye & Anseel (2007) können zudem in ihrer Studie nachweisen, dass der Zusammenhang zwischen wahrgenommenen externen instrumentellen sowie symbolischen Imagedimensionen[109] auf der einen Seite und der organisationalen Identifikation auf der anderen Seite stärker ist als zwischen den wahrgenommenen Identitätsdimensionen[110] und der organisationalen Identifikation.

Somit lässt sich festhalten, dass, je positiver das wahrgenommene externe Prestige einer Organisation ist, desto wahrscheinlicher ist es, dass durch organisationale Identifikation der Selbstwert erhöht wird (Bhattacharya, Rao & Glynn, 1995: 48; George & Chattopadhyay, 2005: 71).[111] Dementsprechend identifiziert sich ein Individuum stärker mit seiner Organisation, umso positiver die eigene Einschätzung der Fremdwahrnehmung ausfällt. Die meisten bis dato vorliegenden Studien bestätigen dies und finden einen positiven Zusammenhang zwischen einem positiv wahrgenommenen externen Prestige und der organisationalen Identifikation (Bergami & Bagozzi, 2000; Dukerich, Golden & Shortell, 2002; Fuller et al., 2006b; Mael & Ashforth, 1992; Smidts et al., 2001).

Lediglich Roeck & Delobbe (2012) finden in ihrer Studie mit Mitarbeitern von drei sehr unterschiedlichen Organisationen (eine gemeinnützige Organisation, ein landesweit agierendes Versorgungsunternehmen und eine Bank) keinen statistisch signifikanten Effekt.

Des Weiteren lässt sich festhalten, dass, wenn das wahrgenommene externe Prestige der eigenen Organisation positiv eingestuft wird, die Mitglieder entsprechend stolz auf ihre Mitgliedschaft sind und ihre soziale Identität positiv davon profitiert[112] (Smidts et al., 2001: 1051). Im Ergebnis fühlen sich die Individuen stärker mit der Organisation verbunden (Carmeli & Freund, 2009: 239). Herrbach et al. (2004: 1393) kommen zu einer ähnlichen Einschätzung. Ihrer Meinung nach möchten Individuen den positiven Nutzen, den die Mitgliedschaft für ihre eigene Identität stiftet, erhalten und binden sich daher an die Organisation. Folgt man dieser Argumentationslogik, kann affektives Commitment als Konsequenz einer positiven sozialen Identität verstanden werden. Daher ist davon auszugehen, dass das organisationale affektive Commitment stärker ist, je positiver das wahrgenommene externe Prestige der Organisation ausfällt. Einige Studien weisen diesen Zusammenhang nach (zum Beispiel Alniacik et al., 2011; Carmeli, 2005a; Carmeli & Freund, 2009).

---

[109] Während zu den instrumentellen Imagedimensionen zum Beispiel Jobsicherheit und Aufgabenvielfalt zählen, sind Ehrlichkeit und Robustheit symbolische Imagedimensionen (Lievens, Van Hoye & Anseel, 2007: 51).

[110] Nach Dutton et al. (1994: 243 f.) wird die wahrgenommene organisationale Identität durch die Eigenschaften der Organisation bestimmt, die das Mitglied als distinkt, zentral und dauerhaft wahrnimmt. In Anlehnung an diese Definition wird in der Studie von Lievens et al. (2007) unter den wahrgenommenen Identitätsdimensionen die Einschätzung der Mitarbeiter gefasst, wie diese ihren Arbeitgeber hinsichtlich der instrumentellen und symbolischen Imagedimensionen wahrnehmen.

[111] Cable & Turban (2003) weisen selbst bei Arbeitsuchenden einen Zusammenhang zwischen der wahrgenommenen Reputation und dem vermuteten Stolz, der mit einer organisationalen Mitgliedschaft einhergeht, nach.

[112] Cialdini, Borden, Thorne, Walker, Freeman & Sloan (1976) sprechen in diesem Zusammenhang von "'bask in the reflected glory' of the organization's social position/positive reputation".

Tabelle 2: Empirische Evidenz zum Zusammenhang zwischen dem wahrgenommenen Außenbild von Mitarbeitern und affektivem Commitment

Autor(en)	Untersuchungskontext	Wahrgenommenes Außenbild	Zielgröße	Empirischer Zshg.
Alniacik, Cigerim, Akcin & Bayram (2011)	Academic staff of two higher education institutions in the north-west part of Turkey	**Perceived corporate reputation** *Caruana & Chicop (2000); Newell & Goldsmith (2001); Fombrun et al. (2000)*	**Affective commitment** *Allen & Meyer (1990)*	+
Bartels, Pruyn, De Jong & Joustra (2007)	Members of a regional police organization in the Netherlands	**Perceived external prestige** *Smidts, Pruyn & Van Riel (2001)*	**Organizational identification** *Van Knippenberg, Van Knippenberg, Monden & De Lima (2002); Mael & Ashforth (1992); Smidts, Pruyn & Van Riel (2001)* organizational level / business unit level / department level / work group level	+ + o o
Benkhoff (1997)	Employees of relatively small branches with between five and 15 members of staff	**Prestige** *Benkhoff (1997)*	Identification *Benkhoff (1997)* *Porter, Steers, Mowday & Boulian (1974)*	+
Bergami & Bagozzi (2000)	Part- and full-time Italian employees at Carms	**Organizational prestige** *based on Mael & Ashforth (1992)*	**Organizational identification** *Mael & Ashforth (1988), Bergami & Bagozzi (2000)* **Affective commitment** *Allen & Meyer (1990)* joy [love]	+ + [0]
Bhattacharya, Rao & Glynn (1995)	Members of an art museum of a major southeastern city	**Perceived organizational prestige** *Mael & Ashforth (1992)*	Identification *Mael & Ashforth (1992)*	+
Brammer, Millington & Rayton (2007)	Employees from a financial services company in the United Kingdom	**Perceptions of External CSR** *Brammer, Millington & Rayton (2007)*	**Affective commitment** *Balfour & Wechsler (1996)*	+

Autor(en)	Untersuchungskontext	Wahrgenommenes Außenbild	Zielgröße	Empirischer Zshg.
Carmeli (2005a)	Social workers in the Israeli health care system	**Perceived external social prestige** *based on Fortune index* **Perceived external financial prestige** *based on Fortune index*	**Affective commitment** *Allen & Meyer (1990)*	+ +
Carmeli (2005b)	Senior managers employed in different public sector organizations in Israel	**Perceived external prestige** *based on Fortune index*	**Affective commitment** *Allen & Meyer (1990)*	+
Carmeli & Freud (2009)	Social workers in nonprofit social service organizations in Israel	**Perceived eternal prestige** *based on Fortune index*	**Affektives Commitment** *Allen & Meyer (1990)*	+
Carmeli, Gilat & Weisberg (2006)	Employees who work for four organizations, which operate in the electronics and media industries in Israel	**Perceived external prestige** *based on Mael/Ashforth (1992)* Customers Competitors Suppliers Customers Competitors Suppliers	**Organizational identification** *Mael & Ashforth (1992)* **Affective commitment** *Allen & Meyer (1990)* joy [love] joy [love] joy [love]	+ + + + [0] + [+] 0 [+]
Dukerich, Golden & Shortell (2002)	Physicians form three major health care systems	**Attractiveness of an organization's construed external image** *Luhtanen & Crocker (1992)*	**Organizational identification** *Mael & Ashforth (1992)*	+
Dutton, Dukerich & Harquail (1994)	Developing a model to explain how images of one's work organization shape the strength of his or her identification with the organization	**Construed external image**	**Organizational identification**	Keine empirische Untersuchung

Autor(en)	Untersuchungskontext	Wahrgenommenes Außenbild	Zielgröße	Empirischer Zshg.
Fisher & Wakefield (1998)	Professional sports fans (successful team and unsuccessful team)	**Perceived Group Performance** *Fisher & Wakefield (1998)* Successful Team [Unsuccessful Team]	**Group identification** *Fisher & Wakefield (1998)*	+ [0]
Fuller, Marler, Hester, Frey & Relyea (2006)	Employees of a health services firm in the southern United States	**Construed external image** *Riordan, Gatewood & Bill (1997)*	**Organizational identification** *Mael & Ashforth (1992)*	+
Fuller, Hester, Barnett, Frey, Relyea & Beu (2006)	Employees of a health services company (nurses, technicians and other support staff)	**Prestige** *Riordan, Gatewood & Bill (1997)*	**Organizational identification** *Mael & Ashforth (1992)*	+
George & Chattopadhyay (2005)	Contract workers belonging to four organizations that take on contracting work in the information technology industry	**Positive Distinctiveness** *Mael & Ashforth (1992); George & Chattopadhyay (2005)*	**Organizational identification** *Mael & Ashforth (1992)* / Employing organization Client	+ / 0
Glavas & Godwin (2013)	Developing a model of the impact of perceived corporate social responsibility on employees' organizational identification	Perceived corporate social responsibility	Organizational identification	Keine empirische Untersuchung
Herrbach, Mignonac & Gatignon (2004)	French managers	**Perceived external prestige** *based on Mael & Ashforth (1992)*	**Affective commitment** *Meyer et al. (1993)*	+
Iyer, Bamber & Barefield (1997)	Alumni of three of the Big Six accounting firms in two major U.S. cities	**Organizational prestige** *based on Mael & Ashforth (1992)*	**Identification** *Mael & Ashforth (1992)*	+
Kim, Lee, Lee & Kim (2010)	Employees of service firms (B-to-B, B-to-C, B-to-C/B) and manufacturers of consumer goods	**Perceived external prestige** *based on Mael & Ashforth (1992)*	**Employee-company identification** *Smidts, Pruyn, Van Riel (2001); O'Reilly & Chatman (1986)*	+

Autor(en)	Untersuchungskontext	Wahrgenommenes Außenbild	Zielgröße	Empirischer Zshg.
Kreiner & Ashforth (2004)	Alumni from a major public university (object of investigation: alumnus current employer)	**Organizational reputation** *Wan-Huggins, Riordan & Griffeth (1998)*	**Organizational identification** *Mael & Ashforth (1992)*	0
Lee, Lee & Lum (2008)	Employees of two organizations in Singapore	**Construed external image** *Riordan, Gatewood & Bill (1997)*	**Organizational identification** *Mael & Ashforth (1992)*	+
Lievens, Van Hoye & Anseel (2007)	Military employees who were enlisted in the Belgian Army	**Construed external image:** *Lievens, Van Hoye & Anseel (2007); Lievens, Van Hoye & Schreurs (2005)* **Instrumental attributes** Team/Sport Structure Advancement Travel Pay Job security **Symbolic attributes** Sincerity Excitement Competence Prestige Ruggedness	**Organizational identification** *Mael & Ashforth (1995)*	+ + + 0 0 / 0 0 + 0 0
Lipponen, Helkama, Olkkonen & Juslin (2005)	Employees from different subcontractors working for a finnish shipyard	**Perceived external prestige** (subgroup) *based on Mael & Ashforth (1992)*	**Identification** *based on Mael & Ashforth (1992)* Subgroup identification [Shipyard identification]	+ [+]
Mael & Ashforth (1992)	Alumni of an all-male religious college	**Perceived organizational prestige** Degree to which the institution is well regarded both in absolute and comparative terms	**Organizational identification** Perceived oneness with an organization and the experience of the organization's successes and failures as one's own	+

Autor(en)	Untersuchungskontext	Wahrgenommenes Außenbild	Zielgröße	Empirischer Zshg.
Pratt (1998)	Gives an overview of the central questions of organizational identification	**High Prestige** **Attractive Image**	**Organizational identification**	Keine empirische Untersuchung
Reade (2001)	Local managers in a multinational corporation (Indian and Pakistani subsidiaries of a British MNC)	**Prestige and distinctiveness** *Reade (2001)*	**Values-based identification (ID-v)** *Porter & Smith (1970); Benkhoff (1997); O'Reilly & Chatman (1986); Reade (2001)*	
		local	local [global]	+ [+]
		global	local [global]	0 [0]
			SIT-based identification (ID-SIT) *Benkhoff (1997)*	
		local	local [global]	+ [+]
		global	local [global]	0 [+]
			(ID-v + ID-SIT)	
		local	local [global]	+ [+]
		global	local [global]	0 [+]
Roeck & Delobbe (2012)	Employees of a petrochemical organization	**Perceived external prestige** *Bartels et al. (2009)*	**Organizational identification** *Mael & Ashforth (1992)*	0
Smidts, Pruyn & Van Riel (2001)	Employees from three different organization. (1) Large, nonprofit, customer services organization, (2) Nationally operating utilities company, (3) Bank	**Perceived external prestige** *Mael & Ashforth (1992)*	**Organizational identification** *based on Tajfel (1978b); Abrams(1992); Cheney (1983); Doosje, Ellemers & Spears (1995)*	+
Wan-Huggins, Riordan & Griffeth (1998)	Employees of an electric utility	**Construed external image** *Riordan, Gatewood & Bill (1997)*	**Organizational identification** *Mael & Ashforth (1992)*	+

Anmerkungen: „+ " = signifikanter positiver Zusammenhang; „-" = signifikanter negativer Zusammenhang, „0" = kein signifikanter Zusammenhang.

Dagegen finden Bergami & Bagozzi (2000: 565), die entgegen den zuvor angeführten Studien zwei Dimensionen des affektiven Commitments unterscheiden[113], lediglich einen positiven Zusammenhang zwischen einem positiven externen Prestige und der *„love"-Dimension* des affektiven Commitments, nicht aber im Hinblick auf die *„joy"-Dimension.*[114]

Da die soziale Verantwortung von Unternehmen für die Mitarbeiter und für die allgemeine Öffentlichkeit von wachsender Bedeutung ist (Brammer et al. 2007: 1701) und sie einen signifikanten Einfluss auf die Attraktivität von Unternehmen ausübt (Greening & Turban, 2000: 264), ist anzunehmen, dass sich Mitarbeiter stärker mit einem Unternehmen identifizieren (Glavas & Godwin, 2013: 18) oder sich mit ihm verbunden fühlen, wenn sie der Überzeugung sind, dass Außenstehende das eigene Unternehmen als sozial verantwortlich ansehen. Brammer et al. (2007) weisen letztgenannten positiven Zusammenhang in ihrer Studie nach.

Auf Basis der Theorie der sozialen Identität sowie der empirischen Evidenz wird in der vorliegenden Arbeit davon ausgegangen, dass die Einschätzung, dass das Unternehmen an der ehemals besuchten Hochschule als attraktiver Arbeitgeber wahrgenommen wird, dem Mitarbeiter zu einer positiven sozialen Identität und damit gleichzeitig zu einer Steigerung des Selbstwerts verhilft. Im Ergebnis führt dies wiederum dazu, dass sich die Mitarbeiter stärker an das Unternehmen binden.

Aus dieser Erkenntnis lässt sich die folgende Hypothese ableiten:

Hypothese 4: Das wahrgenommene Arbeitgeberprestige hat einen positiven Einfluss auf das affektive Commitment.

3.2.5 Die Zufriedenheit mit der Hochschulpräsenz als Mediatorvariable

Die Ausführungen in Kapitel 3.2.1 respektive Kapitel 3.2.2 legen ausführlich dar, dass auf Basis der Signaling-Theorie und des Mere-Exposure-Effekts angenommen werden kann, dass Hochschulkooperationen einen positiven Einfluss auf die realistische Tätigkeitsvorstellung und das wahrgenommene Arbeitgeberprestige ausüben.

Zudem wird im Rahmen dieser Arbeit in Anlehnung an das theoretische Modell von Cober (2004) sowie die Ergebnisse von Allen, Mahto & Otondo (2007: 1705) angenommen, dass der positive Effekt von Hochschulkooperationen auf die realistische Tätigkeitsvorstellung sowie das wahrgenommene Arbeitgeberprestige partiell durch die Zufriedenheit mit der Hochschulpräsenz mediiert wird.

---

[113] Die Autoren unterscheiden beim affektiven Commitment zwischen den beiden Dimensionen *joy* und *love*. *Joy* wird als „happiness arising from the organization as a social category" und *love* als „emotional attraction or affection towards the organization as a social category" definiert (Bergami & Bagozzi, 2000: 560).

[114] Ebenfalls inkonsistente Ergebnisse liefert die Studie von Carmeli et al. (2006). Genau wie Bergami & Bagozzi (2000) unterscheiden die Autoren in Bezug auf das affektive Commitment zwischen den beiden Dimensionen *joy* und *love*. Zusätzlich schätzen die Befragungsteilnehmer das Image der Organisation aus Sicht der Interessengruppen Kunde, Wettbewerber und Lieferant ein, zum Beispiel „The competitors [...] consider our organization to be one of the best" (Carmeli et al., 2006: 97). Während die Autoren einen positiven Zusammenhang zwischen einem *positiven wahrgenommenen externen Prestige* (aus Wettbewerbersicht) und der *joy*- sowie *love-Dimension* finden, können sie keinen statistisch signifikanten Einfluss zwischen einem *positiven wahrgenommenen Prestige* (aus Kundensicht) und der *love-Dimension* sowie zwischen einem *positiven wahrgenommenen Prestige* (aus Lieferantensicht) und der *joy-Dimension* nachweisen.

Die Zufriedenheit mit Rekrutierungsaktivitäten, in der vorliegenden Arbeit die Zufriedenheit mit der Hochschulpräsenz, kann als proximalste Erfolgsgröße im Zusammenhang mit der Evaluierung von Rekrutierungsaktivitäten angesehen werden (Cober et al., 2004). Die Zufriedenheit mit der Hochschulpräsenz lässt sich als affektive Reaktion auf die Kooperationsformen in ihrer Gesamtheit bestimmen und ergibt sich aus einem Soll-Ist-Vergleich. Je nachdem, inwieweit die Unternehmen mit den eingesetzten Hochschulkooperationen die Erwartungen der jeweiligen Studierenden erfüllen, variiert die Zufriedenheit mit der Hochschulpräsenz (Alniacik et al., 2011: 1180; Locke, 1976). Die Zufriedenheit mit der Hochschulpräsenz kann damit als kritischer Kontakt (*critical recruitment contact*) angesehen werden, der zusätzlich zu den einzelnen Hochschulkooperationsformen als wichtiges Signal für unbekannte organisationale sowie arbeitsplatzbezogene Attribute fungiert (Allen et al., 2007: 1700; Turban et al., 1995: 195 f.).

Es ist daher zu erwarten, dass die Zufriedenheit mit der Hochschulpräsenz ebenfalls dazu beiträgt, dass sich die potenziellen Bewerber ein genaueres Bild darüber machen können, wie es sein wird, für das Unternehmen zu arbeiten. Zudem ist zu erwarten, dass die Zufriedenheit mit der Hochschulpräsenz die positive Einstellung gegenüber dem Unternehmen verstärkt (Baum & Kabst, 2014: 358), was wiederum dazu führt, dass die potenziellen Bewerber es für wahrscheinlicher halten, dass auch andere Personen positiv über das Unternehmen als Arbeitgeber denken (Cable & Turban, 2001: 130).

Wie bereits erwähnt, wird in der vorliegenden Arbeit daher angenommen, dass im Zusammenhang mit Hochschulkooperationen die Zufriedenheit mit der Hochschulpräsenz den positiven Einfluss von dem wahrgenommenen Arbeitgeberprestige und der realistischen Tätigkeitsvorstellung partiell mediiert. Damit kommt es nicht allein auf das objektive Vorhandensein von Hochschulkooperationen an, sondern inwieweit die Unternehmen mit ihren Hochschulkooperationen die Erwartungen der Studierenden erfüllen. Hieran anknüpfend lassen sich die folgenden zwei Hypothesen ableiten:

Hypothese 5: *Die Zufriedenheit mit der Hochschulpräsenz mediiert den positiven Effekt von Hochschulkooperationen auf (a) die realistische Tätigkeitsvorstellung und (b) das wahrgenommene Arbeitgeberprestige.*

3.2.6 Zusammenfassung der Hypothesen zur Wirkungsweise von Hochschulkooperationen

Basierend auf den theoretischen Überlegungen sowie den bisherigen empirischen Forschungsergebnissen konnten in den vorherigen Abschnitten insgesamt acht Hypothesen zu den Wirkungsmechanismen von Hochschulkooperationen und der Entstehung von affektivem organisationalem Commitment hergeleitet werden. Tabelle 3 gibt einen Überblick über die entwickelten Wirkungshypothesen.

Tabelle 3: Gesamtüberblick über die Hypothesen

Hypothese	Wirkungszusammenhang
H1a	Hochschulkooperationen haben einen positiven Einfluss auf die realistische Tätigkeitsvorstellung.
H1b	Informationsreichere Hochschulkooperationsformen haben einen stärkeren positiven Einfluss auf die realistische Tätigkeitsvorstellung als informationsärmere Hochschulkooperationsformen.
H2a	Hochschulkooperationen haben einen positiven Einfluss auf das wahrgenommene Arbeitgeberprestige.
H2b	Informationsreiche Hochschulkooperationsformen haben einen stärkeren positiven Einfluss auf das wahrgenommene Arbeitgeberprestige als informationsärmere Hochschulkooperationsformen.
H3	Die realistische Tätigkeitsvorstellung hat einen positiven Einfluss auf das affektive Commitment.
H4	Das wahrgenommene Arbeitgeberprestige hat einen positiven Einfluss auf das affektive Commitment.
MH5	Die Zufriedenheit mit der Hochschulpräsenz mediiert den positiven Effekt von Hochschulkooperationen auf a) die realistische Tätigkeitsvorstellung und b) das wahrgenommene Arbeitgeberprestige.

3.3 Berücksichtigung der individuellen Vorprägung bezüglich des Unternehmens

Barber (1998: 11; eigene Übersetzung) hat in ihrem Buch zutreffend beschrieben, dass „Rekrutierung nicht in einem Vakuum auftritt", sondern in der realen Welt eine Vielzahl an Faktoren existieren, die einen Einfluss darauf haben, wie Arbeitsuchende auf die Rekrutierungspraktiken eines Unternehmens reagieren. Da grundsätzlich davon auszugehen ist, dass Arbeitsuchende nicht als ‚blank slates' (Barber: 1998: 32) mit den Rekrutierungspraktiken eines Unternehmens in Berührung kommen, sondern bereits vorher einen ersten Eindruck über das Unternehmen als Arbeitgeber gewinnen, gehen zum Beispiel Cable & Turban (2001: 117) davon aus, dass die Reaktion einer Person auf die Rekrutierungspraktiken eines Unternehmens davon abhängt, wie viel sie im Vorfeld über das Unternehmen weiß beziehungsweise zu wissen glaubt. Collins (2007: 184) untermauert diese Annahme, indem er nachweist, dass die Produktbekanntheit eines Unternehmens[115] den Einfluss der Rekrutierungspraktiken auf die Dimensionen des Arbeitgeberwissens[116] moderiert. Demnach haben informationsärmere Rekrutierungspraktiken lediglich bei einer geringen Produktbekanntheit einen Einfluss auf die Vertrautheit und die Arbeitgeberreputation, wohingegen informationsreiche Rekrutierungsmaßnahmen ihre Wirkung bei hoher Produktbekanntheit entfalten. Collins & Han (2004) kommen in ihrer Studie zu ähnlichen Ergebnissen.

---

[115] Die Produktbekanntheit kann als Proxy für die Bekanntheit des Unternehmens betrachtet werden.

[116] Zu den einzelnen Dimensionen des Arbeitgeberwissens siehe Fußnote 88.

Ferner liegen Studien vor, die annehmen, dass in der frühen Rekrutierungsphase neben den Rekrutierungspraktiken auch andere Informationsquellen, wie zum Beispiel die Produktbekanntheit, die Firmenwerbung, die Unternehmensreputation, direkte Erfahrungen mit den Produkten/Dienstleistungen des Unternehmens oder das Kennen von Personen, die für das Unternehmen arbeiten, einen Einfluss auf die affektive Einstellung der potenziellen Bewerber gegenüber dem Unternehmen haben (Cable et al., 2000: 2000; Cable & Turban, 2001: 132; Collins, 2007: 181; Gatewood et al., 1993: 419 f.). Cable & Turban (2001: 132 f.) gehen sogar so weit und nehmen an, dass jegliche Informationen über ein Unternehmen das Potenzial haben, einen Einfluss auf das Arbeitgeberwissen auszuüben, und plädieren dafür, neben den Rekrutierungspraktiken immer auch andere Informationsquellen zu berücksichtigen.

Allerdings ist davon auszugehen, dass ,andere' Informationsquellen wie die Kenntnis der Produkte/Dienstleistungen im Gegensatz zu den Rekrutierungspraktiken nicht genügend Informationen über das Unternehmen als Arbeitgeber sowie die Arbeitsbedingungen liefern (Collins 2007: 181; Collins & Han, 2004: 712).

Um der Forderung nachzukommen, Rekrutierungspraktiken nicht isoliert zu betrachten, sondern auch den Kontext zu berücksichtigen, in dem sie stattfinden (Cable & Turban, 2001: 133; Collins & Han 2004: 686), wird in der vorliegenden Untersuchung die Bekanntheit des Unternehmens, die Bekanntheit der Marke, aber auch die Bekanntheit des Unternehmens als Arbeitgeber, im Folgenden als *individuelle Vorprägung bezüglich des Unternehmens* bezeichnet, berücksichtigt. Es ist grundsätzlich davon auszugehen, dass die Stärke der Zusammenhänge im Untersuchungsmodell zur Wirkungsweise von Hochschulkooperationen von der individuellen Vorprägung bezüglich des Unternehmens abhängt. Abbildung 1 stellt das Untersuchungsmodell zur Wirkungsweise von Hochschulkooperationen unter Berücksichtigung der Vorprägung bezüglich des Unternehmens dar.

Das Hauptanliegen dieser Arbeit ist allerdings nicht die isolierte Prüfung der einzelnen in Tabelle 3 aufgeführten Hypothesen. Im vorliegenden Fall erscheint es aufschlussreicher, das Untersuchungsmodell zur Wirkungsweise von Hochschulkooperationen als Ganzes zu testen (vergleiche Abbildung 1) – nicht zuletzt um dem theorienpluralistischen Ansatz adäquat Rechnung zu tragen (Rommelspacher, 2012: 132). Das folgende Kapitel befasst sich nun mit der empirischen Überprüfung des Modells.

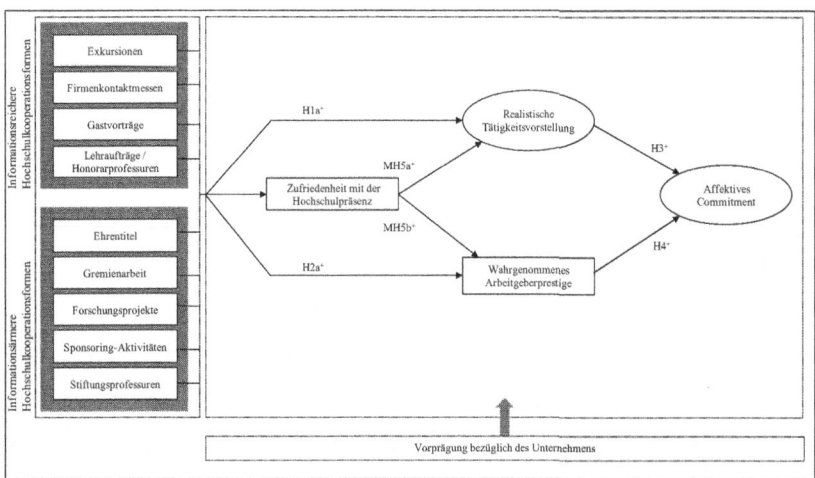

Abbildung 1: Untersuchungsmodell zur Wirkungsweise von Hochschulkooperationen unter Berücksichtigung der Vorprägung bezüglich des Unternehmens

4 Empirische Untersuchung

Das im vorausgegangenen Kapitel konzeptualisierte Modell zur Wirkungsweise von Hochschulkooperationen bildet das Fundament für die im Folgenden dokumentierte empirische Untersuchung. Nach der Vorstellung des methodischen Konzepts (Kapitel 4.1) werden in Kapitel 4.2 die verwendeten Messkonzepte sowie die damit in Zusammenhang stehenden deskriptiven Befunde erläutert. Im Anschluss daran widmet sich das Kapitel 4.3 der Strukturgleichungsanalyse und beschreibt zunächst das Analyseverfahren, bevor in Kapitel 4.4 die Dokumentation der empirischen Ergebnisse folgt.

4.1 Methodisches Konzept der Datenerhebung

4.1.1 Datenbasis

Die im Folgenden dokumentierte empirische Untersuchung wurde bei der Volkswagen AG durchgeführt. Insgesamt wurden die sechs Werke (Wolfsburg, Braunschweig, Hannover, Kassel, Salzgitter und Emden) sowie Zentralfunktionen mit einbezogen. Der Untersuchungsfokus impliziert, dass für die Studie ausschließlich Mitarbeiter in Betracht kommen, die ein Hochschulstudium absolviert haben und in einem unbefristeten Arbeitsverhältnis mit der Volkswagen AG stehen.[117] Des Weiteren werden die Informationen in Bezug auf die Hochschulkooperationen des untersuchten Unternehmens mittels Fragen mit retrospektivem Fokus auf den Zeitraum vor Unternehmenseintritt erhoben. Aus diesem Grund wurden ausschließlich Personen befragt, deren Studium nicht zu weit in der Vergangenheit zurückliegt, da es mit zunehmendem zeitlichem Abstand zwischen Befragungszeitpunkt und Studium für die Befragungsteilnehmer schwieriger wird, sich an Einzelheiten zu erinnern (Stallmann, 1999: 180).

Im Hinblick auf die Einstiegsmöglichkeiten differenziert das Unternehmen zwischen Schülern, Studierenden, Hochschulabsolventen, Berufserfahrenen und Managern. Aufgrund der zuvor genannten Prämissen sind für die vorliegende Untersuchung ausschließlich Mitarbeiter der Kategorie *Hochschulabsolventen* als potenzielle Befragungsteilnehmer von Relevanz. In diese Kategorie fallen sowohl diejenigen Absolventen, die direkt nach ihrem Hochschulabschluss (Bachelor-, Master- oder Diplom-Abschluss) in das Unternehmen einsteigen, als auch Young Professionals, unter die für das betrachtete Unternehmen Hochschulabsolventen mit bis zu drei Jahren berufspraktischer Erfahrung fallen. Vom 1. Januar 2012 bis zum 31. Dezember 2013 hat das Unternehmen insgesamt 949 Hochschulabsolventen eingestellt. Alle 949 eingestellten Hochschulabsolventen erhielten eine Einladung, an der Befragung teilzunehmen. Auf Unternehmensebene handelt es sich daher um eine Vollerhebung (Häder & Häder, 2014: 283; Kromrey & Strübing, 2009: 251). Insgesamt haben 500 Personen an der Befragung teilgenommen. Von den 500 Fragebögen konnten insgesamt 499 Fragebögen (53 % aller versendeten Fragebögen) ausgewertet werden. Eine Person hat den Fragebogen nur unzureichend ausgefüllt, sodass diese aus den weiteren Analysen ausgeschlossen wurde.[118]

---

[117] Praktikanten, studentische Mitarbeiter sowie über Fremdfirmen eingestellte Mitarbeiter finden in der vorliegenden Untersuchung somit keine Berücksichtigung.

[118] Zur Prüfung von Ausreißern wurde über alle Items ein Summenscore berechnet (Bühner, 2006: 33). Zur Visualisierung der Ergebnisse wird auf einen Bloxplot zurückgegriffen (siehe Anhang A).

© Springer Fachmedien Wiesbaden GmbH, ein Teil von Springer Nature 2018
F. M. Bauhoff, *Hochschulkooperationen und die Einstellung von Neueinsteigern zum Unternehmen*, AutoUni – Schriftenreihe 121,
https://doi.org/10.1007/978-3-658-22055-6_4

Um festzustellen, inwieweit der Rücklauf repräsentativ für die Grundgesamtheit ist, wird betrachtet, wie sich die Verteilung einiger relevanter Merkmale bei den Befragungsteilnehmern im Vergleich zu der Grundgesamtheit darstellt (Collins & Stevens, 2002: 1125; Mayer, 2009: 60). Dem Einstellbericht des untersuchten Unternehmens lassen sich Geschlecht, Studienfach und Unternehmensstandort aller neu eingestellten Hochschulabsolventen entnehmen, sodass für diese Merkmale ein χ^2-Test (siehe Anhang B) durchgeführt wurde. Während sich die Befragungsteilnehmer und Nicht-Teilnehmer hinsichtlich des Merkmals *Unternehmensstandort* ($\chi^2 = 3,97$; df = 4, p = 0,410) nicht systematisch voneinander unterscheiden, zeigen die Analyseergebnisse, dass sich hinsichtlich des *Geschlechts* ($\chi^2 = 6,07$; df = 1, $p = 0,014$) und der *Studienrichtung* ($\chi^2 = 85,86$; df = 3, $p = 0,000$) signifikante Unterschiede zwischen den Befragungsteilnehmern und den Nicht-Teilnehmern ergeben. So haben sich überproportional viele Frauen an der Befragung beteiligt. In Bezug auf das Merkmal *Studienrichtung* weist der χ^2-Test darauf hin, dass sich überproportional viele Maschinenbauer an der Befragung beteiligt haben, wohingegen die Beteiligungsquote der Wirtschaftswissenschaftler und sonstigen Akademiker überproportional gering ausfällt.

Ein möglicher Grund für die große Abweichung im Hinblick auf die Studienrichtung könnte in der unternehmensspezifischen Zuordnungssystematik liegen. Diese gibt vor, welche Studienabschlüsse welcher Studienrichtung zuzuordnen sind. Während das Unternehmen Personen mit einem *Diplom im Fahrzeugbau* oder einem *Bachelor of Engineering* in die Kategorie *Sonstige Akademiker* einordnet, würden sich Personen mit diesem Abschluss selbst wohl eher in die Kategorie *Maschinenbau* einordnen.[119]

Da aufgrund der Produktstruktur des untersuchten Unternehmens vor allem Ingenieure im Fokus der Rekrutierungsaktivitäten stehen, ist die Überrepräsentation dieser Gruppe für die vorliegende Untersuchung eher als Vorteil zu betrachten.

Der nachfolgenden Tabelle 4 ist die Verteilung der Merkmale sowohl in der Stichprobe als auch in der Grundgesamtheit zu entnehmen.

Weiterhin lässt sich sagen, dass ein Großteil der Befragungsteilnehmer (42 %) einen Diplomabschluss vorzuweisen hat. 31 % der Befragten haben einen Masterabschluss und 26 % einen Bachelorabschluss. Befragungsteilnehmer mit einem anderen Abschluss (1 %) stellen die kleinste Gruppe dar. Was das Abschlussjahr betrifft, stellt sich die Verteilung wie folgt dar: vor 2010: 8 %, 2010: 7 %, 2011: 19 %, 2012: 48 % und 2013: 18 %. Im Hinblick auf die Abschlussnote lässt sich feststellen, dass der Großteil der Befragungsteilnehmer (44 %) eine Note zwischen 1,5 und 1,9 erreicht hat. 30 % der Befragungsteilnehmer haben eine Abschlussnote zwischen 2,0 und 2,4 und bei 23 % liegt die Note zwischen 1,0 und 1,4. Bei 3 % der Befragungsteilnehmer ist die Abschlussnote schlechter als 2,5. Die Verteilung nach Altersgruppen zeigt, dass 8 % der Befragten der Gruppe 20 bis 24 Jahre angehören und 74 % der Befragten zwischen 25 und 29 Jahre alt sind. Der Gruppe der 30- bis 34-Jährigen können 18 % der Befragten zugeordnet werden.

---

[119] Hierbei handelt es sich um eine Schlussfolgerung, die auf Basis von Gesprächen mit Personen, die einen dieser Abschlüsse absolviert haben, getroffen wird.

Tabelle 4: Deskriptive Betrachtung der Stichprobe und Grundgesamtheit

	Befragungsteilnehmer (N = 499)		Grundgesamtheit (N = 949)	
	Häufigkeit	Prozentualer Anteil	Häufigkeit	Prozentualer Anteil
Geschlecht				
männlich	317	64 %	654	69 %
Weiblich	180	36 %	295	31 %
χ2 = 6,074	df = 1		p = 0,014	
Studienrichtung				
Maschinenbau	146	30 %	151	16 %
Elektrotechnik	23	5 %	33	4 %
Informatik	21	4 %	30	3 %
Wirtschaftswissenschaften / Sonstige Akademiker	280	58 %	735	77 %
χ2 = 85,864	df = 3		p = 0,000	
Standort				
Braunschweig	17	4 %	26	3 %
Hannover	24	3 %	33	4 %
Kassel	40	6 %	73	8 %
Salzgitter	10	3 %	21	2 %
Wolfsburg/Emden	405	84 %	796	84 %
χ2 = 3,972	df = 4		p = 0,410	

Von den 499 Befragungsteilnehmern haben 470 Befragungsteilnehmer angegeben, ihren höchsten akademischen Abschluss in Deutschland erworben zu haben. Da in der vorliegenden Untersuchung der Fokus auf Hochschulkooperationen mit nationalen Hochschulen liegt, werden in den weiteren Analysen ausschließlich die 470 Befragungsteilnehmer berücksichtigt, die ihren höchsten akademischen Abschluss in Deutschland erworben haben. Über diejenigen Befragungsteilnehmer, die ihren höchsten akademischen Abschluss in Deutschland erworben haben und eine Angabe zur Hochschule gemacht haben (N=459), lässt sich sagen, dass sie insgesamt von 110 unterschiedlichen Hochschulen in Deutschland stammen.

Abbildung 2 gibt einen Überblick über die geografische Verteilung dieser Hochschulen.

Weiterhin lässt sich festhalten, dass die Anzahl von eingestellten Absolventen pro Hochschule sehr stark variiert (siehe Abbildung 3) und viele der eingestellten Absolventen ihren Abschluss insbesondere an einer der Hochschulen im regionalen Umfeld der sechs Werke erworben haben.

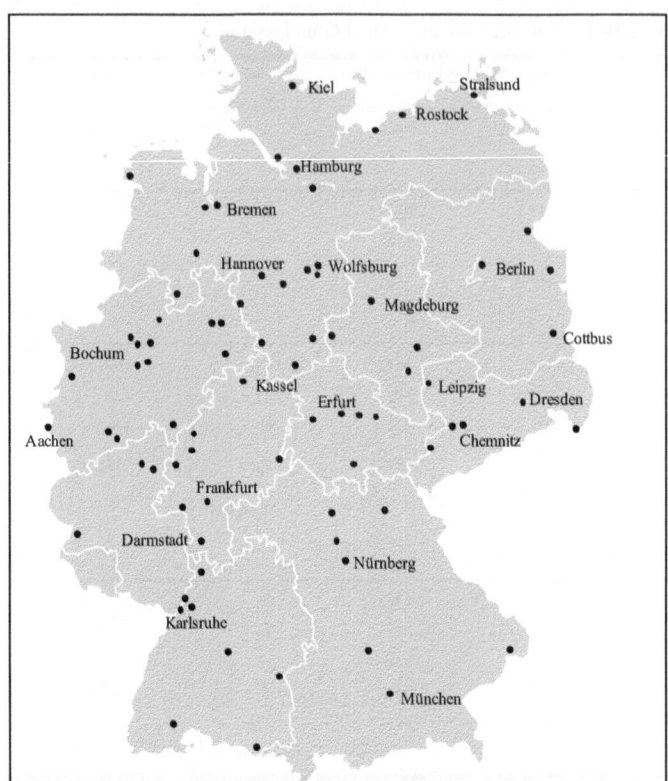

Abbildung 2: Geografische Verteilung der deutschen Hochschulen

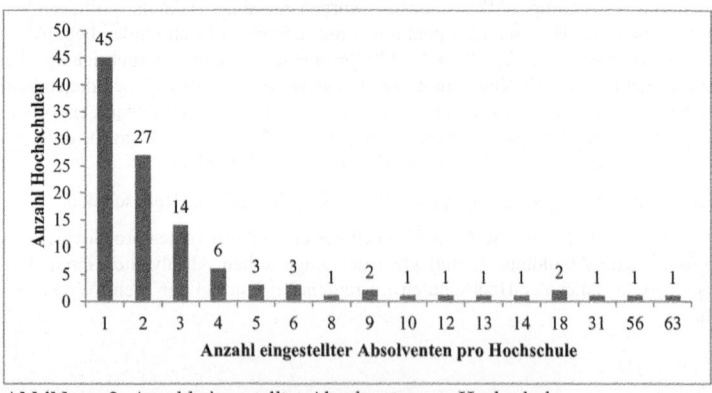

Abbildung 3: Anzahl eingestellter Absolventen pro Hochschule

4.1.2 Schriftliche Befragung als Erhebungsinstrument

Laut Diekmann (2007: 434) ist die Methode der Befragung „zur Erforschung von Einstellungen und Meinungen [...] unverzichtbar" und kommt daher auch in der vorliegenden Untersuchung zum Einsatz. Nach dem Erhebungsmodus lassen sich drei Grundformen der Befragung unterscheiden: das persönliche Interview, das telefonische Interview und die schriftliche Befragung (Diekmann, 2007: 434 ff.; Porst, 1998: 15). Unter Anonymitätsgesichtspunkten[120] kommt für die vorliegende Mitarbeiterbefragung einzig die schriftliche Befragung als Erhebungsmethode in Betracht. Daneben sprechen aber auch weitere Gründe für den Einsatz einer schriftlichen Befragung. Die schriftliche Befragung bietet gegenüber dem persönlichen sowie telefonischen Interview den Vorteil, dass die Antworten aufgrund der höher wahrgenommenen Anonymität sowie der Tatsache, dass die Befragungsteilnehmer den Beantwortungszeitpunkt weitestgehend selbst bestimmen können, als ehrlicher, gewissenhafter und besser durchdacht gelten (Porst, 1998: 15). Die Selbstbestimmtheit bezüglich des Beantwortungszeitpunkts ist nicht zuletzt auch deshalb wichtig, da es sich bei den Befragungsteilnehmern um Mitarbeiter handelt, die den Fragebogen ausschließlich während der Arbeitszeit ausfüllen können (zu den Gründen siehe Abschnitt 4.1.5) und das Ausfüllen des Fragebogens nicht durch etwaige Termingebundenheit mit dem Tagesgeschäft kollidieren soll. Des Weiteren bietet die schriftliche Befragung den Vorteil, dass sie meist in kürzerer Zeit und mit weniger Personalaufwand durchgeführt werden kann, gleichzeitig aber eine größere Zahl an Befragten erreicht werden kann (Atteslander & Cromm, 2010: 157). Somit zeigt sich die gewählte Erhebungsmethode auch aus forschungspragmatischen Gründen als vorteilhaft, da die für die Auswertungsmethode geforderte Mindeststichprobengröße[121] bei einer Erhebung mittels persönlicher oder telefonischer Interviews mit den zur Verfügung stehenden personellen Ressourcen nicht realisierbar gewesen wäre.

Für die Befragungsdurchführung wird eine Online-Befragung[122] einer papiergestützten Befragung vorgezogen. Online-Befragungen haben im Gegensatz zu Paper-and-Pencil-Befragungen den Vorteil, dass sie schneller durchführbar sind, sich geografisch leichter streuen lassen und die Auswertungen direkt und unmittelbar nach Beendigung der Umfrage erstellt werden können[123] (Diekmann, 2007: 522; Liebig & Müller, 2005: 211; Porst, 1998: 16). Weiterhin sind Online-Befragungen in den meisten Fällen kostengünstiger als papiergestützte Befragungen (Diekmann, 2007: 522) und bieten durch den Einsatz einer entsprechenden Filterführung den Vorteil, dass die Befragten ausschließlich die für sie bestimmten Fragen dargeboten bekommen (Liebig & Müller, 2005: 211; Müller, Bungard, Jöns & Liebig, 2007: 44), sodass sich die Befragungszeit reduzieren lässt.

---

[120] Aufgrund unternehmensinterner Vorgaben ist gemäß den analytischen Zielen dieser Studie ein Höchstmaß an Anonymität zu wahren, das heißt, persönliche oder telefonische Interviews kommen nicht in Betracht.

[121] Für die Kovarianzstrukturanalyse (siehe Abschnitt 4.3.2) wird allgemein eine Mindeststichprobengröße von 200 Fällen empfohlen (Chin & Newsted, 1999: 314).

[122] Eine Online-Befragung kann als Sonderform der schriftlichen Befragung angesehen werden (Diekmann, 2007: 521 f.).

[123] Nach der Erstellung des Fragebogens kann dieser schnell per E-Mail versendet werden. Die Vorlaufzeit für den Druck und Versand entfällt bei Online-Befragungen und nach Abschluss der Umfrage liegen die Daten bereits in elektronischer Form vor, sodass es wesentlich einfacher ist, diese weiterzuverarbeiten. Der Schritt der manuellen oder elektronischen Datenerfassung entfällt somit bei Online-Befragungen (Liebig & Müller, 2005: 211; Müller, Bungard, Jöns & Liebig, 2007: 44).

Der oftmals in Verbindung mit einer Online-Befragung angeführte Nachteil hinsichtlich der Stichprobenziehung und die damit einhergehende Repräsentativitätsproblematik (Diekmann, 2007: 523 ff.) treffen bei der vorliegenden Mitarbeiterbefragung nicht zu. Auch die anzuführenden Nachteile wie mögliche Zugangsprobleme zu Computern oder Unerfahrenheit im Umgang mit Computern (Diekmann, 2007: 528; Liebig & Müller, 2005: 212) treffen für die Zielpopulation *Hochschulabsolventen* nicht zu. Es ist vielmehr davon auszugehen, dass die Altersgruppe der Hochschulabsolventen einen Online-Fragebogen gegenüber einer papiergestützten Befragung favorisiert.

4.1.3 Pretest

Bei Online-Befragungen ist es nicht möglich, auf Rückfragen oder auftretende Verständnisprobleme der Befragungsteilnehmer direkt einzugehen (Diekmann, 2007: 514). Da aber etwaige Verständnisprobleme zur Nichtbeantwortung einer Frage oder gar zum Abbruch der gesamten Befragung führen können, ist es wichtig, den Fragebogen vor seinem Einsatz in der Hauptuntersuchung in einem Pretest zu überprüfen. Grundsätzlich existieren aber keine konkreten Richtlinien zur Durchführung eines Pretests (Porst, 1998: 35). Im Rahmen der vorliegenden Untersuchung wurde der Fragebogen vor seinem endgültigen Einsatz im Feld in einem zweistufigen Verfahren überprüft. Primäres Ziel des Pretests war es, Probleme hinsichtlich der Verständlichkeit sowie Schwierigkeiten bei der Beantwortung einzelner Fragen aufzudecken. Weiterhin diente der Pretest der Ermittlung der durchschnittlichen Befragungszeit (Kromrey & Strübing, 2009: 384).

In einem ersten Schritt wurde mit insgesamt sechs Mitarbeitern des untersuchten Unternehmens ein Pretest in seiner „Standard"-Version durchgeführt (Kromrey & Strübing, 2009: 384). Hierzu wurde den Mitarbeitern der Entwurf des Fragebogens zum selbstständigen Ausfüllen vorgelegt. Direkt im Anschluss wurde der Fragebogen gemeinsam mit dem Befragten durchgegangen, um missverständliche oder unverständliche Items herauszufiltern sowie mögliche unangenehme Fragen aufzudecken. Den Anmerkungen folgend wurden kleine Änderungen hinsichtlich der Wortwahl vorgenommen, um die Verständlichkeit und Eindeutigkeit der Formulierungen zu erhöhen.

In einem zweiten Schritt wurde der Fragebogen einer Expertenrunde[124] zur Begutachtung vorgelegt. Infolgedessen wurde der Fragebogen ein weiteres Mal geringfügig modifiziert. Bei einzelnen Items wurden die Formulierungen stärker an das unternehmensspezifische Vokabular angepasst. Des Weiteren wurde zur Erhöhung der Benutzerfreundlichkeit zum einen die Reihenfolge einzelner Item-Batterien zugunsten eines chronologischen Aufbaus geändert und zum anderen das Antwortformat sowie die Anzahl an Antwortalternativen vereinheitlicht. Abschließend wurde die ursprüngliche Skala zur Messung des affektiven Commitments, der Expertenempfehlung folgend, verworfen und stattdessen die Subskala *Organisationales Commitment affektiv* von Felfe, Six, Schmook & Knorz (2014) herangezogen.[125] Insgesamt lässt sich festhalten, dass die Resultate des Pretests zufriedenstellend waren und der Fragebogen durch die beschriebenen Modifikationen schließlich seinen finalen Reifegrad erreichte.

---

[124] In dem untersuchten Unternehmen gibt es eine Abteilung, die für die wissenschaftliche Begleitung von Mitarbeiterbefragungen zuständig ist.

[125] Die Empfehlung wurde auf Basis von Erfahrungswerten innerhalb des Unternehmens ausgesprochen (Sturm, 2011). Kapitel 4.2 geht im Detail auf die Operationalisierung der Modellvariablen ein.

4.1.4 Aufbau des Fragebogens

Der finale Fragebogen umfasst insgesamt fünf Seiten und deckt ein breiteres Spektrum an potenziellen Fragestellungen ab, als für die empirische Prüfung des in Kapitel 3 hergeleiteten Hypothesengerüsts erforderlich gewesen wäre. Dies lässt sich damit begründen, dass neben den wissenschaftlichen Ansprüchen auch betriebliche Interessenlagen im Fragebogen Berücksichtigung fanden.

Bei der Konstruktion des Fragebogens wurde, soweit es möglich war, auf etablierte Skalen zurückgegriffen (Bortz & Döring, 2006: 253). Einige der entliehenen Itemformulierungen sind allerdings auf den vorliegenden Untersuchungskontext sowie auf die Sprachgewohnheiten der zu untersuchenden Zielpopulation angepasst worden (Bortz & Döring, 2006: 253; Lang, 2013: 140). Um darüber hinaus die Verständlichkeit zu erhöhen und die Bearbeitung zu erleichtern, ist der Fragebogen modular aufgebaut; das heißt, die Fragen sind zu thematischen Blöcken zusammengefasst (Müller et al., 2007: 34). Bis auf eine Ausnahme[126] enthält der Fragebogen ausschließlich geschlossene Fragen, das heißt mit vorgegebenen Antwortalternativen.[127] Um die Aufmerksamkeit der Befragten beim Ausfüllen des Fragebogens aufrechtzuerhalten sowie die Problematik der Zustimmungstendenz einzudämmen, enthält der Fragebogen invertierte Items (Negativformulierungen) (Jonkisz, Moosbrugger & Brandt, 2012: 61).

Die Befragten können ihre Antworten überwiegend auf einer siebenstufigen endpunktbenannten Antwortskala[128] von „trifft überhaupt nicht zu" bis „trifft vollständig zu" einordnen. Die Entscheidung für dieses Antwortformat lässt sich zum einen damit begründen, dass bei endpunktbenannten Skalen unterstellt werden kann, dass die Abstände zwischen den Antwortalternativen jeweils identisch sind und die Variable somit intervallskaliert[129] ist (Mummendey & Grau, 2008: 79 f.; Porst, 2014: 73; 80). Zum anderen ermöglicht eine siebenstufige Skala eine ausreichende Differenzierung der Antworten, ohne jedoch die Diskriminierungsfähigkeit der Befragten zu überstrapazieren (Porst, 2014: 94).

4.1.5 Durchführung der Hauptuntersuchung

Nach entsprechender finaler Genehmigung durch das Unternehmen erfolgte die Datenerhebung für die Studie im Zeitraum vom 27.01.2014 bis zum 14.02.2014 über das Online-Befragungstool EvaSys V5.1. Dieses Online-Befragungstool wurde verwendet, da es in dem untersuchten Unternehmen etabliert und somit den meisten Mitarbeitern vertraut ist. Nachdem das Personalwesen eine Liste mit den E-Mail-Adressen aller potenziellen Befragungsteilnehmer (siehe Abschnitt 4.1.1) zur Verfügung gestellt hat, wurden diese am 27.01.2014 mittels einer systemgenerierten E-Mail kontaktiert und gebeten, das Forschungsvorhaben zu unterstützen. Die E-Mail beinhaltete neben einem individuellen Zugangslink zum Fragebogen In-

---

[126] „An welcher Hochschule haben Sie Ihren höchsten akademischen Abschluss erworben?".

[127] Geschlossene Fragen haben gegenüber offenen Fragen den Vorteil, dass sie eine höhere Objektivität aufweisen und die Auswertung des Fragebogens erheblich vereinfachen (Bortz & Döring, 2006: 254; Mummendey & Grau, 2008: 75).

[128] Bei einer endpunktbenannten Antwortskala entfällt die verbale Verankerung jeder Antwortalternative und es werden lediglich der Anfangs- und der Endpunkt der Skala definiert (Mummendey & Grau, 2008: 79).

[129] Um einer Debatte über die Haltbarkeit der Annahme der Intervallskaliertheit vorzugreifen, sei an dieser Stelle angemerkt, dass es sich in der Forschungspraxis durchgesetzt hat, mehrstufige Fragebogen-Items als intervallskaliert zu betrachten (Mummendey & Grau, 2008: 81).

formationen zu den wesentlichen Inhalten und Zielen der Untersuchung, Instruktionen zum Ausfüllen des Fragebogens, Hinweise zum Datenschutz sowie die Kontaktdaten der Autorin für etwaige Rückfragen. Der individuelle Zugangslink wurde gegenüber der Alternative, bei der jeder Teilnehmer einen eigenen Zugangscode erhält, bevorzugt, da die Vergabe von Zugangscodes die Wahrnehmung der Anonymität unterminiert (Müller et al., 2007: 46). Am 5. Februar 2014 erfolgte nach acht Arbeitstagen[130] eine Nachfassaktion, indem diejenigen Befragungsteilnehmer, die bis dato den Fragebogen noch nicht ausgefüllt hatten, per systemgenerierter E-Mail an die Umfrage erinnert wurden (Bortz & Döring, 2006: 258). Die Mitarbeiter hatten ausschließlich während der Arbeitszeit die Möglichkeit, an der Befragung teilzunehmen, da das Abrufen des elektronischen Fragebogens eine Verbindung mit dem unternehmenseigenen Netzwerk erforderte. Die Teilnahme an der Befragung war freiwillig und erfolgte in anonymisierter Form. Um die Benutzerfreundlichkeit zu erhöhen und gleichzeitig Antwortausfälle zu minimieren, wurde auf jeder Seite eine Fortschrittsanzeige eingeblendet, sodass die Teilnehmer die Fragebogenlänge und damit einhergehend die Bearbeitungszeit abschätzen konnten (Maurer & Jandura, 2009: 68).

Da es sich um einen selbstauszufüllenden Fragebogen inklusive schriftlicher Instruktionen handelt, der überwiegend standardisierte Antwortskalen beinhaltet (siehe Kapitel 4.2), kann die Durchführungsobjektivität in ausreichendem Maße als gegeben angesehen werden (Rammstedt, 2004: 3).

4.2 Operationalisierung der Modellvariablen

4.2.1 Hochschulkooperationen als unabhängige Variablen

Als unabhängige Variablen gehen die folgenden Hochschulkooperationsformen in die Untersuchung ein: Exkursionen, Firmenkontaktmessen, Sponsoring-Aktivitäten, Gastvorträge, Lehrbeauftragte/Honorarprofessoren, Stiftungsprofessur, Gremienarbeit, Ehrentitel und Forschungsprojekte. Jene Formate haben sich in den Felduntersuchungen des betrachteten Unternehmens als wichtige Kooperationsformen herausgestellt. Die Befragungsteilnehmer sollen angeben, welche der neun Hochschulkooperationsformen ihnen aus ihrem zurückliegenden Studium heraus bekannt sind und wie sie diese gegebenenfalls beurteilen (siehe Tabelle 5). Ihre Einschätzung können die Befragten auf einer fünfstufigen Skala von *negativ* bis *positiv* abgeben oder im Falle der Unbekanntheit die hierfür vorgesehene Antwortoption *trifft nicht zu/ist mir nicht bekannt* auswählen (Mehrfachantworten waren an dieser Stelle nicht möglich) (Thielsch et al., 2012: 4 f.). Die einzelnen Hochschulkooperationsformen gehen schließlich als Dummy-Variablen[131] in die Analyse ein.

---

[130]   Hinsichtlich des genauen Zeitpunktes einer Nachfassaktion werden in der Literatur verschiedene Auffassungen vertreten (Bortz & Döring, 2006: 258). Während eine zu früh stattfindende Nachfassaktion auch diejenigen ansprechen könnte, die sowieso noch antworten wollen, könnte eine zu späte Nachfassaktion auf Unverständnis stoßen, wenn sich die angeschriebenen Personen nicht mehr an den Aufruf zur Befragung erinnern können. Auf eine nach 8 bis 10 Tagen stattfindende Nachfassaktion dürften die vorherigen Bedenken nicht zutreffen (Bortz & Döring, 2006: 258).

[131]   Die Dummy-Variablen nehmen den Wert eins an, wenn die jeweilige Hochschulkooperationsform dem Befragten bekannt ist, und nehmen den Wert null an, wenn die jeweilige Hochschulkooperationsform dem Befragten unbekannt ist.

Tabelle 5: Bekanntheit und Bewertung der Hochschulkooperationsformen

| | % bekannt | Bewertung | |
		M	SD
Exkursionen	62	3,04	1,76
Firmenkontaktmessen	67	3,56	1,55
Gastvorträge	61	3,28	1,75
Lehraufträge/Honorarprofessuren	52	2,93	1,80
Ehrentitel	27	2,09	1,64
Gremienarbeit	26	1,43	1,06
Forschungsprojekte	52	3,48	1,62
Sponsoring-Aktivitäten	45	2,39	1,62
Stiftungsprofessuren	25	1,68	1,35

Anmerkungen: Die Bewertungsskala reicht von 1 = negativ bis 5 = positiv.

4.2.2 Mediatorvariablen

Realistische Tätigkeitsvorstellung. Die realistische Tätigkeitsvorstellung wird im Rahmen dieser Arbeit in Anlehnung an Feldman (1976: 434) als „extent to which individuals have a full and accurate picture of what life in the organization is really like" definiert. Grundsätzlich gibt es zwei alternative Vorgehensweisen zur Messung der realistischen Tätigkeitsvorstellung. Ob und wenn ja, inwieweit die Erfahrungen der Mitarbeiter von ihren Erwartungen vor Unternehmenseintritt abweichen, lässt sich zum einen mittels retrospektiv ausgerichteter Fragen ermitteln und zum anderen, indem die Erwartungen an das Unternehmen während der Bewerbungsphase (Messzeitpunkt 1) mit den Erfahrungen nach Unternehmenseintritt (Messzeitpunkt 2) abgeglichen werden. In den meisten Studien wird auf die erste Variante zurückgegriffen (Moser, 2005: 194; Wotruba & Tyagi, 1991: 26 ff.). Retrospektive Fragen erweisen sich insbesondere dann als sinnvoll, wenn der Fokus darauf liegt, die wahrgenommene und nicht die objektiv vorgefundene Differenz zwischen den Erwartungen und Erfahrungen festzustellen (Moser, 2005: 195).

In der vorliegenden Studie wird die realistische Tätigkeitsvorstellung daher anhand von retrospektiven Fragen erfasst. Die Operationalisierung erfolgt in Anlehnung an Feldman (1976: 451) beziehungsweise Saks (1994: 232) über drei auf den vorliegenden Kontext adaptierte Items. Die Befragten sollen einschätzen, inwieweit ihre Erwartungen an das Arbeitsumfeld und die konkrete Tätigkeit auch tatsächlich erfüllt werden (zum Beispiel „Bei Volkswagen zu arbeiten ist genauso, wie ich es im Vorfeld erwartet hatte"). Die Zustimmung ist von den Befragten auf einer siebenstufigen Skala von *trifft überhaupt nicht zu* bis *trifft vollständig zu* abzugeben. Die Mittelwerte, Standardabweichungen und Korrelationen der zugehörigen Items können Tabelle 6 entnommen werden.

Tabelle 6: Mittelwerte, Standardabweichungen und Korrelationen der Items zur Erfassung der realistischen Tätigkeitsvorstellung

Item	M	SD	1	2	3
1 Meine Tätigkeit bei Volkswagen hatte ich mir genauso vorgestellt.	4,92	1,34	1		
2 Ich hatte keine realistische Vorstellung davon, wie es sein würde, bei Volkswagen zu arbeiten.	3,42	1,82	-0,25***	1	
3 Bei Volkswagen zu arbeiten ist genauso, wie ich es im Vorfeld erwartet hatte.	4,73	1,41	0,71***	-0,37***	1

Anmerkungen: Die zugrunde liegenden Items sind auf einer siebenstufigen Antwortskala zu beurteilen, 1 = trifft überhaupt nicht zu, 7 = trifft vollständig zu; ***$P < 0,01$.

Wahrgenommenes Arbeitgeberprestige. In der vorliegenden Untersuchung spiegelt das wahrgenommene Arbeitgeberprestige die Einschätzung der Befragten wider, inwieweit sie glauben, dass ihr Arbeitgeber an der Hochschule, an der sie ihren letzten akademischen Abschluss erworben haben, als attraktiver Arbeitgeber wahrgenommen wird. Da das Studium der Befragungsteilnehmer zum Befragungszeitpunkt bereits einige Zeit zurückliegt (siehe Abschnitt 4.1.1) und mit dem Wechsel von der Hochschule in das Berufsleben ein neuer Lebensabschnitt für die Befragungsteilnehmer begonnen hat, ist davon auszugehen, dass die Befragungsteilnehmer keine aktuelle Einschätzung vornehmen können beziehungsweise sich gedanklich in ihre Studienzeit zurückversetzen müssen, um eine entsprechende Einschätzung vornehmen zu können. Das Fragebogenitem besitzt damit retrospektiven Charakter.

Die Operationalisierung des wahrgenommenen Arbeitgeberprestiges erfolgt in Anlehnung an Turban (2001: 301). Neben der Übersetzung ins Deutsche wird das als Frage formulierte Originalitem[132] zu einem Statement-Item („An meiner Hochschule gilt Volkswagen als besonders attraktiver Arbeitgeber") transformiert, um einen einheitlichen Duktus innerhalb des Fragebogens zu gewährleisten. Die Befragten werden gebeten, ihre Einschätzung über die siebenstufige Skala mit den Endpunkten *trifft überhaupt nicht zu* und *trifft vollständig zu* abzugeben ($M = 5,51$, $SD = 1,31$).

Zufriedenheit mit der Hochschulpräsenz. Um zu erfahren, inwieweit die Befragten mit der Hochschulpräsenz des untersuchten Unternehmens an ihrer Hochschule zufrieden waren, wird ein eigens für die vorliegende Untersuchung erstelltes Single Item herangezogen.[133] Für die inhaltliche Beschreibung des Items kann allerdings auf die in der Literatur vorgenommene Konzeptualisierung von Arbeitszufriedenheit zurückgegriffen werden. Cranny Smith & Stone (1992: 1) zufolge lassen sich aus den vielen unterschiedlichen Definitionen von Arbeitszufriedenheit zwei Kernelemente extrahieren. Zum einen lässt sich Arbeitszufriedenheit als af-

---

[132]   In der Untersuchung von Turban (2001) soll das Universitätspersonal die Frage „Overall, how would you evaluate (firm's) image on campus as an employer?" beantworten. Die fünfstufige Bewertungsskala reicht von *1 – very poor* bis *5 – very good.*

[133]   Trotz anhaltender Kritik (Baumgartner & Homburg, 1996: 144) kommt im vorliegenden Fall ein Single Item zum Einsatz, da sich gezeigt hat, dass unter bestimmten Bedingungen Single-Item-Messungen sogar geeigneter sind (Bergkvist & Rossiter, 2007; Fuchs & Diamantopoulos, 2009: 197 ff.). Insbesondere Einzelfragen zur Gesamtbeurteilung haben sich in der Vergangenheit als valide herausgestellt (siehe dazu Bretz & Thompsett, 1992; Nagy, 2002: 85; Scarpello & Campbell, 1983: 577; Wanous & Hudy, 2001).

fektive Reaktion einer Person gegenüber ihrer Arbeit bestimmen und zum anderen ergibt sich Arbeitszufriedenheit aus einem Soll-Ist-Vergleich zwischen den Erwartungen an die Arbeitstätigkeit und der tatsächlichen Arbeitssituation.[134] Dieses Verständnis von Arbeitszufriedenheit lässt sich auf das hier vorliegende Single Item *Zufriedenheit mit der Hochschulpräsenz* übertragen. Demzufolge ist die Zufriedenheit mit der Hochschulpräsenz zum einen als affektive Einstellung der Studierenden gegenüber den unterschiedlichen Hochschulkooperationen zu verstehen und zum anderen stellt sie das Ergebnis eines Soll-Ist-Vergleichs zwischen den Erwartungen der Studierenden an die Kooperationen zwischen Unternehmen und Hochschule und den tatsächlich gemachten Erfahrungen dar.

Das Single Item zur Zufriedenheitsmessung („Mit der Präsenz von Volkswagen an meiner Hochschule war ich zufrieden") wird in Anlehnung an Scarpello & Campbell (1983) operationalisiert.[135] Die Befragungsteilnehmer können ihre Zustimmung zu diesem Indikator auf einer siebenstufigen Skala von *trifft überhaupt nicht zu* bis *trifft vollständig zu* abgeben ($M = 3,1$, $SD = 1,96$). Die Abfrage nach der Zufriedenheit mit der Hochschulpräsenz findet bewusst erst nach der Bewertung der einzelnen Hochschulkooperationsformen statt. Beutin (2008: 147) weist in diesem Zusammenhang auf einen aus psychologischen Studien (Bickart, 1993; Feldman & Lynch, 1988) bekannten Effekt hin:

„Menschen haben nur zu wenigen Objekten eine konkrete Meinung im Gedächtnis gespeichert, die sie bei Bedarf abrufen. In den meisten Fällen [...] bilden Menschen konkrete Urteile erst in dem Augenblick, in dem sie dazu aufgefordert werden. Eine Befragung löst so erst einen Prozess der Urteilsbildung aus, bei dem vage Eindrücke und Erinnerungen aus dem Gedächtnis zu einem Gesamturteil verknüpft werden".

Wird das Gesamturteil, wie im vorliegenden Fall, also erst im Nachgang der Detailfragen erhoben, ist davon auszugehen, dass die Befragungsteilnehmer mehr Aspekte bei dessen Bildung berücksichtigen und das Urteil entsprechend als stärker reflektiert und möglicherweise weniger willkürlich angesehen werden kann. Zusätzlich lässt ein Single Item dem Befragten aber den Freiraum, in sein Gesamturteil nur die für ihn relevanten Aspekte inklusive individueller Gewichtung einzubeziehen (Boer, Van Lanschot, Stalmeier, Van Sandick, Hulscher, Haes & Sprangers, 2004: 319).

4.2.3 *Affektives Commitment als Zielkonstrukt*

Zur Operationalisierung des affektiven Commitments gegenüber dem Unternehmen wird die Subskala *Organisationales Commitment affektiv* des Fragebogens zur Erfassung von affektivem, kalkulatorischem und normativem Commitment gegenüber der Organisation, dem Beruf/der Tätigkeit und der Beschäftigungsform (Felfe et al., 2014) herangezogen. Das Instrument geht auf die Skalen zur Erfassung des organisationalen Commitments von Meyer & Allen (1990) sowie der deutschen Übersetzung von Schmidt, Hollmann & Sodenkamp (1998) zurück. Die Reliabilität und Validität der Messskala konnte bereits in einigen Studien abgesichert werden (zum Beispiel bei Thaler 2013 und Sturm 2011). Die fünf Items werden geringfügig modifiziert; das heißt, der Begriff *Organisation* wird durch den Unternehmensnamen ersetzt, um den organisationsbezogenen Besonderheiten gerecht zu werden. Ein Beispielitem

---

[134] Das Prinzip des Soll-Ist-Vergleichs lässt sich auch als Confirmation-Disconfirmation-Paradigma bezeichnen.

[135] Das Originalitem bezieht sich auf die allgemeine Arbeitszufriedenheit („Overall, how satisfied are you with your job?") (Scarpello & Campbell, 1983: 584).

ist: „Ich wäre sehr froh, mein weiteres Arbeitsleben bei Volkswagen verbringen zu können".[136] Des Weiteren wird die Antwortskala um zwei Abstufungen erweitert, sodass die Befragten ihre Zustimmung, analog zu den anderen Fragebogenitems, auf einer siebenstufigen
Antwortskala von *trifft überhaupt nicht zu* bis *trifft vollständig zu* abgeben könen.

Die Mittelwerte, Standardabweichungen und Korrelationen der zugehörigen Items können
Tabelle 7 entnommen werden.

Tabelle 7: Mittelwerte, Standardabweichungen und Korrelationen der Items zur Erfassung
des affektiven Commitments

Item	M	SD	1	2	3	4	5
1 Ich wäre sehr froh, mein weiteres Arbeitsleben bei Volkswagen verbringen zu können.	6,13	1,04	1				
2 Ich fühle mich emotional nicht sonderlich mit Volkswagen verbunden.	2,37	1,39	-0,41***	1			
3 Ich bin stolz darauf, Volkswagen anzugehören.	6,16	1,04	0,62***	-0,56***	1		
4 Ich empfinde ein starkes Gefühl der Zugehörigkeit zu Volkswagen.	5,30	1,32	0,57***	-0,52***	0,71***	1	
5 Ich denke, dass meine Wertvorstellungen zu denen von Volkswagen passen.	5,41	1,10	0,52***	-0,37***	0,52***	0,60***	1

Anmerkungen: Die zugrunde liegenden Items sind auf einer siebenstufigen Antwortskala zu beurteilen, 1 =
trifft überhaupt nicht zu, 7 = trifft vollständig zu;
***$P < 0,01$.

4.2.4 Vorprägung in Bezug auf das Unternehmen als Kontrollvariable

Um die Aussagekraft der Ergebnisse dieser Untersuchung sicherzustellen, wird zusätzlich
eine Kontrollvariable berücksichtigt. Aufgrund von unternehmensspezifischen Gegebenheiten, wie zum Beispiel den Tatsachen, dass nicht selten Eltern oder andere Familienangehöri-
gen ebenfalls für das Unternehmen arbeiten, das untersuchte Unternehmen im Hinblick auf
die Unternehmensmarke sehr bekannt ist (Kanitz, 2013: 166) und bereits von Schülern als
attraktiver Arbeitgeber wahrgenommen wird[137], wird eine eigens entwickelte Skala *Vorprägung bzgl. Unternehmen* herangezogen. Diese soll die eventuelle positive Wahrnehmung des
Unternehmens durch vorherige, das heißt vor dem Studium liegende Prägungen erfassen. Insgesamt umfasst die Skala fünf Items. Die Befragten können ihre Zustimmung auf einer siebenstufigen Skala von *trifft überhaupt nicht zu* bis *trifft vollständig zu* abgeben.

---

[136]   Das Originalitem lautet: „Ich wäre sehr froh, mein weiteres Arbeitsleben in dieser Organisation verbringen
zu können."

[137]   Dies lässt sich daraus ableiten, dass die Volkswagen AG in einer kommerziellen Studie, die sich mit der
Erstellung von Arbeitgeberrankings auf Basis der Meinung von Schülern beschäftigt, auf den vorderen
Plätzen vertreten ist (trendence Institut GmbH, 2015).

Aus Tabelle 8 können die Mittelwerte, Standardabweichungen und Korrelationen der zugehörigen Items entnommen werden.

Tabelle 8: Mittelwerte, Standardabweichungen und Korrelationen der Items zur Erfassung der Vorprägung bzgl. Unternehmen

Item	M	SD	1	2	3	4	5
1 Bei Autos war Volkswagen immer meine erste Wahl bzw. wäre meine erste Wahl gewesen.	5,07	1,67	1				
2 Bereits vor meinem Studium war Volkswagen eines der ersten Unternehmen, das mir in den Sinn kam, wenn ich an meinen zukünftigen Arbeitgeber gedacht habe.	4,42	2,08	0,41***	1			
3 Die Marke Volkswagen hat mich schon immer sehr angesprochen.	5,34	1,48	0,65***	0,61***	1		
4 Vor meinem Studium hatte ich keinen besonderen Bezug zu der Marke Volkswagen.	3,22	1,97	-0,53***	-0,51***	-0,58***	1	
5 Bereits vor meinem Studium habe ich mich sehr für das Unternehmen Volkswagen interessiert.	4,39	1,86	0,50***	0,73***	0,64***	-0,61***	1

Anmerkungen: Die zugrunde liegenden Items sind auf einer siebenstufigen Antwortskala zu beurteilen, 1 = trifft überhaupt nicht zu, 7 = trifft vollständig zu; ***$P < 0,01$.

4.3 Methodische Grundlagen der Strukturgleichungsanalyse

Die Strukturgleichungsanalyse umfasst verschiedene statistische Verfahren, die es ermöglichen, ein theoretisch oder sachlogisch fundiertes Hypothesensystem zu überprüfen. Dabei können sowohl Beziehungszusammenhänge zwischen direkt messbaren Variablen (manifesten Variablen) als auch zwischen nicht direkt messbaren Variablen (latenten Variablen) modelliert werden. Im ersten Fall wird von Strukturgleichungsmodellen mit manifesten Variablen gesprochen und im zweiten Fall von Strukturgleichungsmodellen mit latenten Variablen (Weiber & Mühlhaus, 2014: 21 ff.). Des Weiteren ist es im Rahmen der Strukturgleichungsanalyse möglich, komplexe Wirkungszusammenhänge, das heißt Wechselbeziehungen sowie gestufte Abhängigkeiten zwischen Variablen zu überprüfen (Homburg, 1992: 500).[138] Insbesondere aufgrund der zuvor genannten Charakteristika gilt die Strukturgleichungsanalyse als etablierte und verlässliche Auswertungsmethode in der Wirtschafts- und Sozialforschung (Götz & Liehr-Gobbers, 2004: 714) und kommt seit einiger Zeit entsprechend häufig zum Einsatz (Baum & Kabst, 2011; Cable & Turban, 2003; Jones et al., 2014).

---

[138] Die Strukturgleichungsanalyse ermöglicht so die Unterscheidung zwischen direkten und indirekten Effekten.

Aufgrund der Relevanz für den vorliegenden Kontext konzentrieren sich die weiteren Be-
trachtungen auf Strukturgleichungsmodelle mit latenten Variablen.[139] Bevor näher auf das
verwendete Analyseverfahren eingegangen wird (Kapitel 4.3.2), sollen zunächst in Kapitel
4.3.1 die formalen Bestandteile eines Strukturgleichungsmodells erläutert werden.

4.3.1 Elemente eines Strukturgleichungsmodells

Ein Strukturgleichungsmodell wird üblicherweise in einem Pfaddiagramm (siehe Abbildung
4) spezifiziert[140] und besteht aus verschiedenen Teilmodellen: einem Strukturmodell und den
Messmodellen. Das Strukturmodell bildet die Zusammenhänge zwischen den latenten Variablen[141] ab. Dabei werden abhängige latente Variablen als endogene Variablen und unabhängige
latente Variablen als exogene Variablen bezeichnet. Sofern eine endogene Variable sowohl
abhängige als auch unabhängige Variable ist, wird sie als intervenierende Variable oder Mediatorvariable bezeichnet (Geiser, 2011: 41 f.). Ein Messmodell spiegelt dagegen die Beziehungen zwischen einer latenten Variable und ihrem Indikator/ihren Indikatoren wider.[142] Wie
bereits erwähnt, entziehen sich latente Variablen einer direkten Messbarkeit. Um empirische
Erkenntnisse über latente Variablen zu gewinnen, ist es notwendig, diese zu operationalisieren
(Weiber & Mühlhaus, 2014: 36). Zu diesem Zweck werden Zusammenhänge zwischen den
beobachtbaren Variablen (Indikatoren) und der interessierenden latenten Größe hergestellt,
um mit Hilfe dieser Zusammenhänge „das Konstrukt ‚empirisch greifbar‘ und damit meßbar
[sic!] zu machen" (Homburg & Giering, 1996: 6). Meistens wird hierbei angenommen, dass
die Ausprägungen der Indikatoren durch die latente Variable verursacht werden, das heißt, die
Indikatoren werden als eine mit Fehlern behaftete Messung der latenten Variablen betrachtet
(Geiser, 2011: 41; Homburg & Giering, 1996: 6). In diesem Fall ist von einem *reflektiven
Messmodell*[143] beziehungsweise von *reflektiven Indikatoren* die Rede.

4.3.2 Analyse von Strukturgleichungsmodellen mit Hilfe der Kovarianzstrukturanalyse

Eine Methode zur Analyse von Strukturgleichungsmodellen ist die Kovarianzstrukturanalyse.
Sie gilt gegenüber der varianzbasierten Partial-Least-Squares-Analyse (PLS-Analyse) als das
etabliertere und weitaus stärker vertretene Verfahren (Schloderer, Ringle & Sarstedt, 2009:
597). Bei den beiden Verfahren handelt es sich grundsätzlich um zwei komplementäre Ansät-

---

[139] Im Folgenden wird der Begriff *Strukturgleichungsmodell* synonym für *Strukturgleichungsmodell mit latenten Variablen* verwendet.

[140] Bei dem verwendeten Programmpaket MPlus 7 (genau wie bei den meisten anderen Programmpaketen) ist
es nicht notwendig, die im Pfaddiagramm grafisch dargestellten Beziehungszusammenhänge in ein System
linearer Gleichungen zu überführen, auf deren Basis die unbekannten Modellparameter ermittelt werden
(Backhaus, Erichson & Weiber, 2013: 81). Das Gleichungssystem wird automatisch auf Basis des Pfaddia-
gramms generiert. Zur Bestimmung der Gleichungen eines vollständigen Strukturgleichungsmodells vergleiche Weiber & Mühlhaus (2014: 47 ff.).

[141] Latente Variablen werden auch als (hypothetische) Konstrukte bezeichnet (Backhaus et al., 2013: 65).

[142] Grundsätzlich kann eine latente Variable durch einen oder mehrere Indikatoren beschrieben werden (Backhaus et al., 2013: 71).

[143] Eine Alternative zu reflektiven Messmodellen bilden formative Messmodelle. In formativen Messmodellen
stellen die Indikatoren die verursachenden Größen für die latente Variable dar. Formative Messmodelle
kommen in der vorliegenden Untersuchung nicht zum Einsatz und werden daher nicht näher betrachtet. Zur
ausführlichen Diskussion bezüglich des Einsatzes formativer und reflektiver Messmodell vergleiche Eggert
& Fassot (2003) sowie Fassot & Eggert (2005).

ze. Die Entscheidung für respektive gegen eines der beiden Verfahren ist daher vom jeweiligen Untersuchungskontext sowie der Datenlage abhängig.[144] Für die vorliegende Untersuchung wird die Kovarianzstrukturanalyse als das geeignetere Verfahren angesehen. Die Vorteilhaftigkeit des Ansatzes ist insbesondere auf das verfolgte Forschungsanliegen zurückzuführen:

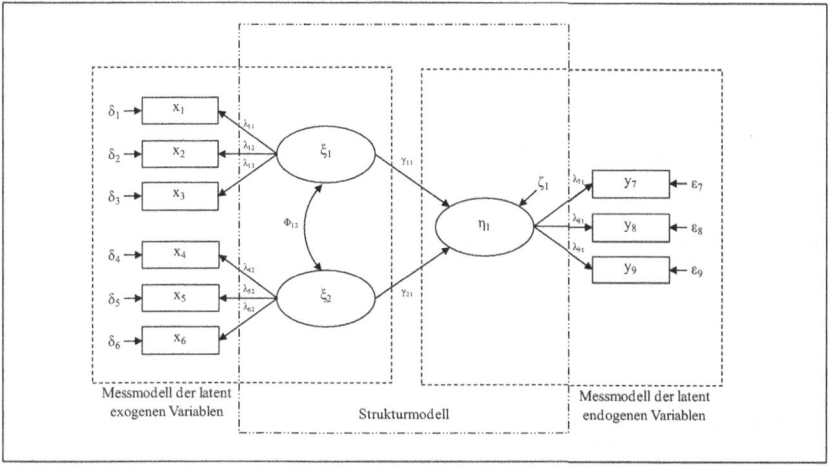

Anmerkungen: ξ = exogene latente Variablen; η = endogene latente Variablen; x = Indikatoren der exogenen latenten Variable; y = Indikatoren der endogenen latenten Variablen; δ = Fehlervariablen im Zusammenhang mit der Messung der exogenen latenten Variablen; ε = Fehlervariablen im Zusammenhang mit der Messung der endogenen latenten Variablen; ζ = Fehlervariable der latenten endogenen Variablen; Φ = Korrelation zwischen latenten exogenen Variablen; λ = Faktorladungen; γ = Pfadkoeffizienten (Homburg, 1992: 501 f.; Weiber & Mühlhaus, 2014: XXIV f.).

Abbildung 4: Beispiel für ein Pfaddiagramm eines vollständigen Strukturgleichungsmodells mit reflektiv spezifizierten latenten Variablen

Während sich die PLS-Analyse insbesondere dann anbietet, wenn eine Erklärung der Veränderung beziehungsweise Vorhersage einer oder mehrerer Zielvariablen im Fokus der Untersuchung steht, bietet sich die Kovarianzstrukturanalyse vor allem dann an, wenn das Augenmerk der Untersuchung darauf liegt, ein theoriebasiertes Hypothesengefüge mit dem Ziel möglichst konsistenter Schätzer für eine Grundgesamtheit zu berechnen (Herrmann, Huber & Kressmann, 2006: 45). Der Grund hierfür ist zum einen, dass die Kovarianzstrukturanalyse versucht, die Modellparameter (vergleiche Abbildung 4) so zu schätzen, dass die empirische Kovarianzmatrix aller Indikatoren bestmöglich reproduziert wird und somit als „ein die *Gesamtheit* der Variablenbeziehungen prüfender Ansatz" (Weiber & Mühlhaus, 2014: 75; Her-

---

[144] Beide Verfahren sind bereits umfassend dokumentiert und sollen an dieser Stelle nicht noch einmal repliziert werden. Für eine ausführliche Diskussion zu den Anwendungsvoraussetzungen der beiden Verfahren vergleiche stellvertretend Herrmann, Huber & Kressmann (2006: 38 ff.)

vorhebung im Original) zu betrachten ist.[145] Zum anderen werden bei der Kovarianzstruktur-analyse, im Gegensatz zur PLS-Analyse, die Parameter auf Strukturmodellebene unbeein-flusst von Messfehlern geschätzt[146] (Weiber & Mühlhaus, 2014: 66), sodass die Kovarianz-strukturanalyse als das statistisch genauere Verfahren zur Prüfung von hypothesierten Bezie-hungen zwischen Konstrukten anzusehen ist (Schloderer et al., 2009: 575). Da die vorliegende Untersuchung das Ziel verfolgt, die Wirkungszusammenhänge des in Kapitel 3 aufgestellten Modells zu überprüfen, ist die Kovarianzstrukturanalyse der PLS-Analyse vorzuziehen. Ne-ben dem verfolgten Forschungsziel sprechen aber auch die verfahrensspezifischen Erforder-nisse, wie die Anzahl an Beobachtungen[147] und die Anzahl an Indikatoren pro Konstrukt[148], für den Einsatz der Kovarianzstrukturanalyse (Reinartz, Haenlein & Henseler, 2009: 342). Die mit der Kovarianzstrukturanalyse verbundenen Nachteile, wie die vergleichsweise hohen Anforderungen an die originären Daten bei Anwendung der Maximum-Likelihood(ML)-Methode[149] oder nicht auszuschließende Identifikationsprobleme (siehe nachfolgender Ab-satz), können dagegen weitestgehend entschärft werden. Reinartz et al. (2009: 341) können in einer Simulationsstudie zeigen, dass trotz Verletzung der Verteilungsannahme die ML-basierten kovarianzanalytischen Ansätze zu robusten Ergebnissen führen und Identifikations-probleme ein eher seltenes Phänomen darstellen.

---

[145] Die Kovarianzmatrix, die häufig auch als Varianz-Kovarianzmatrix bezeichnet wird, ist eine Matrix, in der die Varianzen der manifesten Variablen in der Hauptdiagonale abgetragen sind und die Kovarianzen der manifesten Variablen entweder unter oder über dieser Hauptdiagonale abgetragen sind (Backhaus et al., 2013: 88). Die Kovarianzmatrix spiegelt somit die gemessenen Zusammenhänge zwischen allen Indikator-variablen wider (Weiber & Mühlhaus, 2014: 75).

[146] Bei der Kovarianzstrukturanalyse werden die Messfehler der Indikatorvariablen isoliert. Zur Schätzung der Pfadkoeffizienten wird nur noch auf die Faktorvarianzen zurückgegriffen, sodass die Schätzer auf Struk-turmodellebene als verlässlich angesehen werden können (Weiber & Mühlhaus, 2014: 77). Beim PLS-Verfahren sind dagegen die Konstruktwerte das Resultat von Linearkombinationen der mit Messfehlern be-hafteten Indikatorvariablen. Dies führt dazu, dass sowohl die Konstruktwerte als auch die auf Grundlage der Konstruktwerte geschätzten Modellparameter inkonsistent sind (Herrmann et al., 2006: 41). Allerdings zei-gen Untersuchungen, dass die PLS-Schätzer mit steigender Indikatorenzahl an Konsistenz gewinnen (con-sistency-at-large).

[147] Reinartz, Haenlein & Hensler (2009: 342) empfehlen auf Basis einer durchgeführten Monte-Carlo-Simulation, kovarianzbasierte Verfahren immer dann als Schätzverfahren auszuwählen, wenn die Anzahl an Beobachtungen über 250 liegt. In allen anderen Fällen sollte auf varianzbasierte Verfahren zurückgegriffen werden. Bei weniger reliablen Messmodellen, das heißt geringen Faktorladungen und/oder wenigen Indika-toren pro Konstrukt, steigt die Grenze auf 400 Beobachtungen an. Für die vorliegende Untersuchung wird die minimale Mindeststichprobengröße für kovarianzbasierte Verfahren deutlich überschritten (vergleiche Abschnitt 4.1.1). Selbst die geforderte Fallzahl bei weniger reliablen Messmodellen wird überschritten.

[148] Bei Anwendung der PLS-Analyse sollten wegen der consistency-at-large-Eigenschaft (siehe Fußnote 146) bei reflektiven Messmodellen mindestens sechs Indikatoren je Konstrukt verwendet werden (Reinartz et al., 2009: 342). Bei der Kovarianzstrukturanalyse wird dagegen empfohlen, drei beziehungsweise vier Indikato-ren je Konstrukt zu verwenden (Baumgartner & Homburg, 1996: 144), wobei aber auch der Einsatz von Single Items möglich ist (Weiber & Mühlhaus, 2014: 106).

[149] Die ML-Methode ist im Rahmen der Kovarianzstrukturanalyse die am häufigsten verwendete Methode zur Parameterschätzung, die neben dem Intervalldatenniveau eine multivariate Normalverteilung und Unabhän-gigkeit der Beobachtungen voraussetzt (Weiber & Mühlhaus, 2014: 66). Eine Nicht-Normalverteilung der Daten kann dazu führen, dass der $\chi2$-Wert über- und die Standardfehler unterschätzt werden (Chou & Bent-ler, 1995).

Schätzverfahren

Bei der Parameterschätzung geht es darum, einen Satz von Parameterwerten zu suchen, der die empirischen Varianzen und Kovarianzen der Indikatorvariablen möglichst optimal reproduziert. Dies geschieht durch die Lösung eines Minimierungsproblems für die Diskrepanz zwischen der empirisch ermittelten Kovarianzmatrix (S) und der modelltheoretischen (vom Modell generierten) Kovarianzmatrix (Σ) (Homburg & Hildebrandt, 1998: 23).

Die zu minimierende Zielfunktion lautete daher (Backhaus, Erichson & Weiber, 2013: 86; Weiber & Mühlhaus, 2014: 63):

$$F = (S - \Sigma) \rightarrow \text{Min!} \tag{4.1}$$

Zur Minimierung von F stehen verschiedene Schätzalgorithmen zur Auswahl.[150] Die Wahl des Schätzalgorithmus hängt unter anderem von der Art der Verteilung, dem Stichprobenumfang und der Skalierung der Indikatoren ab (Weiber & Mühlhaus, 2014: 64). In der vorliegenden Untersuchung wird auf das ML-Verfahren zurückgegriffen. Dieses liefert unter der Annahme einer multivariaten Normalverteilung der Variablen asymptotisch unverzerrte, konsistente und effiziente Schätzer, über die sich Standardfehler errechnen und somit Signifikanztests durchführen lassen. Zudem führt die ML-Methode, wie bereits angeführt, auch bei Verletzung der Verteilungsannahme, zu robusten und konsistenten Ergebnissen (McDonald & Ho, 2002: 70; Ringle, 2004: 14).

Allgemeine Bedingung für die algebraische Ermittlung der Modellparameter aus den Varianzen und Kovarianzen der Indikatorvariablen ist allerdings, dass das Strukturgleichungsmodell identifizierbar und somit lösbar ist. Es ist daher zunächst zu prüfen, ob die Informationen (Varianzen und Kovarianzen), die aus den empirischen Daten bereitgestellt werden können, ausreichen, um alle Modellparameter schätzen zu können (Homburg, 1992: 502 f.). Ein Strukturgleichungsmodell ist identifiziert, wenn es mindestens genauso viele Varianzen/Kovarianzen wie zu schätzende Modellparameter gibt (Byrne, 2012: 32).

Vor dem Hintergrund, dass p Indikatorvariablen $\frac{1}{2} p \cdot (p + 1)$ Varianzen/Kovarianzen liefern, lässt sich die notwendige Bedingung für die Identifikation wie folgt formulieren:

$$t \leq \frac{1}{2} p \cdot (p + 1) \tag{4.2}$$

mit

t: Anzahl der zu schätzenden Parameter

p: Anzahl der Indikatorvariablen

Grundsätzlich können Strukturgleichungsmodelle unteridentifiziert, gerade identifiziert oder überidentifiziert sein (siehe dazu und im Folgenden Byrne, 2012: 32). Ein Modell ist unteridentifiziert, wenn die Anzahl der zu ermittelnden Modellparameter die Anzahl der Varianzen und Kovarianzen überschreitet. Aufgrund unzureichender Informationen haben unteridentifizierte Modelle keine eindeutige Lösung. Ist die Anzahl der Varianzen/Kovarianzen genauso

---

[150] Es besteht die Wahl zwischen folgenden Schätzmethoden: Maximum Likelihood (ML), Generalized Least Square (GLS), Unweighted Least Square (ULA), Scale-free Least Squares (SLS) oder Asymptotically Distribution Free (ADF). Zu den Vor- und Nachteilen der einzelnen Schätzalgorithmen siehe Weiber & Mühlhaus (2014: 63 ff.).

hoch wie die Anzahl der zu schätzenden Modellparameter, ist von einem gerade identifizier-
ten Kausalmodell die Rede. Gerade identifizierte Modelle stellen zwar eine eindeutige Lösung
für alle Modellparameter bereit, sind aber aus wissenschaftlicher Sicht uninteressant, da diese
Modelle über keine Freiheitsgrade verfügen.[151] Folglich stehen keine Informationen mehr zur
Bestimmung der Gütekriterien zur Verfügung, sodass ein gerade identifiziertes Modell niemals verworfen werden kann. Von überidentifizierten Modellen ist die Rede, wenn die Anzahl der zu ermittelnden Modellparameter geringer als die Anzahl der Varianzen und Kovarianzen der Indikatorvariablen ist. Die Zahl der Freiheitsgrade ist bei diesen Modellen somit
größer null, was bedeutet, dass überidentifizierte Modelle keine eindeutige Lösung haben und
daher nur näherungsweise gelöst werden können.

In der Regel wird aber mit Modellen gearbeitet, in denen die Zahl der Varianzen/Kovarianzen
die der zu schätzenden Modellparameter bei weitem übersteigt (Homburg, 1992: 503 f.).

Im Hinblick auf die Identifizierbarkeit von Strukturgleichungsmodellen liefert das Programmpaket Mplus 7 eine benutzerfreundliche Hilfestellung. Das Programm schätzt lediglich
identifizierte Modelle. Im Fall von unteridentifizierten Modellen wird eine entsprechende
Fehlermeldung ausgegeben, dass die Matrix nicht positiv definiert und damit nicht invertier-
bar ist (Muthén & Muthén, 1998-2012: 469 f.).

4.3.3 Direkte und indirekte Effekte

Wie bereits in Abschnitt 4.3.1 angesprochen, kann im Rahmen der Strukturgleichungsanalyse
der Gesamteffekt einer Variablen (totaler Effekt) in direkte und indirekte Effekte aufgeteilt
werden. Während der direkte Effekt dem Pfadkoeffizienten zwischen zwei latenten Variablen
entspricht, ergeben sich indirekte Effekte durch die vermittelnde Wirkung einer sogenannten
Mediatorvariable auf die Beziehung zwischen zwei anderen Variablen (Weiber & Mühlhaus,
2014: 236). Indirekte Effekte werden daher häufig auch als Mediatoreffekte bezeichnet (Geiser, 2011: 76). Abbildung 5 veranschaulicht einen Mediatoreffekt.

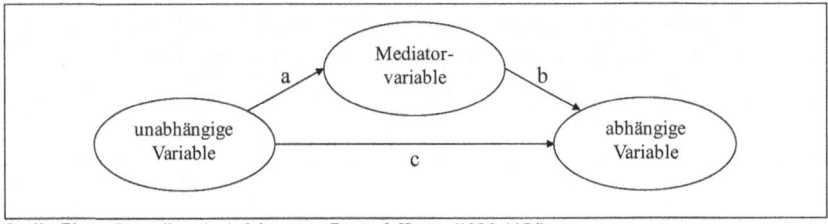

Quelle: Eigene Darstellung in Anlehnung an Baron & Kenny (1986: 1176).

Abbildung 5: Darstellung eines Mediatoreffekts

Grundsätzlich kann zwischen einer perfekten und einer partiellen Mediation unterschieden
werden. Im Falle einer perfekten Mediation besteht keine direkte Wirkbeziehung zwischen
der unabhängigen und der abhängigen Variable. Der geschätzte Pfadkoeffizient „c" (siehe
Abbildung 5) liegt in diesem Fall annähernd bei null, sodass sich der direkte Effekt zwischen
der unabhängigen und der abhängigen Variable nicht signifikant von null unterscheidet. Da-

---

[151] Freiheitsgrade eines Strukturgleichungsmodells ergeben sich durch die Differenzbildung $\frac{1}{2}p \cdot (p+1) - t$.

gegen liegt eine partielle Mediation vor, wenn trotz des Vorliegens einer Mediatorvariable noch eine direkte Wirkbeziehung zwischen unabhängiger und abhängiger Variable besteht, wobei der Pfadkoeffizient „c" signifikant kleiner ist als in einem Alternativmodell ohne Mediatorvariable (Shrout & Bolger, 2002: 424).

Die Stärke des Mediatoreffekts lässt sich durch die Multiplikation der Pfadkoeffizienten des indirekten Pfades berechnen (in der obigen Abbildung a · b) (MacKinnon, Warsi & Dwyer, 1995: 44). Liegt eine Mediation vor, sollte der indirekte Effekt (a · b) signifikant von null abweichen (Christ & Schlüter, 2012: 52).

Anders als von Baron & Kenny (1986: 1176) ursprünglich verlangt, stellen neuere Empfehlungen bei einer Mediatoranalyse nicht mehr die Forderung auf, dass eine Verbindung zwischen unabhängiger und abhängiger Variable nachgewiesen werden muss, bevor ein Mediator einbezogen beziehungsweise überhaupt von einem Mediatoreffekt gesprochen werden kann. Vielmehr wird die Nutzung der Bootstrapping-Methode[152] empfohlen (MacKinnon, Lockwood & Williams, 2004: 99; Shrout & Bolger, 2002: 424) und eine perfekte Mediation auch dann angenommen, wenn die ursprüngliche Verbindung zwischen unabhängiger und abhängiger Variable ohne Mediatorvariable nicht nachgewiesen werden kann (Shrout & Bolger, 2002: 430).[153] Bootstrapping bietet sich insbesondere deshalb zur Prüfung eines Mediatoreffektes an, da der Mediatoreffekt das Produkt von zwei oder mehr Regressionskoeffizienten ist und somit die Annahme der Normalverteilung des Effekts häufig verletzt ist. Konventionelle Methoden der Signifikanztestung von Mediatoreffekten (zum Beispiel Sobel-Test) können daher zu verzerrten Ergebnissen führen (MacKinnon et al., 2004: 104). Die Bootstrapping-Methode ermöglicht dagegen die Signifikanzprüfung mittels asymmetrischer Konfidenzintervalle (Bollen & Stine, 1990: 125). Ein indirekter Effekt ist nach der Bootstrapping-Methode signifikant, sofern das Bootstrap-Konfidenzintervall für einen Effekt-Schätzer nicht den Wert null enthält (Geiser, 2011: 78).

4.3.4 Beurteilung von Strukturgleichungsmodellen

Wie genau ein Modell der Realität entspricht, kann mittels einer Vielzahl an verfügbaren Anpassungsmaßen beurteilt werden. Grundsätzlich ist zwischen lokalen und globalen Anpassungsmaßen zu unterscheiden (Homburg & Baumgartner, 1998: 351). Die lokalen Anpassungsmaße werden zur Beurteilung einzelner Modellbestandteile des Strukturgleichungsmodells (Messmodelle oder Strukturmodell) genutzt, während die globalen Anpassungsmaße für die Beurteilung des Gesamtmodells (Messmodell und Strukturmodell) herangezogen werden. Im Folgenden werden zunächst die lokalen Anpassungsmaße zur Gütebeurteilung von reflektiven Messmodellen vorgestellt (siehe Abschnitt 4.3.4.1), bevor in Abschnitt 4.3.4.2 auf die Instrumente zur Bestimmung der Gesamtgüte von Strukturgleichungsmodellen (Modellfit) eingegangen wird. Abschließend befasst sich Abschnitt 4.3.4.3 mit der Beurteilung des Strukturmodells und konzentriert sich hierbei vor allem auf die Analyse der Wirkbeziehungen.

---

[152] Beim Bootstrapping handelt es sich um einen Resampling-Ansatz, im Rahmen dessen die Stichprobenkennwertverteilung anhand der Daten geschätzt wird. Dabei werden aus der Ursprungs-Stichprobe wiederholt Stichproben gezogen, wodurch die Modellparameter immer wieder neu geschätzt werden. Über die verschiedenen Bootstrapping-Stichproben können dann Konfidenzintervalle und Signifikanztests für die Schätzungen der Modellparameter bestimmt werden. Ein kurzer Überblick zur Bootstrapping-Methode findet sich bei Shrout & Bolger (2002: 443).

[153] Baum & Kabst (2014) wenden dieses Verfahren in ihren Untersuchungen an.

4.3.4.1 Beurteilung von Messmodellen

Im Rahmen der Strukturgleichungsanalyse kommt der Beurteilung der Messmodelle eine entscheidende Bedeutung zu, da sich eine unzureichende Anpassungsgüte der Messmodelle gleichzeitig auf die Schätzung der Modellparameter im Strukturmodell und somit auf die Gesamtmodellgüte auswirkt. Fehlerbehaftete Konstruktmessungen führen demnach auch zu Fehlern bei der Schätzung der Wirkungsbeziehungen zwischen den Konstrukten (Weiber & Mühlhaus, 2014: 128). In der vorliegenden Untersuchung wird daher auf die Möglichkeit der simultanen Schätzung von Pfadkoeffizienten und Faktorladungen bewusst verzichtet und stattdessen der Empfehlung von Anderson & Gerbing (1988: 418) folgend eine zweistufige Gütebeurteilung durchgeführt (separate Prüfung von Mess- und Gesamtmodell). Diese Vorgehensweise bietet die Vorteile, potenzielle Modellierungsschwächen exakt bestimmen zu können sowie das Problem des Interpretational Confounding[154] zu minimieren (Anderson & Gerbing, 1988: 418).

Die Anpassungsmaße für das Messmodell „beurteilen im wesentlichen Reliabilitäts- und Validitätsaspekte der Messung der latenten Variablen durch die zugehörigen Indikatoren" (Homburg & Baumgartner, 1998: 360). Wichtig ist demnach, dass in der Untersuchung ausschließlich reliable und valide Messmodelle Verwendung finden (Weiber & Mühlhaus, 2014: 128).

Das Kriterium der Reliabilität lässt sich allgemein als „degree to which measures are free from random error and thus reliability coefficients estimate the amount of systematic variance in a measure" definieren (Peter & Churchill, 1986: 4). Die Reliabilität kennzeichnet damit die Zuverlässigkeit beziehungsweise Genauigkeit eines Messinstruments und kann als Maß für die Replizierbarkeit von Messergebnissen verstanden werden (Diekmann, 2007: 250). Ein Messinstrument ist demnach reliabel, wenn es bei wiederholter Messung eines Sachverhalts konsistente Ergebnisse liefert. Das heißt, die Messung einer Variablen ist frei von zufälligen Messfehlern (Homburg & Giering, 1996: 7).

Zur Überprüfung der Reliabilität einer Messung stehen verschiedene Arten zur Verfügung: Test-Retest-Reliabilität, Paralleltest-Reliabilität und Interne-Konsistenz-Reliabilität (Weiber & Mühlhaus, 2014: 136). Aufgrund der Probleme im Zusammenhang mit der Test-Retest-Reliabilität[155] und der Parallel-Test-Reliabilität[156] ist für die praktische Anwendung insbesondere die Interne-Konsistenz-Reliabilität von Bedeutung (Weiber & Mühlhaus, 2014: 136). Im Rahmen der vorliegenden Arbeit kommt diese ebenfalls zum Einsatz. Zur Bestimmung der

---

[154] Interpretational Confounding geht auf Burt (1976) zurück. Es liegt dann vor, wenn sich die empirische Bedeutung einer latenten Variable in Abhängigkeit des Strukturmodells verändert und die latente Variable nicht mehr die Bedeutung besitzt, die ein unvoreingenommener Forscher vor Durchführung der Parameterschätzung definiert hätte (siehe ebd.).

[155] Bei der Test-Retest-Reliabilität kann es aufgrund von Erinnerungseffekten zum einen zu einer Überschätzung der Reliabilität kommen (Himme, 2007: 377). Zum anderen kann es aufgrund von Veränderungen im Meinungsbild der Teilnehmer zu Unterschätzung der Reliabilität kommen (Himme, 2007: 377). Nicht zuletzt sprechen auch der erhöhte zeitliche und finanzielle Aufwand gegen die Test-Retest-Reliabilität (Weiber & Mühlhaus, 2014: 136).

[156] Bei der Parallel-Test-Reliabilität ist es faktisch sehr schwierig, ein äquivalentes Messinstrument zu finden (Weiber & Mühlhaus, 2014: 136). Für die vorliegende Untersuchung hätte dies geheißen, dass für alle Konstrukte ein zweites gleichwertiges Messmodell zu entwickeln gewesen wäre. Um allerdings von einem tatsächlich äquivalenten Messmodell sprechen zu können, müssen die Mittelwerte, Varianzen und Kovarianzen der Indikatorvariablen beider Messungen identisch sein (Peter, 1979: 10).

Internen-Konsistenz-Reliabilität wird auf eine einzige Messung zurückgegriffen. Sind die dort erhobenen Indikatoren eines Konstrukts (interpretiert als unabhängige Messungen eines Sachverhaltes) homogen und widerspruchsfrei und somit hoch miteinander korreliert, gilt die Interne-Konsistenz-Reliabilität als gegeben (Peter, 1979: 8).

Demgegenüber gibt das Kriterium der Validität die Gültigkeit beziehungsweise konzeptionelle Richtigkeit einer Messung an. Laut Churchill (1979: 65) ist ein valides Messinstrument dann gegeben, „when the differences in observed scores reflect true differences on the characteristic one is attempting to measure and nothing else". Die Validität beschreibt somit das Ausmaß, mit dem ein Messinstrument tatsächlich das misst, was es messen soll (Diekmann, 2007: 257). Vollkommen valide Messungen liegen vor, wenn weder Zufallsfehler noch systematische Fehler auftreten (Weiber & Mühlhaus, 2014: 156).

Die Gütebeurteilung von Messmodellen konkretisiert sich durch eine Reihe spezieller Reliabilitäts- und Validitätskriterien. Diese werden im Folgenden näher beschrieben sowie die entsprechenden Methoden zu deren Bestimmung vorgestellt.[157] Die Ausführungen konzentrieren sich dabei auf die Reliabilitäts- und Validitätsprüfung reflektiver Messmodelle.[158]

Wie bereits in Abschnitt 4.3.1 angeführt, liegt ein reflektives Messmodell vor, wenn das Konstrukt die ihm zugeordneten Indikatoren verursacht. Eine Veränderung in der Konstruktausprägung führt demnach dazu, dass sich auch sämtliche dem Konstrukt zugeordnete Indikatoren verändern (Zinnbauer & Eberl, 2005: 566). Somit stellen reflektive Indikatoren grundsätzlich austauschbare Messungen eines Konstrukts dar, weshalb alle Indikatoren hoch miteinander korreliert sein sollten (Bollen & Lennox, 1991: 307). Ausgehend von diesem Grundprinzip werden in der Literatur zur Gütebeurteilung reflektiver Messmodelle die folgenden Kriterien vorgeschlagen: Inhaltsvalidität, Indikator- und Konstruktreliabilität, Konvergenzvalidität, Diskriminanzvalidität sowie nomologische Validität (Anderson & Gerbing, 1991; Bagozzi, 1980; Hu & Bentler, 1999). Die letzten drei Validitätsarten werden meistens unter dem Begriff der Konstruktvalidität subsumiert (Hildebrandt, 1984: 42). Die Reliabilitäts- und Validitätskriterien werden im Folgenden in der Reihenfolge dargestellt, in der die Prüfung eines reflektiven Messmodells stattfinden sollte (Weiber & Mühlhaus, 2014: 169).

Die **Inhaltsvalidität** gibt an, zu welchem Grad die Indikatoren das zu messende Konstrukt inhaltlich-semantisch repräsentieren und dabei seinen gesamten Bedeutungsinhalt abdecken (Bohrnstedt, 1970: 92). Zur Überprüfung der Inhaltsvalidität kann die explorative Faktorenanalyse herangezogen werden (Krafft, Götz & Liehr-Gobbers, 2005: 73). Sie dient der Überprüfung der zugrunde liegenden Faktorenstruktur. Bei einem eindimensional konzeptualisierten Konstrukt gilt das Kriterium der Inhaltsvalidität als erfüllt, wenn sich alle Indikatoren eines Konstruktes gemäß dem Kaiser-Kriterium[159] zu einem Faktor verdichten lassen.

Die **Indikatorreliabilität** gibt an, wie viel Prozent der Varianz eines einzelnen Indikators durch das zugrunde liegende Konstrukt erklärt werden kann (Himme, 2007: 380). Es geht also

---

[157] Hierbei wurde eine Beschränkung auf diejenigen Gütemaße vorgenommen, welche für die vorliegende Untersuchung von Relevanz sind.

[158] Aufgrund der unterschiedlichen Spezifikation kommen bei formativen Messmodellen teilweise andere Gütekriterien zum Einsatz. Zur Güteprüfung von formativen Messmodellen siehe Fassot & Eggert (2005: 40 ff.).

[159] Das Kaiser-Kriterium dient zur Bestimmung der Zahl der zu extrahierenden Faktoren. Gemäß diesem Kriterium wird die Extraktion aller Faktoren mit einem Eigenwert größer eins als sinnvoll erachtet (Eckey, Kosfeld & Rengers, 2002: 34).

darum, wie exakt eine Indikatorvariable die latente Variable misst. Der nicht durch den Faktor erklärte Anteil ist auf Messfehlereinflüsse zurückzuführen. Im Allgemeinen wird gefordert, dass mindestens 50 % der Varianz eines Indikators auf das ihm zugeordnete Konstrukt zurückzuführen sein sollten (Bagozzi & Yi, 1988: 82). Dies impliziert für die jeweilige Faktorladung[160] (λ) einen Mindestwert größer als 0,7 (Hildebrandt & Temme, 2006: 14). Erst dann kann sichergestellt werden, dass die gemeinsame Varianz zwischen Konstrukt und Indikator größer als die Varianz des Messfehlers ist.

Während die Indikatorreliabilität die Zuverlässigkeit der Messung auf Ebene der einzelnen Indikatoren prüft, beurteilt die **Konstruktreliabilität**, wie genau die Gesamtheit der Indikatoren das zugehörige Konstrukt misst (Bühner, 2006: 388). Als geeignetes Anpassungsmaß für die Überprüfung der Konstruktreliabilität haben sich insbesondere die Faktorreliabilität und die durchschnittlich erfasste Varianz (DEV) etabliert.[161] Während die Faktorreliabilität angibt, wie hoch die gesamte durch das Konstrukt erklärte Varianz des Messmodells ist, gibt die DEV an, wie viel Prozent der Varianz eines Indikators das Konstrukt im Durchschnitt erklären kann. Für die Faktorreliabilität gilt ein Schwellenwert von 0,6 als akzeptabel (Bagozzi & Yi, 1988: 82). Für die DEV wird ein Grenzwert von mindestens 0,5 als akzeptabel angesehen (Fornell & Larcker, 1981: 46).

Eine hohe **Konvergenzvalidität** wird dann angenommen, wenn zwischen den Indikatoren, die einem Konstrukt zugeordnet sind, hohe Zusammenhänge festzustellen sind. Das heißt, dass die Indikatoren stark miteinander korrelieren (Homburg & Giering, 1996: 7). Zur Überprüfung der Konvergenzvalidität werden daher üblicherweise die gleichen Gütemaße wie bei der Konstruktreliabilität herangezogen, wobei auch die geforderten Grenzwerte identisch sind (Homburg & Giering, 1996: 11). Von einer Konvergenzvalidität der Messmodelle kann allerdings erst ausgegangen werden, wenn neben einer akzeptablen Faktorreliabilität und DEV zusätzlich auch hohe und signifikant von null verschiedene Faktorladungen der Indikatoren vorliegen (Bagozzi, Youjae & Phillips, 1991: 434).[162]

Um von **Diskriminanzvalidität** ausgehen zu können, wird gefordert, dass sich die Indikatoren verschiedener Konstrukte deutlich voneinander unterscheiden; das heißt, dass die Messung der einzelnen Konstrukte trennscharf ist (Weiber & Mühlhaus, 2014: 161). Zur Prüfung der Diskriminanzvalidität wird in der vorliegenden Untersuchung das Fornell-Larcker-Kriterium herangezogen, wonach ein Messmodell hinreichende Diskriminanzvalidität aufweist, wenn die durchschnittlich erfasste Varianz eines Konstrukts größer ist als jede quadrierte Korrelation dieses Konstrukts mit einem anderen Konstrukt (Fornell & Larcker, 1981: 46).

Von **nomologischer Validität** kann dann ausgegangen werden, wenn die Modellparameter eines vollständigen Strukturgleichungsmodells (das heißt, sowohl die theoretischen Beziehungen zwischen den Konstrukten als auch die Beziehung zwischen den Konstrukten und

---

[160] Die Faktorladung eines Indikators auf ein Konstrukt kann wie ein Korrelationskoeffizient interpretiert werden (Weiber & Mühlhaus, 2014: 56). Sind die latenten Variablen und ihre Indikatoren standardisiert, entspricht die Indikatorreliabilität dem Quadrat der Faktorladungen (Weiber & Mühlhaus, 2014: 153).

[161] Ein ähnliches Maß, das lange Zeit zur Überprüfung der Konstruktreliabilität herangezogen wurde, ist Cronbachs Alpha. Da Cronbachs Alpha allerdings wegen der Gleichgewichtung aller einfließenden Indikatorkorrelationen häufig kritisiert wird (Homburg & Giering, 1996: 8), hat es seine dominante Position inzwischen an die zweckmäßigeren Maße Faktorreliabilität und DEV verloren.

[162] Hierzu kann auf den t-Test zurückgegriffen werden. Eine Faktorladung ist signifikant von null verschieden, wenn der t-Wert bei einem einseitigen Test mindestens 1,645 beträgt (Homburg & Giering, 1996: 11).

ihren jeweiligen Indikatorvariablen) die theoretisch vermuteten Wirkungszusammenhänge bestätigen (Peter, 1981: 135). Zur Überprüfung der nomologischen Validität kann auf die noch zu behandelnden Anpassungsmaße zur Beurteilung des Gesamtmodells (siehe Abschnitt 4.3.4.2) zurückgegriffen werden. Weist das Strukturmodell einen akzeptablen Modellfit auf, kann von nomologischer Validität ausgegangen werden (Weiber & Mühlhaus, 2014: 161).

Tabelle 9 fasst die in dieser Untersuchung zur Anwendung kommenden Anpassungsmaße zur Beurteilung von reflektiven Messmodellen zusammen.

Tabelle 9: Gütekriterien und Verfahren zur Beurteilung reflektiver Messmodelle

Gütearten	Gütekriterien	Anpassungsmaße/Schwellenwerte	Quelle
Reliabilität (Interne-Konsistenz-Reliabilität)	Indikatorreliabilität	Erklärte Varianz des Indikators durch das Konstrukt $\geq$ 50 % / Faktorladungen $\geq$ 0,7	Bagozzi & Yi (1988: 82)
	Konstruktreliabilität	Faktorreliabilität $\geq$ 0,6	Bagozzi & Yi (1988: 82)
		Durchschnittlich erfasste Varianz (DEV) $\geq$ 0,5	Fornell & Larcker (1981: 46)
Validität	Inhaltsvalidität	Prüfung auf Eindimensionalität → Simultane Betrachtung aller Konstrukte	Weiber & Mühlhaus (2014: 144)
	Konvergenzvalidität	Faktorreliabilität $\geq$ 0,6	Bagozzi & Yi (1988: 82)
		DEV $\geq$ 0,5	Fornell & Larcker (1981: 46)
		Hohe und signifikant von null verschiedene Faktorladungen	Bagozzi et al. (1991: 434)
	Diskriminanzvalidität	Fornell-Larcker-Kriterium: DEV aller Konstrukte > quadrierte Korrelation der Konstrukte	Fornell & Larcker (1981: 46)
	Nomologische Validität	Theoretisch begründete Beziehungszusammenhänge zu anderen Konstrukten bestätigen sich empirisch → akzeptabler Modellfit	Weiber & Mühlhaus (2014: 161)
	Konstruktvalidität	Konvergenz-, Diskriminanz- und nomologische Validität gegeben	Peter (1981: 135)

Quelle: Eigene Darstellung in Anlehnung an Weiber & Mühlhaus (2014: 142/167).

4.3.4.2 Beurteilung des Gesamtmodells

Im Anschluss an die Gütebeurteilung der Messmodelle sind Strukturgleichungsmodelle in ihrer Gesamtheit zu beurteilen. Zunächst findet eine Plausibilitätsbetrachtung der im Modell berechneten Parameterwerte statt. Es ist sicherzustellen, dass alle Parameterschätzungen plausible Werte annehmen (Weiber & Mühlhaus, 2014: 201 ff.).[163] Die weitere Beurteilung des Modellfits erfolgt dann anhand verschiedener globaler Anpassungsmaße (Fit-Indizes). Deren Grundgedanke ist, dass die modelltheoretische Kovarianzmatrix mit der empirischen Kovarianzmatrix möglichst gut übereinstimmen sollte (Backhaus et al., 2013: 91; Weiber & Mühlhaus, 2014: 203).

Je geringer die Abweichung zwischen den Matrizen, desto positiver beurteilen die Fit-Indizes das theoretische Modell. Die für die vorliegende Untersuchung relevanten Fit-Indizes[164] werden im Folgenden diskutiert:

Als globale Anpassungsmaße wird in dieser Arbeit auf den (normierten) χ^2-Wert, den Root Mean Square Error of Approximation (RMSEA) und den Standardized Root Mean Square Residual (SRMR) zurückgegriffen. Bei den komparativen Anpassungsmaßen wird in dieser Arbeit, der Empfehlung von Hu & Bentler (1999) folgend, auf den Comparative Fit Index (CFI) und den Trucker Lewis Index (TLI) zurückgegriffen.[165]

Der χ^2-**Statistik**[166] ist das bekannteste Maß zur Beurteilung der Anpassungsgüte. Der χ^2-**Wert** ist allerdings aufgrund verschiedener nachteiliger Eigenschaften[167] mit Vorsicht zu interpretieren, weshalb empfohlen wird, den χ^2-Wert, wenn überhaupt, nur bedingt zur Modellevaluation heranzuziehen (Hooper, Coughlan & Mullen, 2008: 53 f.). Der Forderung von Hayduk, Cummings, Boadu, Pazderka-Robinson & Boulianne (2007: 845) folgend wird in der vorliegenden Untersuchung der χ^2-Wert inklusive der Freiheitsgrade und des dazugehörigen p-Wertes angegeben, jedoch keiner weiteren Wertung unterzogen. Die Beurteilung des χ^2-Werts erfolgt im Rahmen dieser Arbeit ausschließlich im Verhältnis zu der Anzahl der Freiheitsgerade. Je geringer der sog. **normierte** χ^2-Wert (Wheaton, Muthén, Alwin D. F. & Summers, 1977) ist, desto besser ist die Modellanpassung. Von einer hohen Modellanpassung kann aus-

---

[163] Unplausible Parameterschätzungen (sog. Heywood Cases) liegen vor, wenn negative Varianzen, Kommunalitäten > 1 oder Korrelationen > 1 auftreten (Weiber & Mühlhaus, 2014: 201).

[164] Grundsätzlich steht dem Anwender eine Vielzahl an Anpassungsmaßen zur Beurteilung des Modellfits zur Verfügung. In der Literatur hat sich die Unterscheidung zwischen absoluten und komparativen Fit-Indizes durchgesetzt (Bollen, 1989; Gerbing & Anderson, 1993; Hu & Bentler, 1995; Marsh, Balla & McDonald, 1988; Tanaka, 1993; West, Finch & Curran, 1995: 214). Die komparativen Fit-Indizes bestimmen den Modellfit, indem das zu testende Modell mit einem Nullmodell, welches davon ausgeht, dass keinerlei Beziehungen zwischen den Variablen bestehen, verglichen wird. Dagegen bestimmen die absoluten Fit-Indizes den Modellfit durch den Vergleich mit einem saturierten Modell. In einem saturierten Modell entsprechen die Zusammenhänge exakt der empirischen Kovarianzmatrix (Hu & Bentler, 1999: 2). Da die verschiedenen Prüfkriterien jeweils spezifische Aspekte des Gütebegriffs beleuchten (Homburg & Baumgartner, 1998: 35), wird in der Literatur in der Regel die Verwendung mehrerer Gütekriterien empfohlen (Hooper, Coughlan & Mullen, 2008: 56; Iacobucci, 2010: 90). Während jedoch Uneinigkeit darüber herrscht, welche Kriterien auf jeden Fall zur Beurteilung der Gesamtgüte heranzuziehen sind, besteht zumindest weitestgehend Einigkeit darüber, dass zur abschließenden Beurteilung des Modellfits Fit-Indizes beider Gütekategorien herangezogen werden sollten (Hu & Bentler, 1999: 27 f.; Weiber & Mühlhaus, 2014: 221).

[165] Byrne (2012: 76) berichtet identische Anpassungsmaße.

[166] Zusammen mit der χ^2-Statistik wird ein Signifikanztest ausgegeben, welcher die Nullhypothese (H_0: Die modelltheoretische Kovarianzmatrix entspricht den wahren Werten der Grundgesamtheit) testet. Liegt das Signifikanzniveau über 5 %, wird davon ausgegangen, dass das spezifizierte Modell nicht signifikant von der Realität abweicht (Backhaus et al., 2013: 92).

[167] Der χ^2-Wert wird grundsätzlich durch den Stichprobenumfang sowie die Anzahl der Modellvariablen beeinflusst. Bei größer werdendem Stichprobenumfang und steigender Modellkomplexität ist die Wahrscheinlichkeit wesentlich größer, dass ein Modell auf Grundlage des χ^2-Werts abgelehnt wird (Bagozzi & Yi, 1988: 77).

gegangen werden, wenn das Verhältnis zwischen χ^2-Wert und der Anzahl der Freiheitsgrade $\leq$ 3 ist (Homburg & Giering, 1996: 13).

Der **RMSEA** (Steiger & Lind, 1980) überprüft, ob das Modell die Realität hinreichend gut approximieren kann. Die RMSEA-Werte lassen sich wie folgt interpretieren: Werte $\leq 0,5$ weisen auf einen guten, Werte $\leq 0,8$ auf einen akzeptablen und Werte $\geq 0,1$ auf einen inakzeptablen Modellfit hin (Browne & Cudeck, 1993: 136 ff.). Ein wesentlicher Vorteil des RMSEA ist, dass sich das 90 %-Konfidenzintervall für diesen Index berechnen lässt (MacCallum, Browne & Sugawara, 1996: 130) und somit die Nullhypothese (geringer Modellfit) weitaus präziser getestet werden kann (McQuitty, 2004: 176).

Der **SRMR** (Bentler, 1995) gibt die mittlere Abweichung zwischen den Varianzen beziehungsweise Kovarianzen der empirischen und modelltheoretischen Matrizen an (Backhaus et al., 2013: 93). SRMR-Werte $\leq 0,05$ deuten auf einen guten Modellfit (Byrne, 2012: 76) und SRMR-Werte $\leq 0,08$ auf einen akzeptablen Modellfit (Hu & Bentler, 1999: 27) hin.

Der **CFI** (Bentler, 1990) sowie der **TLI** (Tucker & Lewis, 1973) als komparative Anpassungsmaße zeigen jeweils an, in welchem Ausmaß das postulierte Modell eine bessere Anpassungsgüte als ein Null-Modell aufweist. Die wesentlichen Unterschiede zwischen den beiden Fit-Indizes liegen darin, dass zum einen der TLI im Gegensatz zum CFI nicht auf einen Wertebereich von null bis eins normiert ist. Zum anderen „bestraft" der TLI Modelle, die eine zu hohe Komplexität aufweisen (Byrne, 2012: 70 f.). Üblicherweise liegt der geforderte Mindestwert für beide Fit-Indizes bei $\geq 0,9$ (Homburg & Baumgartner, 1998: 357; Hooper et al., 2008: 55; Weiber & Mühlhaus, 2014: 222).[168]

Tabelle 10 fasst die in dieser Untersuchung zur Anwendung kommenden Anpassungsmaße zur Beurteilung des Gesamtmodells zusammen.

Tabelle 10: Gütemaße zur Beurteilung des Gesamtmodells

Prüfsituation	Anpassungsmaße	Cut-off-Werte	Quelle
Absolute Fit-Indizes	χ^2-Wert/df	≤ 3	Homburg & Giering (1996: 13)
	RMSEA	$\leq 0,08$	Browne & Cudeck (1993: 136 ff.)
	SRMR	$\leq 0,08$	Hu & Bentler (1999: 27)
Komparative Fit-Indizes	CFI	$\geq 0,9$	Homburg & Baumgartner (1995: 174)
	TLI	$\geq 0,9$	Homburg & Baumgartner (1995: 172)

Quelle: Eigene Darstellung in Anlehnung an Weiber & Mühlhaus 2014: 222.

4.3.4.3 Beurteilung des Strukturmodells

Wenn sowohl die Überprüfung der Messmodelle als auch die Überprüfung des Gesamtmodells zu einem zufriedenstellenden Ergebnis führen, erfolgt in einem letzten Schritt die Beurteilung des Strukturmodells (Weiber & Mühlhaus, 2014: 227). Wie bereits erwähnt steht hierbei insbesondere die Analyse der Wirkbeziehungen im Fokus. Die geschätzten Pfadkoeffizienten sind auf Signifikanz, Richtung und Stärke zu überprüfen (Weiber & Mühlhaus, 2014:

---

[168] Hu & Bentler (1999:27) fordern für einen guten Modellfit einen Wert in der Nähe von 0,95.

228 f.). Zur Beurteilung einzelner Gleichungen des Strukturmodells kann zudem auf die **quadrierte multiple Korrelation** (QMK) zurückgegriffen werden. Die QMK gibt an, wie viel Prozent der Varianz einer latenten endogenen Variablen durch die mit ihr in Beziehung stehenden latenten Variablen erklärt werden kann. Der Wertebereich des Gütemaßes liegt zwischen null und eins. Ein niedriger Wert bedeutet demnach, dass andere, nicht im Modell berücksichtigte Größen einen wesentlichen Einfluss ausüben (Homburg & Baumgartner, 1998: 361). In Bezug auf die Festlegung eines Mindestwertes[169] für die QMK konstatieren Homburg & Baumgartner (1998: 364; Hervorhebung im Original), dass dies nur dann sinnvoll wäre, „wenn das Erkenntnisziel der Untersuchung darin besteht, die jeweiligen endogenen latenten Variablen *möglichst vollständig* zu erklären". Geht es allerdings wie in der vorliegenden Untersuchung um die Prüfung vermuteter Wirkungszusammenhänge, werden keine Mindestanforderungen erhoben (siehe ebd.).

4.4 Empirische Befunde

Im Folgenden findet die zweistufige Prüfung des Untersuchungsmodells statt. Die im Vorfeld der Prüfung notwendigen Analyseschritte werden in Kapitel 4.4.1 erläutert. Anschließend wird die Beurteilung der Messmodelle (Kapitel 4.4.2) sowie des Gesamtmodells (Kapitel 4.4.3) vorgenommen, bevor in Kapitel 4.4.4 auf die Beurteilung des Strukturmodells und damit einhergehend auf die Ergebnisse der Hypothesenprüfung eingegangen wird.

4.4.1 Vorbereitende Analyseschritte

Aufgrund der zur Anwendung kommenden Analyseverfahren sind vor der Prüfung des Strukturgleichungsmodells vorbereitende Analyseschritte notwendig. Zunächst ist der erhobene Datensatz auf fehlende Werte und Ausreißer[170] zu überprüfen (Weiber & Mühlhaus, 2014: 174). Da im Rahmen dieser Untersuchung die Maximum-Likelihood-Methode zur Anwendung kommt, sind die erhobenen Daten weiterhin auf ihre multivariate Normalverteilung hin zu überprüfen (siehe Kapitel 4.3.2).

Was den Umgang mit fehlenden Werten betrifft, lässt sich für die vorliegende Untersuchung festhalten, dass die Anzahl der fehlenden Werte pro Untersuchungsvariable äußerst gering ist (siehe Tabelle 11). Mit vier fehlenden Werten (0,01 %) weist die Variable *Affektives Commitment_5* den höchsten prozentualen Anteil auf.[171] Zur Imputation der fehlenden Werte wird auf die Full-Information-Maximum-Likelihood(FIML)-Technik zurückgegriffen, die sich im Kontext von Strukturgleichungsmodellen als überlegen erwiesen hat (Enders & Bandalos, 2001).[172]

---

[169] Der Mindestwert für die QMK liegt nach Homburg & Baumgartner (1998: 364) bei 0,4.

[170] Zur Ausreißeranalyse siehe Kapitel 4.1.1 beziehungsweise Anhang A.

[171] Nach Rubin (1976) können grundsätzlich drei verschiedene Formen von fehlenden Werten auftreten: NMAR – Not missing at random, MAR – Missing at random und MCAR – Missing completely at random.

[172] Bei der FIML-Technik werden auch jene Fälle in die Analyse einbezogen, die fehlende Werte aufweisen. Diese Fälle werden mit sämtlichen verfügbaren Informationen berücksichtigt. Als Voraussetzung für die Anwendung gilt, dass die fehlenden Werte zufällig auftreten (MAR oder MCAR), was für die vorliegende Untersuchung aufgrund des sehr geringen prozentualen Anteils als gegeben angesehen werden kann (Urban & Mayerl, 2014: 150; Weiber & Mühlhaus, 2014: 177).

Tabelle 11: Deskriptive Statistik Untersuchungsvariablen

Variable	Min	Max	Schiefe	Wölbung	%-Miss
Exkursionen	0	1	-	-	0,00
Firmenkontaktmessen	0	1	-	-	0,00
Gastvorträge	0	1	-	-	0,00
Lehraufträge/Honorarprofessuren	0	1	-	-	0,00
Ehrentitel	0	1	-	-	0,00
Forschungsprojekte	0	1	-	-	0,00
Gremienarbeit	0	1	-	-	0,01
Sponsoring-Aktivitäten	0	1	-	-	0,00
Stiftungsprofessuren	0	1	-	-	0,00
Realistische Tätigkeitsvorstellung_1	1	7	-0,55	-0,13	0,00
Realistische Tätigkeitsvorstellung_2	1	7	-0,37	-1,11	0,00
Realistische Tätigkeitsvorstellung_3	1	7	-0,43	-0,43	0,01
Wahrgenommenes Arbeitgeberprestige	1	7	-0,88	0,58	0,00
Zufriedenheit mit der Hochschulpräsenz	1	7	0,50	-1,00	0,01
Affektives Commitment_1	1	7	-1,51	2,78	0,00
Affektives Commitment_2	1	7	-1,33	1,35	0,00
Affektives Commitment_3	1	7	-1,57	2,85	0,00
Affektives Commitment_4	1	7	-0,84	0,60	0,00
Affektives Commitment_5	1	7	-0,72	0,40	0,01
Vorprägung bzgl. Unternehmen_1	1	7	-0,63	-0,64	0,00
Vorprägung bzgl. Unternehmen_2	1	7	-0,26	-1,32	0,00
Vorprägung bzgl. Unternehmen_3	1	7	-0,77	-0,15	0,00
Vorprägung bzgl. Unternehmen_4	1	7	-0,48	-1,10	0,00
Vorprägung bzgl. Unternehmen_5	1	7	-0,17	-1,15	0,00

Anmerkungen: Min: Minimum; Max: Maximum; %-Miss: prozentualer Anteil fehlender Werte; Bei den Variablen Realistische Tätigkeitsvorstellung_2, Affektives Commitment_2 und Vorprägung bzgl. Unternehmen_4 handelt es sich um invertierte Items.

Zur Prüfung auf multivariate Normalverteilung wird das von Mardia (1970) vorgeschlagene Maß der multivarianten Wölbung herangezogen (Bühner, 2006: 251). Die Prüfung der Daten ergibt, dass keine multivariate Normalverteilung gegeben ist. Der Mardia-Koeffizient liegt bei 307,40 und der Signifikanzwert bei 0,000.[173] Allerdings kann die ML-Methode dennoch angewendet werden, wenn Schiefe und Wölbung der Daten bestimmte Grenzwerte nicht überschreiten (Bühner, 2006: 251). West et al. (1995) sprechen ab einer Schiefe |>2| und einer Wölbung |>7| von einer substanziellen Abweichung von der Normal-

---

[173] Für die Berechnung wird das Statistikprogramm Stata 12 herangezogen.

verteilung.[174] Sämtliche Werte für Schiefe und Wölbung der Untersuchungsvariablen liegen unterhalb dieser Grenzwerte (siehe Tabelle 11). Allerdings lässt sich festhalten, dass die Werte auf eine moderate Nichtnormalität hindeuten (West et al., 1995: 74). Um mögliche Verzerrungen zu vermeiden, wird daher im Rahmen dieser Untersuchung der ML-Schätzer mit Satorra-Bentler-Korrektur eingesetzt.[175]

4.4.2 Beurteilung der Messmodelle

Die Gütebeurteilung der Multi-Item-Messmodelle erfolgt anhand der in Abschnitt 4.3.4.1 vorgestellten Anpassungsmaße.[176] Eine Gütebeurteilung der neun Hochschulkooperationsformen (vergleiche Abschnitt 4.2.1) sowie der beiden Single-Item-Konstrukte (vergleiche Abschnitt 4.2.2) analog zu dieser Vorgehensweise ist nicht möglich.

In einem ersten Analyseschritt wird zur Überprüfung der Inhaltsvalidität eine explorative Faktorenanalyse mit allen Indikatoren der drei reflektiv spezifizierten Konstrukte durchgeführt (Weiber & Mühlhaus, 2014: 144).[177] Voraussetzung für die Durchführung einer Faktorenanalyse ist eine substanzielle Korrelation der Items (Bühner, 2006: 192). Ob und inwieweit die Daten für eine Faktorenanalyse geeignet sind, zeigt der Kaiser-Meyer-Olkin-Koeffizient an (Bühner, 2006: 206). Werte größer als 0,5 gelten als akzeptabel und Werte größer als 0,8 als wünschenswert. Der erreichte Wert von 0,85[178] belegt eine gute Eignung der Stichprobe (Kaiser, 1974: 35).

Gemäß dem Kaiser-Kriterium werden insgesamt drei Faktoren extrahiert.[179] Als Extraktionsmethode wird die robuste ML-Methode (MLR-Schätzer)[180] (Costello & Osborne, 2005: 2) mit anschließender Geomin-Rotation (Browne, 2010: 119 ff.; Yates, 1987) gewählt.[181] Zu den Ergebnissen der explorativen Faktorenanalyse siehe Tabelle 12.

---

[174]   Eine exakte Normalverteilung ist gegeben, wenn Schiefe und Wölbung der Variable einen Wert von null aufweisen (Weiber & Mühlhaus, 2014: 180).

[175]   Simulationsstudien konnten zeigen, dass bei nicht-normalverteilten Daten ML-Schätzer mit der Satorra-Bentler-Korrektur die besten Eigenschaften aufweisen (Hu, Bentler & Kano, 1992; West et al., 1995).

[176]   Sofern nichts Gegenteiliges angegeben ist, wird im weiteren Verlauf für die Berechnungen das Statistikprogramm Mplus 7 herangezogen.

[177]   Für diesen und alle weiteren Analyseschritte werden die drei negativ formulierten Items *Tätigkeitsvorstellung_2*, *Affektives Commitment_2* und *Vorprägung bzgl. Unternehmen_4* umgepolt, sodass höhere Werte eine höhere Ausprägung des zugehörigen Merkmals repräsentieren.

[178]   Für die Berechnung wurde das Statistikprogramm Stata 12 herangezogen.

[179]   Dem Kaiser-Kriterium zufolge sollen lediglich Faktoren mit einem Eigenwert > 1 betrachtet werden (siehe Abschnitt 4.3.4.1). Der Scree-Plot ist Anhang C zu entnehmen.

[180]   Der im Statistikprogramm Mplus implementierte MLR-Schätzer beinhaltet die im Abschnitt 4.4.1 thematisierte Satorra-Bentler-Korrektur (Muthén & Muthén, 1998-2012: 603).

[181]   Da es darum geht, latente Faktoren zu identifizieren, die als Ursache der Korrelationen zwischen den Items verantwortlich sind, ist die häufig angewendete Hauptkomponentenanalyse für den vorliegenden Fall nicht geeignet. Diese dient ausschließlich der Reduktion von Daten (Bühner, 2006: 196 f.). Die oblique Rotation wird insbesondere deswegen eingesetzt, da sie Korrelationen zwischen den Faktoren zulässt (Bühner, 2006: 182).

Tabelle 12: Ergebnisse der explorativen Faktorenanalyse

Items	Faktor1	Faktor2	Faktor3
Realistische Tätigkeitsvorstellung_1	-0,01	0,25**	**0,61****
Realistische Tätigkeitsvorstellung_2	0,01	-0,00	**0,37****
Realistische Tätigkeitsvorstellung_3	0,05	0,00	**0,98****
Affektives Commitment_1	-0,04	**0,71****	0,06
Affektives Commitment_2	0,09	**0,62****	-0,09
Affektives Commitment_3	-0,00	**0,89****	-0,11
Affektives Commitment_4	0,06	**0,80****	0,04
Affektives Commitment_5	0,00	**0,66****	0,03
Vorprägung bzgl. Unternehmen_1	**0,60****	0,15	-0,04
Vorprägung bzgl. Unternehmen_2	**0,76****	0,03	0,05
Vorprägung bzgl. Unternehmen_3	**0,76****	0,10	-0,01
Vorprägung bzgl. Unternehmen_4	**0,75****	-0,06	0,00
Vorprägung bzgl. Unternehmen_5	**0,85****	-0,03	0,05

Anmerkungen: Die Negativitems Realistische Tätigkeitsvorstellung_2, Affektives Commitment_2 und Vorprägung bzgl. Unternehmen_4 wurden für die Auswertung umgepolt; N = 470; ** $p \leq 0,05$; Extraktionsmethode: ML; Rotationsmethode: Geomin oblique Rotation.

Sämtliche Indikatoren laden jeweils am höchsten auf das Konstrukt, dem sie auch im Vorhinein über die Operationalisierung zugeordnet wurden. Die Kreuzladungen zwischen den Konstrukten sind jeweils kleiner 0,3 und somit zu vernachlässigen (Maltby, Day & Macaskill, 2011: 937).

Allerdings weisen fünf Items (*Realistische Tätigkeitsvorstellung_1, Realistische Tätigkeitsvorstellung_2, Affektives Commitment_2, Affektives Commitment_5 und Vorprägung bzgl. Unternehmen_1*) eine Faktorladung auf, die unterhalb, in einem Fall sogar deutlich unterhalb des geforderten Richtwertes von 0,7 liegt. Hinzu kommt, dass die Fit-Indizes des Drei-Faktoren-Modells (siehe Tabelle 13) keine zufriedenstellende Anpassungsgüte aufzeigen.

Um festzustellen, inwieweit die Ergebnisse der explorativen Faktorenanalyse robust sind, wird zusätzlich ein Verfahren angewendet, das die Datenclusterung in Bezug auf die Hochschulen mitberücksichtigt. Um die Mehrebenenstruktur der Daten einzubeziehen, ohne jedoch Annahmen und Beziehungen auf Hochschulebene zu spezifizieren, bietet sich eine Korrektur des Standardfehlers an. Das verwendete Programm Mplus bietet über die Analyseoption type = complex die Möglichkeit, bei der Berechnung der Standardfehler mögliche Designeffekte, wie den der Klumpung der Stichprobe, zu berücksichtigen (MacKinnon, 2008: 261). Da die Hochschulen, an denen die Befragungsteilnehmer ihren höchsten akademischen Abschluss erworben haben, als Clustervariablen in die Analyse eingehen, verringert sich die Stichprobe um elf Fälle auf insgesamt 459 (zu den Gründen siehe Abschnitt 4.1.1). Die Ergebnisse finden sich in Anhang D. Die marginalen Abweichungen sowohl bei den Faktorladungen als auch bei der Fit-Statistik von maximal 0,02 lassen auf die Robustheit der Ergebnisse schließen.

Tabelle 13: Fit-Statistik für das Drei-Faktoren-Modell

Kriterium	Wert	Interpretation
χ^2-Teststatistik	$\chi^2 = 180{,}45$ (df = 42; p = 0,000)	
χ^2-Wert/df	4,30	Schlechte Modellanpassung
RMSEA	0,08	Schlechte Modellanpassung
CI (90 %)	0,07 - 0,1 (p = 0,000)	
SRMR	0,03	Gute Modellanpassung
CFI	0,94	Akzeptable Modellanpassung
TLI	0,88	Schlechte Modellanpassung

Auf Basis der Ergebnisse werden in einem ersten Schritt die Items *Realistische Tätigkeitsvorstellung_2, Affektives Commitment_2 und Vorprägung bzgl. Unternehmen_1* von den weiteren Analysen ausgeschlossen. Da eine sukzessive Eliminierung verfolgt wird, werden die Items *Realistische Tätigkeitsvorstellung_1* und *Affektives Commitment_5* in diesem ersten Schritt nicht ausgeschlossen.

Nach Ausschluss der drei Items werden weiterhin drei Faktoren mit einem Eigenwert größer eins extrahiert (für den Scree-Plot siehe Anhang E) und die Zuordnungssystematik der einzelnen Indikatoren zu den Konstrukten bleibt ebenfalls bestehen (siehe Tabelle 14).

Die Fit-Indizes weisen darauf hin, dass das modifizierte Drei-Faktoren-Modell eine gute Anpassung an die Daten aufweist ($\chi^2 = 50{,}035$; df = 18, p = 0,000; χ^2/ df = 2,78; RMSEA = 0,06 / CI [0,04 – 0,08], (p = 0,16); SRMR = 0,02; CFI = 0,98; TLI = 0,95). Aufgrund der Ergebnisse kann von drei inhaltsvaliden reflektiven Konstruktmessungen ausgegangen werden. Gleiches gilt, wenn die Hochschule als Clustervariable berücksichtigt wird (siehe Anhang F).

Zur Beurteilung der Indikatorreliabilität, der Konstruktreliabilität und der Konvergenzvalidität wird auf die Ergebnisse der konfirmatorischen Faktorenanalyse zurückgegriffen (siehe Anhang G). Analog dem Vorgehen bei der explorativen Faktorenanalyse werden ebenfalls die Ergebnisse der konfirmatorischen Faktorenanalyse ausgewiesen, in der die Hochschule als Clustervariable berücksichtigt wird (siehe Anhang H). Die Unterschiede in Bezug auf die Faktorladungen und Korrelationen zwischen den beiden Verfahren sind marginal und die Ergebnisse dementsprechend robust.

Tabelle 14: Ergebnisse der explorativen Faktorenanalyse

Items	Faktor1	Faktor2	Faktor3
Realistische Tätigkeitsvorstellung_1	-0,01	0,09	0,81**
Realistische Tätigkeitsvorstellung_3	0,03	-0,01	0,83**
Affektives Commitment_1	-0,02	0,69**	0,07
Affektives Commitmtent_3	0,00	0,92**	-0,16**
Affektives Commitmtent_4	0,06	0,81**	0,00
Affektives Commitmtent_5	0,00	0,65**	0,07
Vorprägung bzgl. Unternehmen_2	0,78**	0,05	0,04
Vorprägung bzgl. Unternehmen_3	0,69**	0,16**	-0,03
Vorprägung bzgl. Unternehmen_4	0,70**	-0,02	-0,01
Vorprägung bzgl. Unternehmen_5	0,88**	-0,02	0,05

Anmerkungen: Das Negativitem Vorprägung bzgl. Unternehmen_4 wurde für die Auswertung umgepolt;
N = 470; ** $p \leq 0{,}05$;
Extraktionsmethode: MLR; Rotationsmethode: Geomin oblique Rotation.

Dem Vorschlag von Anderson & Gerbing (1988) folgend wird eine simultane konfirmatorische Faktorenanalyse aller in der Untersuchung betrachteten latenten Variablen durchgeführt. Die Faktorreliabilität und die durchschnittlich erfasste Varianz werden händisch gemäß den folgenden Formeln berechnet:

Faktorreliabilität:
$$\text{Rel}\,(\hat{\imath}_j) = \frac{\left(\Sigma\ddot{e}_{ij}\right)^2 \phi_{ij}}{\left(\Sigma\ddot{e}_{ij}\right)^2 + \Sigma\dot{e}_{ii}} \qquad (5.1)$$

Durchschnittlich erfasste Varianz:
$$\text{DEV}\,(\hat{\imath}_j) = \frac{\Sigma\ddot{e}_{ij}^2\,\phi_{ij}}{\Sigma\ddot{e}_{ij}^2\phi_{ij} + \Sigma\dot{e}_{ii}} \qquad (5.2)$$

mit
$\ddot{e}_{ij}$ = geschätzte Faktorladung
ϕ_{ij} = geschätzte Varianz der latenten Variable $\hat{\imath}_j$ (bei Fixierung = 1)
$\dot{e}_{ii}$ = geschätzte Varianz der zugehörigen Fehlervariablen (= $1 - \ddot{e}_{ij}^2$)

Die Ergebnisse werden im Folgenden für jedes Konstrukt einzeln dargestellt. Das Konstrukt *Realistische Tätigkeitsvorstellung* wird nunmehr anhand von zwei Items gemessen. Sowohl die einzelnen Indikatoren als auch das Konstrukt insgesamt weisen sehr gute Werte für die einzelnen Gütemaße auf (siehe Tabelle 15).

Tabelle 15: Gütebeurteilung des Konstrukts Realistische Tätigkeitsvorstellung

Konstrukt „Realistische Tätigkeitsvorstellung"

Item	Indikatorebene			Konstruktebene		
	Faktor-ladung	Erklärte Varianz	C. R.	Eindim	Faktor-reliabilität	DEV
	≥ 0,7	≥ 0,5	>1,96		≥ 0,6	≥ 0,5
Realistische Tätigkeitsvorstellung_1	0,91	0,83	23,23	Erfüllt	0,84	0,72
Realistische Tätigkeitsvorstellung_2	0,78	0,61	19,67			

Das Konstrukt *Affektives Commitment* wird insgesamt mit vier Indikatoren gemessen (siehe Tabelle 16). Bei dem Indikator *Affektives Commitment_5* wird der Mindestwert für die Faktorladung von ≥ 0,7 marginal unterschritten. Dementsprechend liegt der Wert für die erklärte Varianz (quadrierte Faktorladung) ebenfalls unterhalb des geforderten Werts von ≥ 0,5. Da die Faktorladung des Indikators *Affektives Commitment_5* jedoch signifikant von null verschieden ist und mit 0,69 als bedeutsam einzuschätzen ist (Weiber & Mühlhaus, 2014: 154), wird auf einen Ausschluss dieses Indikators verzichtet. Die Gütemaße auf Konstruktebene erfüllen allesamt die postulierten Ansprüche.

Tabelle 16: Gütebeurteilung des Konstrukts Affektives Commitment

Konstrukt „Affektives Commitment"

Item	Indikatorebene			Konstruktebene		
	Faktor-ladung	Erklärte Varianz	C. R.	Eindim.	Faktor-reliabilität	DEV
	≥ 0,7	≥ 0,5	>1,96		≥ 0,6	≥ 0,5
Affektives Commitment_1	0,72	0,52	21,26			
Affektives Commitment_3	0,81	0,66	37,27	Erfüllt	0,85	0,59
Affektives Commitment_4	0,85	0,72	36,91			
Affektives Commitment_5	0,69	0,47	18,66			

Das Konstrukt *Vorprägung bzgl. des Unternehmens* wird mit vier Indikatoren gemessen (siehe Tabelle 17). Der Indikator *Vorprägung bzgl. Unternehmen_4* erreicht nicht die erforderliche Höhe der Faktorladung von ≥ 0,7. Mit einer Faktorladung von 0,69 wird der Schwellenwert leicht unterschritten. Damit einhergehend wird auch der Mindestwert für die erklärte Varianz leicht unterschritten. Analog zu dem Indikator *Affektives Commitment_5* ist die Faktorladung jedoch signifikant und mit 0,69 als bedeutsam einzuschätzen, sodass von der Elimination ebenfalls abgesehen wird. Die übrigen Gütekriterien werden allesamt erfüllt.

Tabelle 17: Gütebeurteilung des Konstrukts Vorprägung bzgl. Unternehmen

Konstrukt „Vorprägung bzgl. Unternehmen"

Item	Indikatorebene			Konstruktebene		
	Faktor-ladung	Erklärte Varianz	C. R.	Eindim.	Faktor-reliabilität	DEV
	$\geq 0,7$	$\geq 0,5$	$>1,96$		$\geq 0,6$	$\geq 0,5$
Vorprägung bzgl. Unternehmen_2	0,81	0,66	34,08			
Vorprägung bzgl. Unternehmen_3	0,76	0,58	28,22			
Vorprägung bzgl. Unternehmen_4	0,69	0,48	19,49	Erfüllt	0,87	0,62
Vorprägung bzgl. Unternehmen_5	0,87	0,76	36,52			

Anmerkung: Das Negativitem „Vorprägung bzgl. Unternehmen_4" wurde umgepolt.

Die Diskriminanzvalidität wird im Folgenden mittels Fornell-Larcker-Kriterium (Fornell & Larcker, 1981) überprüft. Tabelle 18 ist zu entnehmen, dass das Fornell-Larcker-Kriterium erfüllt ist. Die quadrierten Korrelationen weisen durchgehend niedrigere Werte auf als die durchschnittlich erfasste Varianz der einzelnen Konstrukte. Die Konstrukte sind demnach alle diskriminanzvalide.

Tabelle 18: Ergebnisse der Prüfung auf Diskriminanzvalidität

Konstrukte	1	2	3
1 Affektives Commitment	**0,59**		
2 Realistische Tätigkeitsvorstellung	0,29	**0,72**	
3 Vorprägung bzgl. Unternehmen	0,22	0,03	**0,62**

Anmerkungen: Die fettgedruckten Werte in der Diagonalen zeigen die DEV der Konstrukte an; Werte unterhalb der Diagonale zeigen die quadrierten Korrelationen zwischen den Konstrukten an.

Aufgrund der Ergebnisse der Gütebeurteilung können die konzipierten Multiple-Item-Konstrukte insgesamt als reliabel und valide bezeichnet werden.

Ferner wird noch untersucht, ob die Single-Item-Konstrukte ebenfalls als ausreichend diskriminanzvalide bezeichnet werden können. Hierzu werden die Korrelationen zwischen den Konstrukten betrachtet (siehe Tabelle 19).[182] Es zeigt sich, dass die Korrelationen zwischen den Single-Item-Konstrukten (wahrgenommenes Arbeitgeberprestige und Zufriedenheit mit der Hochschulpräsenz) und den Multi-Item-Konstrukten überwiegend unterhalb von 0,3 liegen.[183] Lediglich zwei Korrelationen überschreiten diesen Wert minimal. Insgesamt scheinen

---

[182] Für ein entsprechendes Vorgehen siehe Kaland (2014: 437).

[183] Gleiches gilt, wenn die Hochschule als Clustervariable berücksichtigt wird (siehe Anhang I).

die Korrelationen allerdings hinreichend gering zu sein, sodass auch bei den Single-Item-Konstrukten von Diskriminanzvalidität auszugehen ist. Im Folgenden kann daher die Gütebeurteilung des Gesamtmodells erfolgen.

Tabelle 19: Korrelationsmatrix der Konstrukte

Item	1	2	3	4	5
1 Affektives Commitment	-				
2 Realistische Tätigkeitsvorstellung	0,55***	-			
3 Wahrgenommenes Arbeitgeberprestige	0,32***	0,23***	-		
4 Zufriedenheit mit der Hochschulpräsenz	0,09*	0,07$^{n.s.}$	0,31***	-	
5 Vorprägung bzgl. Unternehmen	0,47***	0,18***	0,27***	0,12**	-

Anmerkungen: N = 470;
Extraktionsmethode: MLR; STDYX-Standardisierung;
***p < 0,01; **p < 0,05; *p < 0,1; $^{n.s.}$ = nicht signifikant.

4.4.3 Beurteilung des Gesamtmodells

Nachdem die Gütebeurteilung der Messmodelle abgeschlossen ist, wird im nächsten Schritt das Gesamtmodell überprüft. Abbildung 6 enthält das spezifizierte Strukturgleichungsmodell. Als exogene Variablen gehen die neun Hochschulkooperationsformen und die Vorprägung bzgl. des Unternehmens in das Modell ein. Die Zufriedenheit mit der Hochschulpräsenz, das wahrgenommene Arbeitgeberprestige sowie die realistische Tätigkeitsvorstellung fungieren als mediierende Variablen zwischen den Hochschulkooperationsformen und dem affektiven Commitment als endogene Variable.

Die Vorprägung bzgl. des untersuchten Unternehmens dient als Kontrollvariable, um eine eventuelle positive Wahrnehmung des Unternehmens durch vorherige, das heißt vor dem Studium liegende Prägungen zu berücksichtigen.

Für die Schätzung der Parameter im Gesamtmodell wird analog zur konfirmatorischen Faktorenanalyse der MLR-Schätzer herangezogen. Dem Ansatz von Anderson & Gerbing (1988) folgend werden bei der Schätzung des Gesamtmodells die Faktorladungen ein weiteres Mal frei geschätzt, sodass sich eine Kontrollmöglichkeit für das bereits in Abschnitt 4.3.4.1 thematisierte Interpretational Confounding ergibt.[184] Sofern die im Rahmen der Faktorenanalyse geschätzten Faktorladungen substanziell (> 0,05) von den Faktorladungen abweichen, die sich bei der Schätzung des Gesamtmodells ergeben, spricht dies für Interpretational Confounding (Hair, Black, Babin & Anderson, 2010). Da im vorliegenden Fall ausschließlich Abweichungen < 0,05 vorliegen (siehe Tabelle 20), spricht dies gegen das Vorliegen von Interpretational Confounding.

---

[184] Burt (1976: 17 f.) schlägt dagegen vor, die im Rahmen der konfirmatorischen Faktorenanalyse ermittelten Faktorladungen bei der anschließenden Analyse des Gesamtmodells entsprechend den Ergebnissen zu fixieren.

Weiterhin liefert die Plausibilitätsprüfung keine Hinweise auf Anomalien und alle zur Verfügung stehenden Anpassungsmaße werden ausgegeben. Eine Prüfung mittels der in Abschnitt 4.3.4.2 beschriebenen Fit-Indizes kann somit vorgenommen werden.

Die globalen Anpassungsmaße weisen allesamt auf eine gute Modellpassung hin.[185] Der χ^2-Wert des Modells beträgt 231,62 mit 128 Freiheitsgraden und ist signifikant (p-Wert = 0,000). Das Verhältnis χ^2-Wert/df liegt demnach bei 1,81. Der RMSEA-Wert beträgt 0,042 und das 90 %-Konfidenzintervall liegt im Bereich [0,033; 0,050]. Für die übrigen Fit-Indizes ergeben sich die folgenden Werte: SRMR = 0,05, CFI = 0,96 und TLI = 0,94.

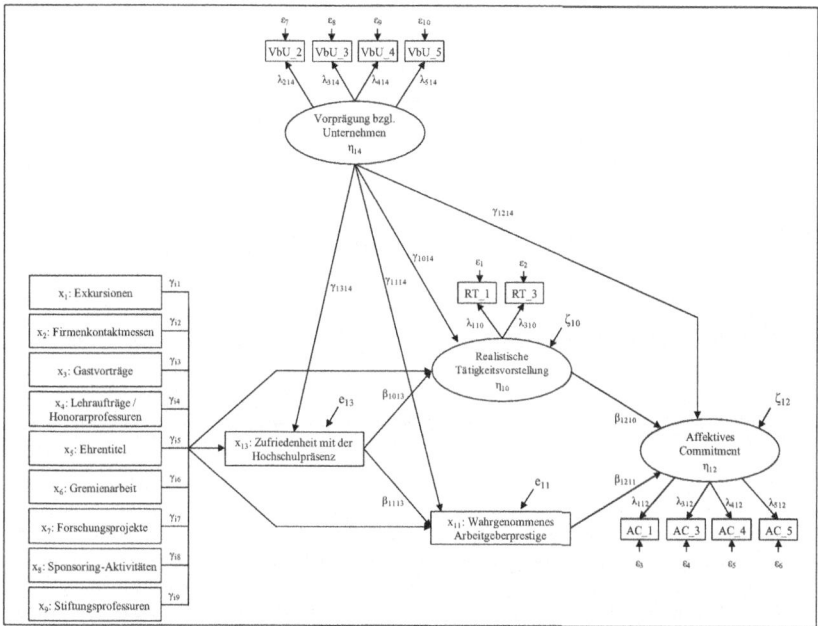

Abbildung 6: Spezifiziertes Strukturgleichungsmodell für die vorliegende Untersuchung

---

[185] Aufgrund dieses Ergebnisses kann von nomologischer Validität ausgegangen werden (siehe Abschnitt 4.3.4.1).

Tabelle 20: Faktorladungen der konfirmatorischen Faktorenanalyse und der Kovarianzstrukturanalyse

		Faktorladung		
Konstrukt	Indikator	Konfirmatorische Faktorenanalyse	Struktur-gleichungsanalyse	|Abweichung|
Realistische	RT_1	0,91	0,94	0,03
Tätigkeitsvorstellung	RT_3	0,78	0,75	0,03
	AC_1	0,72	0,72	0,00
Affektives	AC_3	0,81	0,81	0,00
Commitment	AC_4	0,85	0,84	0,01
	AC_5	0,69	0,69	0,00
	VbU_2	0,81	0,81	0,00
Vorprägung bzgl. Un-	VbU_3	0,76	0,76	0,00
ternehmen	VbU_4	0,69	0,69	0,00
	VbU_5	0,87	0,87	0,00

Anmerkung: Extraktionsmethode: MLR; STDYX-Standardisierung.

4.4.4 Beurteilung des Strukturmodells

Nachdem in den vorherigen beiden Kapiteln nachgewiesen wurde, dass in der vorliegenden Untersuchung ausschließlich reliable und valide Messmodelle zum Einsatz kommen und das Strukturgleichungsmodell eine gute Anpassungsgüte aufweist, gilt es im abschließenden Analyseschritt die in Kapitel 3.2 aufgestellten Hypothesen einer detaillierten Betrachtung zu unterziehen.

Insgesamt gehen 462 Fälle in die Berechnung ein.[186] Da es sich bei den unabhängigen Variablen um Dummy-Variablen handelt, wird die Standardisierungsvariante gewählt, welche für die Standardisierung eines Regressionspfads lediglich die Varianzen der kontinuierlichen latenten Variablen sowie der abhängigen Variablen heranzieht.[187] Diese Vorgehensweise ist anzuwenden, da bei Dummy-Variablen die Änderung um eine Standardabweichung nicht sinnvoll zu interpretieren ist (Christ & Schlüter, 2012: 15). Im Hinblick auf das vorliegende Untersuchungsmodell zeigen die von den neun Hochschulkooperationsformen ausgehenden standardisierten Pfadkoeffizienten demnach die geschätzte Änderung bei der abhängigen Variable an, wenn sich die jeweilige Dummy-Variable von null auf eins ändert. Da die Variable *Vorprägung bzgl. Unternehmen* ausschließlich als Kontrollvariable fungiert, findet sie in den weiteren Ausführungen keine Berücksichtigung. Abbildung 7 zeigt die Ergebnisse der Parameterschätzung in grafischer Form, wobei aus Gründen der Übersichtlichkeit lediglich die signifikanten Pfadkoeffizienten dargestellt sind.

---

[186] Obwohl zur Imputation der fehlenden Werte auf die Full-Information-Maximum-Likelihood-Technik (FIML) zurückgegriffen wird, schließt Mplus aufgrund von fehlenden Prädiktorvariablen acht Fälle aus.

[187] Die STDY-Standardisierung in Mplus entspricht dieser Standardisierungsvariante (Muthén & Muthén, 1998-2012: 722).

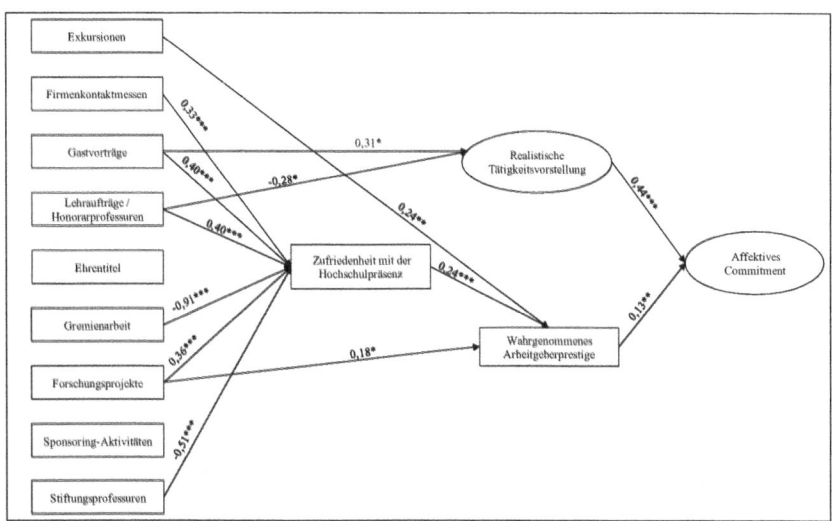

Anmerkungen: N = 462; ***P < 0,01, **P < 0,05, *P < 0,10;
                Extraktionsmethode: MLR; STDY-Standardisierung;
                Berücksichtigung der Kontrollvariable „Vorprägung bzgl. Unternehmen"; γ_{1014}: 0,17***, γ_{1114}:
                0,21***, γ_{1214}: 0,37*** (siehe Abbildung 6).

Abbildung 7: Standardisierte Ergebnisse für das Hypothesenmodell

Ein nahezu identisches Bild ergibt sich, wenn die Datenclusterung in Bezug auf die Hoch-
schulen mitberücksichtigt wird (siehe Abbildung 8).[188] Eine Gegenüberstellung der Ergebnis-
se zeigt, dass lediglich marginale Differenzen in Höhe von maximal |0,01| in Bezug auf den
Einfluss von Lehraufträgen/Honorarprofessuren auf die realistische Tätigkeitsvorstellung, von
Exkursionen auf das wahrgenommene Arbeitgeberprestige, von Firmenkontaktmessen und
Forschungsprojekten auf die Zufriedenheit mit der Hochschulpräsenz sowie von der realisti-
sche Tätigkeitsvorstellung auf das affektive Commitment bestehen. Dieses Ergebnis lässt auf
die Robustheit der Ergebnisse schließen. Im weiteren Verlauf findet daher die Hochschule als
Clustervariable keine weitere Berücksichtigung.

---

[188] Eine detaillierte Beschreibung des Vorgehens findet sich bereits in Kapitel 4.4.2.

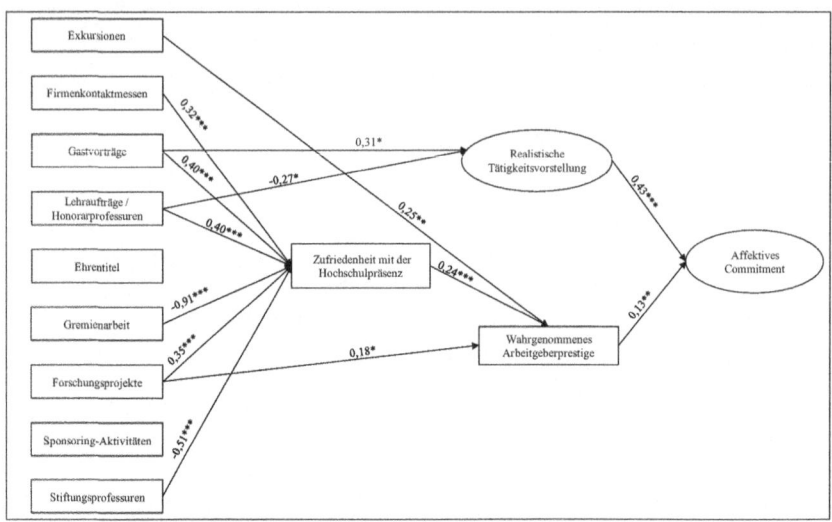

Anmerkungen: N = 453; ***P < 0,01, **P < 0,05, *P < 0,10;
Extraktionsmethode: MLR; STDY-Standardisierung; Clustervariable: Hochschule;
Berücksichtigung der Kontrollvariable „Vorprägung bzgl. Unternehmen"; γ_{1014}: $0,16^{***}$, γ_{1114}:
$0,20^{***}$, γ_{1214}: $0,38^{***}$ (siehe Abbildung 6).

Abbildung 8: Standardisierte Ergebnisse für das Hypothesenmodell mit Berücksichtigung der Hochschule als Clustervariable

4.4.4.1 Direkte Effekte

Die folgende Zusammenfassung bezieht sich ausschließlich auf die direkten Effekte. Die Überprüfung der Mediationshypothesen erfolgt in einem separaten Schritt. Was die Hypothesenprüfung betrifft, zeigt sich bei den direkten Effekten insgesamt ein gemischtes Bild mit teilweise kontraintuitiven Ergebnissen (siehe Tabelle 21). In Bezug auf Hypothese 1a „*Hochschulkooperationen haben einen positiven Einfluss auf die realistische Tätigkeitsvorstellung*" können ausschließlich für Gastvorträge ($\gamma_{103} = 0,31$) und Lehraufträge/Honorarprofessuren ($\gamma_{104} = -0,28$) signifikante direkte Pfade ermittelt werden. Allerdings haben Lehraufträge/Honorarprofessuren entgegen der Erwartung einen signifikanten negativen Einfluss auf die realistische Tätigkeitsvorstellung. Die Vermutung, dass Exkursionen, Firmenkontaktmessen, Ehrentitel, Gremienarbeit, Forschungsprojekte, Sponsoring-Aktivitäten und Stiftungsprofessuren einen direkten positiven Einfluss auf die realistische Tätigkeitsvorstellung haben, kann nicht bestätigt werden. Exkursionen, Gremienarbeit und Sponsoring-Aktivitäten weisen zusätzlich Vorzeichen entgegen dem vermuteten Zusammenhang auf, ohne jedoch signifikant zu sein. Hypothese 1a kann daher nur partiell für Gastvorträge bestätigt werden.

Tabelle 21: Pfadkoeffizienten der direkten Pfade und ihre Signifikanz für das Strukturmodell

Hypothesen	Zusammenhang	Standardisierte Lösung		
		Pfadkoeffizient	*SD*	Sig.
H1a⁺	γ_{101}: Exkursionen → Realistische Tätigkeitsvorstellung	-0,165	0,124	n. s.
	γ_{102}: Firmenkontaktmessen → Realistische Tätigkeitsvorstellung	0,096	0,128	n. s.
	γ_{103}: Gastvorträge → Realistische Tätigkeitsvorstellung	0,307	0,158	*
	γ_{104}: Lehraufträge/Honorarprofessuren → Realistische Tätigkeitsvorstellung	-0,279	0,151	*
	γ_{105}: Ehrentitel → Realistische Tätigkeitsvorstellung	0,138	0,137	n. s.
	γ_{106}: Gremienarbeit → Realistische Tätigkeitsvorstellung	-0,186	0,172	n. s.
	γ_{107}: Forschungsprojekte → Realistische Tätigkeitsvorstellung	0,044	0,115	n. s.
	γ_{108}: Sponsoring-Aktivitäten → Realistische Tätigkeitsvorstellung	-0,081	0,135	n. s.
	γ_{109}: Stiftungsprofessuren → Realistische Tätigkeitsvorstellung	0,213	0,175	n. s.
H2a⁺	γ_{111}: Exkursionen → Wahrgenommenes Arbeitgeberprestige	0,236	0,098	**
	γ_{112}: Firmenkontaktmessen → Wahrgenommenes Arbeitgeberprestige	-0,047	0,103	n. s.
	γ_{113}: Gastvorträge → Wahrgenommenes Arbeitgeberprestige	0,036	0,124	n. s.
	γ_{114}: Lehraufträge/Honorarprofessuren → Wahrgenommenes Arbeitgeberprestige	-0,154	0,120	n. s.
	γ_{115}: Ehrentitel → Wahrgenommenes Arbeitgeberprestige	-0,036	0,145	n. s.
	γ_{116}: Gremienarbeit → Wahrgenommenes Arbeitgeberprestige	-0,180	0,178	n. s.
	γ_{117}: Forschungsprojekte → Wahrgenommenes Arbeitgeberprestige	0,176	0,105	*
	γ_{118}: Sponsoring-Aktivitäten → Wahrgenommenes Arbeitgeberprestige	-0,034	0,110	n. s.
	γ_{119}: Stiftungsprofessuren → Wahrgenommenes Arbeitgeberprestige	-0,234	0,170	n. s.
H3⁺	β_{1210}: Realistische Tätigkeitsvorstellung → Affektives Commitment	0,438	0,048	***
H4⁺	β_{1211}: Wahrgenommenes Arbeitgeberprestige → Affektives Commitment	0,134	0,044	***

Anmerkungen: N = 462; ****p* < 0,01; ***p* < 0,05; **p* < 0,1, n. s. = nicht signifikant; Extraktionsmethode: MLR; STDY-Standardisierung; Berücksichtigung der Kontrollvariable „Vorprägung bzgl. Unternehmen".

Hypothese 1b *„Informationsreichere Hochschulkooperationsformen haben einen stärkeren positiven Einfluss auf die realistische Tätigkeitsvorstellung als informationsärmere Hochschulkooperationsformen"* kann mit Blick auf den signifikanten negativen Pfad von Lehraufträgen/Honorarprofessuren auf die realistische Tätigkeitsvorschau (γ_{104} = -0,28)[189] nicht bestätigt werden.

Im Hinblick auf Hypothese 2a *„Hochschulkooperationen haben einen positiven Einfluss auf das wahrgenommene Arbeitgeberprestige"* kann für Exkursionen (γ_{111} = 0,24) und Forschungsprojekte (γ_{117} = 0,18) ein direkter positiver Einfluss bestätigt werden. Der vermutete direkte Zusammenhang zwischen den anderen sieben Hochschulkooperationsformen und dem wahrgenommenen Arbeitgeberprestige kann dagegen nicht bestätigt werden. Die Koeffizienten dieser Hochschulkooperationsformen (ausgenommen Gastvorträge) weisen zusätzlich Vorzeichen entgegen der postulierten Richtung auf, ohne jedoch signifikant zu sein. Hypothese 2a kann daher ebenfalls nur partiell bestätigt werden.

[189] Siehe Tabelle 21.

In Bezug auf Hypothese 2b „*Informationsreichere Hochschulkooperationen haben einen stärkeren positiven Einfluss auf das wahrgenommene Arbeitgeberprestige als informationsärmere Hochschulkooperationsformen*" lässt sich festhalten, dass Forschungsprojekte als informationsärmere Hochschulkooperationsform im Gegensatz zu Firmenkontaktmessen, Gastvorträgen und Lehraufträgen/Honorarprofessuren als informationsreichere Hochschulkooperationsformen einen signifikanten positiven Einfluss auf das wahrgenommene Arbeitgeberprestige ausüben ($\gamma_{117} = 0,18$), weshalb Hypothese 2b abzulehnen ist.

Hypothese 3 „*Die realistische Tätigkeitsvorstellung hat einen positiven Einfluss auf das affektive Commitment*" sowie Hypothese 4 „*Das wahrgenommene Arbeitgeberprestige hat einen positiven Einfluss auf das affektive Commitment*" können beide bestätigt werden. Den stärkeren positiven Einfluss auf das affektive Commitment weist dabei die realistische Tätigkeitsvorstellung ($\gamma_{1310} = 0,44$) auf.

4.4.4.2 Indirekte Effekte

Nachdem im vorherigen Abschnitt die Ergebnisse der direkten Effekte vorgestellt wurden, wird im folgenden Abschnitt überprüft, ob die Hypothesen in Bezug auf die mediierenden Wirkungszusammenhänge bestätigt werden können. Wie bereits in Kapitel 4.3.3 angesprochen, wird die Stärke der Mediatoreffekte inklusive ihres Signifikanzniveaus mittels Bootstrapping geschätzt. Die Zahl der angeforderten Bootstrapping-Stichproben wird auf 1000 festgesetzt. Bei den Bootstrapping-Konfidenzintervallen handelt es sich um biaskorrigierte Konfidenzintervalle. Insgesamt gehen 462 Fälle in die Berechnung ein.[190] Die Ergebnisse der Mediatorenanalyse sind in Tabelle 22 und Tabelle 23 dargestellt.

Hypothese 5a „*Die Zufriedenheit mit der Hochschulpräsenz mediiert den positiven Effekt von Hochschulkooperationen auf die realistische Tätigkeitsvorstellung*" kann nicht bestätigt werden.

Hypothese 5b „*Die Zufriedenheit mit der Hochschulpräsenz mediiert den positiven Effekt von Hochschulkooperationen auf das wahrgenommene Arbeitgeberprestige*" kann partiell bestätigt werden. Im Falle von Firmenkontaktmessen, Gastvorträgen und Lehraufträgen/Honorarprofessuren wird der positive Effekt auf das wahrgenommene Arbeitgeberprestige vollständig durch die Zufriedenheit mit der Hochschulpräsenz mediiert. Des Weiteren fungiert die Zufriedenheit mit der Hochschulpräsenz als partieller Mediator für den Zusammenhang zwischen Forschungsprojekten und dem wahrgenommenen Arbeitgeberprestige. Zudem wird in Bezug auf Gremienarbeit und Stiftungsprofessuren der negative Effekt auf das wahrgenommene Arbeitgeberprestige vollständig durch die Zufriedenheit mit der Hochschulpräsenz mediiert.

Für den Zusammenhang zwischen den einzelnen Hochschulkooperationsformen und dem affektiven Commitment lässt sich Folgendes festhalten: Während Exkursionen, Firmenkontaktmessen, Gastvorträge und Forschungsprojekte einen signifikanten positiven Einfluss auf das affektive Commitment ausüben, haben Lehraufträge/Honorarprofessuren, Gremienarbeit und Stiftungsprofessuren einen signifikanten negativen Einfluss auf das affektive Commit-

---

[190] Im Zusammenhang mit Bootstrapping kann die Datenclusterung innerhalb der Hochschulen nicht mitberücksichtigt werden.

ment (siehe Tabelle 23).[191] Bei Exkursionen wird der positive Einfluss über das wahrgenommene Arbeitgeberprestige mediiert. In Bezug auf Firmenkontaktmessen, Gremienarbeit, Forschungsprojekte und Stiftungsprofessuren wird der Effekt auf das affektive Commitment über die Zufriedenheit mit der Hochschulpräsenz sowie das wahrgenommene Arbeitgeberprestige mediiert. Bei Gastvorträgen und Lehraufträgen/Honorarprofessuren liegt dahingehend eine Besonderheit vor, dass der Effekt sowohl über die realistische Tätigkeitsvorstellung als auch über die Zufriedenheit mit der Hochschulpräsenz und das wahrgenommene Arbeitgeberprestige mediiert wird.

Tabelle 22: Pfadkoeffizienten der indirekten Pfade (mit Mediatorvariablen) und ihre Signifikanz für das Strukturmodell

Hypothesen	Indirekter Pfad	Mediator	Pfadkoef-fizient	SD	Sig.
MH5a⁺	Exkursionen → Realistische Tätigkeitsvorstellung	Zufriedenheit mit der Hochschulpräsenz	-0,001	0,008	n. s.
	Firmenkontaktmessen → Realistische Tätigkeitsvorstellung		0,018	0,022	n. s.
	Gastvorträge → Realistische Tätigkeitsvorstellung		0,022	0,028	n. s
	Lehraufträge/Honorarprofessuren → Realistische Tätigkeitsvorstellung		0,022	0,028	n. s.
	Ehrentitel → Realistische Tätigkeitsvorstellung		0,007	0,015	n. s.
	Gremienarbeit → Realistische Tätigkeitsvorstellung		-0,049	0,058	n. s.
	Forschungsprojekte → Realistische Tätigkeitsvorstellung		0,019	0,024	n. s.
	Sponsoring-Aktivitäten → Realistische Tätigkeitsvorstellung		0,000	0,009	n. s.
	Stiftungsprofessuren → Realistische Tätigkeitsvorstellung		-0,028	0,036	n. s.
MH5b⁺	Exkursionen → Wahrgenommenes Arbeitgeberprestige	Zufriedenheit mit der Hochschulpräsenz	-0,003	0,025	n. s.
	Firmenkontaktmessen → Wahrgenommenes Arbeitgeberprestige		0,079	0,027	***
	Gastvorträge → Wahrgenommenes Arbeitgeberprestige		0,095	0,039	**
	Lehraufträge/Honorarprofessuren → Wahrgenommenes Arbeitgeberprestige		0,095	0,036	***
	Ehrentitel → Wahrgenommenes Arbeitgeberprestige		0,031	0,037	n. s.
	Gremienarbeit → Wahrgenommenes Arbeitgeberprestige		-0,216	0,061	***
	Forschungsprojekte → Wahrgenommenes Arbeitgeberprestige		0,086	0,030	***
	Sponsoring-Aktivitäten → Wahrgenommenes Arbeitgeberprestige		0,001	0,026	n. s.
	Stiftungsprofessuren → Wahrgenommenes Arbeitgeberprestige		-0,122	0,052	**

Anmerkungen: N = 462; ***$p < 0{,}01$, **$p < 0{,}05$, n. s. = nicht signifikant;
Extraktionsmethode: Bootstrapping; STDY-Standardisierung;
Berücksichtigung der Kontrollvariable „Vorprägung bzgl. Unternehmen".

---

[191] Der negative Effekt von Lehraufträgen/Honorarprofessuren auf das affektive Commitment (mediiert durch die realistische Tätigkeitsvorstellung) ist größer als der positive Effekt von Lehraufträgen/Honorarprofessuren auf das affektive Commitment (mediiert durch die Zufriedenheit mit der Hochschulpräsenz und dem wahrgenommenen Arbeitgeberprestige).

Tabelle 23: Pfadkoeffizienten der indirekten Pfade (mit Mediatorvariablen) und ihre Signifikanz für das Strukturmodell (Fortsetzung)

Hypothesen	Indirekter Pfad	Mediator	Standardisierte Lösung Pfadkoeffizient	SD	Sig.
	Exkursionen → Affektives Commitment		-0,072	0,057	n. s.
	Firmenkontaktmessen → Affektives Commitment		0,042	0,059	n. s.
	Gastvorträge → Affektives Commitment		0,135	0,075	*
	Lehraufträge/Honorarprofessuren → Affektives Commitment	Realistische Tätigkeitsvorstellung	-0,122	0,072	*
	Ehrentitel → Affektives Commitment		0,060	0,065	n. s.
	Gremienarbeit → Affektives Commitment		-0,082	0,076	n. s.
	Forschungsprojekte → Affektives Commitment		0,019	0,052	n. s.
	Sponsoring-Aktivitäten → Affektives Commitment		-0,035	0,060	n. s.
	Stiftungsprofessuren → Affektives Commitment		0,093	0,077	n. s.
	Exkursionen → Affektives Commitment		0,000	0,004	n. s.
	Firmenkontaktmessen → Affektives Commitment		0,008	0,010	n. s.
	Gastvorträge → Affektives Commitment	Zufriedenheit mit der Hochschulpräsenz & Realistische Tätigkeitsvorstellung	0,010	0,012	n. s.
	Lehraufträge/Honorarprofessuren → Affektives Commitment		0,009	0,012	n. s.
	Ehrentitel → Affektives Commitment		0,003	0,006	n. s.
	Gremienarbeit → Affektives Commitment		-0,022	0,026	n. s.
	Forschungsprojekte → Affektives Commitment		0,009	0,011	n. s.
	Sponsoring-Aktivitäten → Affektives Commitment		0,000	0,004	n. s.
	Stiftungsprofessuren → Affektives Commitment		-0,012	0,016	n. s.
	Exkursionen → Affektives Commitment		0,031	0,018	*
	Firmenkontaktmessen → Affektives Commitment		-0,006	0,015	n. s.
	Gastvorträge → Affektives Commitment	Wahrgenommenes Arbeitgeberprestige	0,005	0,018	n. s.
	Lehraufträge/Honorarprofessuren → Affektives Commitment		-0,021	0,019	n. s.
	Ehrentitel → Affektives Commitment		-0,005	0,020	n. s.
	Gremienarbeit → Affektives Commitment		-0,024	0,027	n. s.
	Forschungsprojekte → Affektives Commitment		0,024	0,017	n. s.
	Sponsoring-Aktivitäten → Affektives Commitment		-0,004	0,015	n. s.
	Stiftungsprofessuren → Affektives Commitment		-0,031	0,028	*
	Exkursionen → Affektives Commitment		0,000	0,004	n. s.
	Firmenkontaktmessen → Affektives Commitment		0,011	0,005	**
	Gastvorträge → Affektives Commitment	Zufriedenheit mit der Hochschulpräsenz & Wahrgenommenes Arbeitgeberprestige	0,013	0,007	*
	Lehraufträge/Honorarprofessuren → Affektives Commitment		0,013	0,007	*
	Ehrentitel → Affektives Commitment		0,004	0,006	n. s.
	Gremienarbeit → Affektives Commitment		-0,029	0,013	**
	Forschungsprojekte → Affektives Commitment		0,011	0,006	*
	Sponsoring-Aktivitäten → Affektives Commitment		0,000	0,004	n. s.
	Stiftungsprofessuren → Affektives Commitment		-0,016	0,010	*

Anmerkungen: N = 462; **$p < 0,05$; *$p < 0,1$, n. s. = nicht signifikant;
Extraktionsmethode: Bootstrapping; STDY-Standardisierung;
Berücksichtigung der Kontrollvariable „Vorprägung bzgl. Unternehmen".

Zusammenfassend kann festgehalten werden, dass von den acht empirisch geprüften Annahmen zwei Annahmen vollständige und drei Annahmen teilweise Gültigkeit besitzen, während wiederum drei Annahmen vollständig verworfen werden müssen (siehe Tabelle 24).

Tabelle 24: Ergebnisse der Hypothesenüberprüfung

Hypothese		Bestätigt
H1a	Hochschulkooperationen (Exkursionen, Firmenkontaktmessen, Gastvorträge, Lehraufträge/Honorarprofessuren, Ehrentitel, Gremienarbeit, Forschungsprojekte, Sponsoring-Aktivitäten, Stiftungsprofessuren) haben einen positiven Einfluss auf die realistische Tätigkeitsvorstellung.	Partiell
H1b	Informationsreichere Hochschulkooperationsformen haben einen stärkeren Einfluss auf die realistische Tätigkeitsvorstellung als informationsärmere Hochschulkooperationsformen.	Nein
H2a	Hochschulkooperationen (Exkursionen, Firmenkontaktmessen, Gastvorträge Lehraufträge/Honorarprofessuren, Ehrentitel, Gremienarbeit, Forschungsprojekte, Sponsoring-Aktivitäten, Stiftungsprofessuren) haben einen positiven Einfluss auf das wahrgenommene Arbeitgeberprestige.	Partiell
H2b	Informationsreiche Hochschulkooperationsformen haben einen stärkeren positiven Einfluss auf das wahrgenommene Arbeitgeberprestige als informationsärmere Hochschulkooperationsformen.	Nein
H3	Die realistische Tätigkeitsvorstellung hat einen positiven Einfluss auf das affektive Commitment.	Ja
H4	Das wahrgenommene Arbeitgeberprestige hat einen positiven Einfluss auf das affektive Commitment.	Ja
MH5	Die Zufriedenheit mit der Hochschulpräsenz mediiert den positiven Effekt von Hochschulkooperationen (Exkursionen, Firmenkontaktmessen, Gastvorträge, Lehraufträge/Honorarprofessuren, Ehrentitel, Gremienarbeit, Forschungsprojekte, Sponsoring-Aktivitäten, Stiftungsprofessuren) auf	
	a) die realistische Tätigkeitsvorstellung	Nein
	b) das wahrgenommene Arbeitgeberprestige	Partiell

Im nachstehenden Kapitel werden die Ergebnisse der vorliegenden Arbeit nun ausführlich diskutiert.

4.4.5 Diskussion und Interpretation der empirischen Ergebnisse

Wie bereits in Kapitel 4.4.4.1 und 4.4.4.2 angeführt, zeigt sich bei der Hypothesenprüfung, dass nicht alle Zusammenhänge in dieser Studie empirisch bestätigt werden können.

In Bezug auf Hypothese 1a zeigt sich, dass lediglich Gastvorträge und Lehraufträge/Honorarprofessuren einen signifikanten Einfluss auf die realistische Tätigkeitsvorstellung ausüben, wobei im Falle von Lehraufträgen/Honorarprofessuren der Einfluss entgegen der postulierten Wirkungsrichtung ist. Die anderen sieben Hochschulkooperationsformen üben keinen signifikanten Einfluss auf die realistische Tätigkeitsvorstellung aus.

Die Vielzahl an nicht-signifikanten Befunden in Bezug auf den Zusammenhang zwischen Hochschulkooperationen und der realistischen Tätigkeitsvorstellung könnte grundsätzlich mit dem Zeitpunkt zusammenhängen, an dem die Befragungsteilnehmer im Studium mit den

Hochschulkooperationsformen in Kontakt gekommen sind. Je nach Hochschulsemester besitzen Arbeitgeber- und Arbeitsplatzinformationen eine unterschiedliche Relevanz für die Studierenden. Demnach besteht bei den Studierenden eine unterschiedliche Bereitschaft, sich mit diesen Informationen auseinanderzusetzen beziehungsweise diese aufzunehmen (Beck, 2008a: 13).

Eine zweite Ursache für die überwiegend nicht-signifikanten Befunde könnte in der Operationalisierung der Hochschulkooperationsformen liegen.[192] Die Befragungsteilnehmer sollten angeben, inwieweit sie die an ihrer Hochschule stattgefundenen beziehungsweise ihnen bekannten Kooperationsformen positiv oder negativ bewerten. Demnach könnte es sein, dass die Befragungsteilnehmer einzelne Kooperationsformen bewertet haben, weil sie ihnen zum Beispiel durch Hörensagen bekannt sind, sie aber effektiv nicht an der Kooperationsform teilgenommen haben (zum Beispiel an einer Firmenkontaktmesse oder einer Lehrveranstaltung von einem Lehrbeauftragten). Die in der vorliegenden Untersuchung eingesetzte Dummy-Variable *Hochschulkooperationsform bekannt* versus *Hochschulkooperationsform nicht bekannt* liefert diesbezüglich keine Differenzierung.

Die Mediationshypothese, dass die Zufriedenheit mit der Hochschulpräsenz den positiven Effekt zwischen den Hochschulkooperationen und der realistischen Tätigkeitsvorstellung mediiert, muss für alle neun Kooperationsformen verworfen werden. Dies könnte möglicherweise daran liegen, dass die Zufriedenheit mit der Hochschulpräsenz eine affektive Reaktion auf die Kooperationsformen darstellt, während es sich bei der realistischen Tätigkeitsvorstellung um einen kognitiven Prozess handelt, bei dem die Aufnahme und Verarbeitung der vom Unternehmen bereitgestellten Informationen im Vordergrund steht. Somit lässt sich annehmen, dass es in Bezug auf die Bildung einer realistischen Tätigkeitsvorstellung nicht wichtig ist, ob die jeweilige Hochschulkooperationsform den Studierenden gefällt.

Bezüglich des unterschiedlich gerichteten Einflusses von Gastvorträgen und Lehraufträgen/Honorarprofessuren auf die realistische Tätigkeitsvorstellung lässt sich festhalten, dass, obwohl es sich in beiden Fällen um Kooperationsmöglichkeiten im Lehrveranstaltungsbereich handelt, der Fokus bei Lehraufträgen/Honorarprofessuren (im Gegensatz zu Gastvorträgen) stärker auf der Lehrtätigkeit, das heißt der Vermittlung von Wissen liegt. Gastvorträge werden vorrangig eingesetzt, um die überwiegend theoretischen Vorlesungsinhalte durch Praxisbeispiele zu ergänzen. Die Studierenden bekommen bei Gastvorträgen somit eine bessere Vorstellung der tatsächlichen Arbeitsinhalte vermittelt. Des Weiteren handelt es sich bei Lehrbeauftragten/Honorarprofessuren im Gegensatz zu Gastvortragenden in der Regel um Führungskräfte beziehungsweise Mitarbeiter aus dem Management, deren ausgeübte Tätigkeiten in den seltensten Fällen denen von Berufseinsteigern entsprechen. Dies könnte dann auch ein möglicher Grund für den negativen Einfluss von Lehraufträgen/Honorarprofessuren auf die realistische Tätigkeitsvorstellung sein.

In Bezug auf Hypothese 2a lässt sich festhalten, dass Exkursionen, Firmenkontaktmessen, Gastvorträge, Lehraufträge/Honorarprofessuren und Forschungsprojekte einen signifikanten positiven Effekt auf das wahrgenommene Arbeitgeberprestige ausüben. Dieser Einfluss wird bei Firmenkontaktmessen, Gastvorträgen und Lehraufträgen/Honorarprofessuren vollständig sowie bei Forschungsprojekten partiell durch die Zufriedenheit mit der Hochschulpräsenz mediiert. Damit lassen die Ergebnisse darauf schließen, dass für die Bildung eines positiven Arbeitgeberprestiges nicht das objektive Vorhandensein von Hochschulkooperationen ent-

---

[192] Dies gilt für alle von den Hochschulkooperationsformen ausgehenden Pfade.

scheidend ist, sondern die affektive Reaktion der Studierenden auf die Hochschulkooperationen, die sich wiederum aus dem Abgleich zwischen den subjektiven Erwartungen und Erfahrungen ergibt. Damit knüpft das vorliegende Ergebnis an die Untersuchung von Allen, Mahto & Otondo (2007) an, die im Zusammenhang mit Karrierewebseiten und der Unternehmensattraktivität ebenfalls einen Mediationseffekt für die Zufriedenheit aufdecken. Wird die affektive Einstellung in Bezug auf die Hochschulkooperationen auf das Unternehmen übertragen, führt dies dazu, dass nach eigener Ansicht auch andere Personen positiv über das Unternehmen als Arbeitgeber denken (Cable & Turban, 2001: 130).

Ein Grund für den fehlenden Mediationseffekt im Falle von studentischen Exkursionen könnte sein, dass diese nicht an der Hochschule stattfinden und deshalb auch keinen positiven Einfluss auf die Zufriedenheit mit der Hochschulpräsenz ausüben. Konträr zu den anderen Kooperationsformen laden die Unternehmen die Studierenden zu sich ein, um ihnen, zum Beispiel bei Werksbesichtigungen, das Unternehmen und die Produkte näherzubringen.

Die signifikanten negativen Einflüsse von Gremienarbeit und Stiftungsprofessuren auf das wahrgenommene Arbeitgeberprestige könnten möglicherweise damit zusammenhängen, dass durch diese Art von gesellschaftspolitischem Engagement die Entstehung von Wechselverhältnissen und Interessenkonflikten gefördert wird, welche die Freiheit und Unabhängigkeit der Forschung und Lehre tangieren. Zum Teil finanzieren Unternehmen eine Stiftungsprofessur vor dem Hintergrund einer konkreten Zweckbindung (Meyer & Pfeiffer, 2010: 132) oder sind in Hochschulräten vertreten und somit gleichzeitig Förderer und Entscheider. Diese Verflechtungen von Hochschulen und Unternehmen werden seit jüngerer Zeit vermehrt kritisch hinterfragt, wie das Beispiel des Internetportals hochschulwatch.de[193] zeigt, und werden deshalb gegebenenfalls auch von den Studierenden kritischer begutachtet. Zudem ist weiterhin denkbar, dass das Engagement der Unternehmen in Hochschulgremien oder die Finanzierung einer Stiftungsprofessur aus Sicht der Studierenden keinen unmittelbaren Nutzen stiftet, möglicherweise aber ihre Erwartungen nach zusätzlichem Engagement mit persönlichem Nutzen erhöht.

Zuletzt zeigen die Ergebnisse, dass Ehrentitel und Sponsoring-Aktivitäten keinen signifikanten Einfluss auf das wahrgenommene Arbeitgeberprestige haben. Der nicht signifikante Einfluss von Ehrentiteln auf das wahrgenommene Arbeitgeberprestige könnte damit begründet werden, dass Studierende zwar wissen, dass die eigene Hochschule Unternehmensvertretern Ehrentitel verleiht (der Bekanntheitsgrad liegt laut der eigenen Erhebung bei 27 %)[194], sie während ihres Studiums aber möglicherweise kaum Berührungspunkte mit Ehrenprofessoren oder Ehrendoktoren haben. Weder für einen Ehrenprofessor noch für einen Ehrendoktor besteht eine generelle Pflicht zu lehren, sodass es mitunter vorkommen kann, dass Unternehmensvertreter mit Ehrentiteln nicht im Lehrverzeichnis der Hochschule auftauchen und dementsprechend an der Hochschule auch nicht präsent sind (Ziesemer, 2014). Voraussetzung für eine affektive Reaktion ist allerdings, dass die Ehrendoktoren/Ehrenprofessoren von den Studierenden bewusst wahrgenommen werden. Zudem könnte es sein, dass Studierende Vorlesungen oder zum Beispiel Festreden von (hochrangigen) Unternehmensvertretern in keinen direkten Zusammenhang mit dem Ehrentitel bringen.

---

[193] Hochschulwatch.de ist ein Projekt von Transparency International Deutschland, der taz und dem freien zusammenschluss von studentInnenschaften (fzs), welches unter anderem die Offenlegungspflichten von Verträgen zwischen Wirtschaft und Wissenschaft fordert (https://www.hochschulwatch.de/; letzter Zugriff 10.12.2016).

[194] Siehe Kapitel 4.2.1.

Der fehlende Einfluss von Sponsoring-Aktivitäten auf das wahrgenommene Arbeitgeberprestige könnte durch einen fehlenden persönlichen Mehrwert für die Studierenden erklärt werden. Überwiegend fördert das untersuchte Unternehmen Hochschulen mittels Geldsponsoring, welches vorrangig in Fachtagungen oder Konferenzen einfließt.

In Bezug auf die Hypothesen 1b und 2b lässt sich zusammenfassend festhalten, dass für die Vielzahl an betrachteten Hochschulkooperationsformen keine eindeutige Aussage zu treffen ist. In der vorliegenden Arbeit zeigt sich, dass informationsreichere Hochschulkooperationen nicht zwingend einen positiveren Einfluss auf die realistische Tätigkeitsvorstellung sowie das wahrgenommene Arbeitgeberprestige ausüben. Dieses Ergebnis lässt sich nur schwer mit anderen Studien vergleichen, da diese maximal drei Rekrutierungsinstrumente gegenüberstellen (zum Beispiel Baum & Kabst, 2011, 2014; Cable & Yu, 2006). Tendenziell lässt sich aber auf Basis der Pfadkoeffizienten sagen, dass informationsreichere Hochschulkooperationen eher einen positiven Einfluss auf die realistische Tätigkeitsvorstellung und das wahrgenommene Arbeitgeberprestige ausüben als informationsärmere Hochschulkooperationen.

Hypothese 3 wird bestätigt, wonach ein positiver Zusammenhang zwischen der realistischen Tätigkeitsvorstellung und dem affektiven Commitment besteht. In der vorliegenden Arbeit wird dieser Zusammenhang unter Rückgriff auf die soziale Austauschtheorie sowie das psychologische Vertragskonzept erklärt. Je stärker die eigenen Erwartungen in Bezug auf das Unternehmen und die Tätigkeit erfüllt werden, desto stärker ist der Wunsch nach einer reziproken Erwiderung, der sich unter anderem in einem höheren affektiven Commitment niederschlägt (Meyer et al., 2002: 38). Dieses Ergebnis deckt sich mit den Untersuchungen von Delobbe & Vandenberghe (2000) sowie Saks & Ashforth (2000), die ebenfalls im Rekrutierungskontext einen positiven Zusammenhang zwischen der realistischen Tätigkeitsvorstellung und dem affektiven Commitment nachweisen.

Der positive Zusammenhang zwischen dem wahrgenommenen Arbeitgeberprestige und dem affektiven Commitment wird ebenfalls bestätigt (Hypothese 4). Dieser positive Effekt wird mit der Theorie der sozialen Identität begründet (Alniacik et al., 2011: 1180). Je positiver die eigene Einschätzung der Fremdwahrnehmung ausfällt, desto stärker trägt die Unternehmenszugehörigkeit zur Erhöhung des Selbstwerts bei und umso stärker bindet sich der Mitarbeiter an das Unternehmen. Dieses Ergebnis knüpft wiederum an die Untersuchungen von Alniacik et al. (2011), Bhattacharya et al. (1995), Brammer et al. (2007), Carmeli (2005a) sowie Herrbach et al. (2004) an, die zwar nicht explizit das wahrgenommene Arbeitgeberprestige betrachten, allerdings in ihren Untersuchungen ähnliche Konstrukte heranziehen. Alle Autoren betrachten Konstrukte, welche die eigene Einschätzung widerspiegeln, wie Außenstehende das eigene Unternehmen im Hinblick auf unterschiedliche Attribute, wie zum Beispiel die Reputation oder die Arbeitgeberattraktivität, wahrnehmen. Analog zur vorliegenden Arbeit ziehen die Forscher zur Begründung des Zusammenhanges die Theorie der sozialen Identität heran und argumentieren, dass die Verbundenheit mit der eigenen Organisation maßgeblich davon abhängt, was der Mitarbeiter denkt, wie Außenstehende die eigene Organisation wahrnehmen (Alniacik et al., 2011: 1180).

5 Schlussbetrachtungen

5.1 Zusammenfassung der zentralen Ergebnisse

Ausgangspunkt der vorliegenden Arbeit sind die gestiegenen Herausforderungen für Unternehmen im Zusammenhang mit dem Wandel des Arbeitsmarkts von einem Arbeitgeber- hin zu einem Arbeitnehmermarkt. Die Gewinnung und Bindung von qualifizierten und engagierten Mitarbeitern stellt für Unternehmen heutzutage einen strategisch wichtigen Wettbewerbsvorteil dar (Cleveland & Lim, 2007: 109; Connerley, 2014: 21). Um im Kampf um die besten Talente bestehen zu können, sind Unternehmen gezwungen, ihre Rekrutierungsaktivitäten zu optimieren, das heißt neue Rekrutierungswege einzuschlagen und frühzeitig an potenzielle Bewerber heranzutreten. Daher greifen Unternehmen verstärkt auf Hochschulkooperationen zurück, um sich frühzeitig bei den Studierenden als attraktiver Arbeitgeber zu positionieren. Trotz der hohen Relevanz für die Unternehmenspraxis hat sich die Forschung bislang allerdings nur vereinzelt mit der Bestimmung des Rekrutierungspotenzials von Hochschulkooperationen befasst.

Die erste Zielsetzung dieser Arbeit bestand deshalb darin, Klarheit darüber zu schaffen, welche Hochschulkooperationsformen tatsächlich von Studierenden wahrgenommen und vor allem positiv bewertet werden. Betrachtet wurden dabei lediglich diejenigen Hochschulkooperationsformen, die sich in den Felduntersuchungen bei der Volkswagen AG als wichtige Kooperationsformen herausgestellt haben. Für die empirische Studie wurden insgesamt 949 Neueinsteiger mit weniger als drei Jahren Berufserfahrung mittels eines elektronischen Fragebogens zu den Hochschulkooperationen an ihrer ehemaligen Hochschule befragt. Die empirischen Befunde legen offen, dass Exkursionen, Firmenkontaktmessen, Gastvorträge, Lehraufträge/Honorarprofessuren und Forschungsprojekte mehrheitlich bekannt sind. Weitestgehend unbekannt sind dagegen Ehrentitel, Gremienarbeit und Stiftungsprofessuren. Des Weiteren lässt sich festhalten, dass mehr als die Hälfte der betrachteten Hochschulkooperationsformen von den Befragungsteilnehmern eher negativ beurteilt werden. Einzig Exkursionen, Firmenkontaktmessen, Gastvorträge und Forschungsprojekte werden eher positiv bewertet, wobei Firmenkontaktmessen am besten bewertet werden.

Da angenommen werden kann, dass Rekrutierungsaktivitäten bereits einen entscheidenden Beitrag zur Mitarbeiterbindung leisten können (Caldwell et al., 1990: 246; Mowday et al., 1982: 45; Pinks, 1992: 13; Rynes, 1991), ging das zweite Ziel dieser Arbeit der Frage nach, ob und wenn ja, welche Hochschulkooperationen über die Attrahierung hinaus dazu geeignet sind, die Mitarbeiterbindung im Sinne eines langfristigen Rekrutierungseffekts zu erhöhen. Eng damit verbunden ist das dritte und zentrale Ziel dieser Arbeit, welches sich mit der Entwicklung und ersten empirischen Überprüfung eines theoretischen Modells zur Wirkungsweise von Hochschulkooperationen beschäftigt.

Mittels Literaturrecherche wurden neben der Mitarbeiterbindung als Zielkonstrukt die realistische Tätigkeitsvorstellung, das wahrgenommene Arbeitgeberprestige und die Zufriedenheit mit der Hochschulpräsenz als relevante Erfolgsgrößen zur Evaluierung von Rekrutierungsinstrumenten identifiziert. Als Grundlage für die Erklärung der Wirkzusammenhänge dienen das Signaling in Anlehnung an Spence (1973, 1974), der Mere-Exposure-Effekt (Zajonc, 1968), die soziale Austauschtheorie (Blau, 2008; Gouldner, 1960) beziehungsweise das psychologische Vertragskonzept (Rousseau, 1989) sowie die Theorie der sozialen Identität

© Springer Fachmedien Wiesbaden GmbH, ein Teil von Springer Nature 2018
F. M. Bauhoff, *Hochschulkooperationen und die Einstellung von Neueinsteigern zum Unternehmen*, AutoUni – Schriftenreihe 121,
https://doi.org/10.1007/978-3-658-22055-6_5

(Tajfel & Turner, 1979, 1986), die allesamt auf den vorliegenden Kontext übertragen wurden. Das Ergebnis ist ein Modell, welches den Rekrutierungserfolg von Hochschulkooperationen sowohl über einen kognitiven als auch einen affektiven Pfad erklärt. Die empirischen Befunde dieser Studie bestätigen die theoretischen Überlegungen allerdings nur teilweise. Die Ergebnisse legen offen, dass Exkursionen, Firmenkontaktmessen, Gastvorträge und Forschungsprojekte einen positiven Einfluss auf die Mitarbeiterbindung ausüben, wobei dieser Einfluss mehrheitlich durch die Zufriedenheit der Studierenden mit der Hochschulpräsenz sowie das wahrgenommene Arbeitgeberprestige mediiert wird. Lehraufträge/Honorarprofessuren, Gremienarbeit und Stiftungsprofessuren haben dagegen einen negativen Einfluss auf die Mitarbeiterbindung, wobei auch dieser Zusammenhang in zwei der drei Fälle durch die Zufriedenheit der Studierenden mit der Hochschulpräsenz und das wahrgenommene Arbeitgeberprestige mediiert wird. Das zentrale Ergebnis dieser Arbeit ist demnach, dass es im Zusammenhang mit Hochschulkooperationen wichtig ist, dass die subjektiven Erwartungen der Studierenden erfüllt werden. Eine affektive Reaktion in Bezug auf die Hochschulkooperationen trägt dazu bei, dass dem Unternehmen ein höheres Ansehen als Arbeitgeber zugeschrieben wird und infolgedessen die Mitarbeiterbindung steigt. Demnach reicht allein die Tatsache, dass ein Unternehmen mit Hochschulen kooperiert, in der Regel nicht aus, um eine langfristige Einstellungsveränderung bei den Neueinsteigern herbeizuführen.

5.2   Limitationen der Arbeit und zukünftige Forschung

Die vorliegende Arbeit weist Limitationen auf. Im Folgenden werden fünf Grenzen der Arbeit erläutert und mögliche Lösungen sowie Anknüpfungspunkte für die zukünftige Forschung diskutiert.

Die erste Limitation der vorliegenden Untersuchung bezieht sich auf die Stichprobe, die der empirischen Studie zugrunde liegt. In der vorliegenden Untersuchung wurde lediglich ein Unternehmen hinsichtlich seiner Hochschulkooperationen evaluiert. Aufgrund der Limitation der Daten ist eine Generalisierbarkeit der Ergebnisse auf Unternehmen mit anderen Charakteristiken schwierig. Allerdings zeigen mehrere Rekrutierungsstudien (Allen et al., 2004; Lievens et al., 2007; Turban, 2001), dass durchaus Implikationen für Unternehmen mit ähnlichen Größen- und Bekanntheitsverhältnissen abgeleitet werden können. Dies gilt vor allem dann, wenn analog der vorliegenden Untersuchung ein allgemeines Wirkungsmodell untersucht wird (Lievens et al., 2007: 57).

Es wäre trotzdem wünschenswert, wenn zukünftige Forschungsarbeiten verschiedene Unternehmen in Bezug auf die Wirkung von Hochschulkooperationen miteinander vergleichen und dabei sowohl bekannte als auch weniger bekannte Unternehmen in ihre Untersuchung mit einbeziehen.

Allerdings sollte hierbei unbedingt die in der vorliegenden Studie vollzogene Abkehr von der isolierten Maßnahmenbetrachtung beibehalten werden. Im Gegensatz zu anderen Studien bietet die vorliegende Untersuchung den Vorteil, dass die Gesamtheit der unterschiedlichen Hochschulkooperationsformen, auf die das Unternehmen zurückgreift, betrachtet wird.

Zudem könnte es, analog zu der Untersuchung von Baum & Kabst (2011), Interaktionseffekte zwischen den einzelnen Hochschulkooperationsformen geben, die in der vorliegenden Untersuchung keine Betrachtung gefunden haben. In diesem Zusammenhang wäre es weiterhin interessant zu erfahren, ob es spezifische Bündel von Hochschulkooperationsformen gibt, die den Rekrutierungserfolg beziehungsweise die Mitarbeitereinstellungen beeinflussen.

Eine solche konfigurationelle Betrachtungsweise könnte zudem Hochschulkooperationsformen identifizieren, deren Existenzen für den Rekrutierungserfolg zwingend erforderlich sind, und von anderen Maßnahmen unterscheiden, die substituierbar sind.

Die zweite Limitation bezieht sich auf die Operationalisierung der Variablen *Zufriedenheit mit der Hochschulpräsenz* und *wahrgenommenes Arbeitgeberprestige*. In beiden Fällen handelt es sich um ein Single Item. Bei einer Single-Item-Messung wird die latente Variable mittels einer manifesten Variable operationalisiert, sodass die Ausprägung der latenten Variable identisch mit der des Indikators ist. Daher wird häufig angebracht, dass Single-Item-Messungen eine geringere Reliabilität und Validität aufweisen als Multi-Item-Messungen (Wanous, Reichers & Hudy, 1997: 247). Allerdings kann dieses Argument nicht verallgemeinert werden, da Single-Item-Messungen nachweislich keine oder nur marginal schlechtere Reliabilitäts- und Validitätsergebnisse liefern (Fuchs & Diamantopoulos, 2009). Zudem haben sich insbesondere in Bezug auf Zufriedenheitsmessungen Single Items bewährt (Nagy, 2002: 85; Scarpello & Campbell, 1983; Wanous & Hudy, 2001; Wanous et al., 1997) und kommen dementsprechend häufig zum Einsatz.

Die dritte Limitation ergibt sich hinsichtlich der Operationalisierung der einzelnen Hochschulkooperationsformen. Die Hochschulkooperationsformen wurden in der vorliegenden Arbeit als Dummy-Variable (bekannt/nicht bekannt beziehungsweise stattgefunden/nicht stattgefunden) erfasst. Zukünftige Forschungsarbeiten sollten gegebenenfalls differenzierter erheben, wie intensiv die Studierenden die jeweiligen Maßnahmen erfahren haben.

Des Weiteren geht aus der Studie nicht hervor, zu welchem Zeitpunkt des Studiums die Studierenden in Kontakt mit den Hochschulkooperationen gekommen sind. Da allerdings Arbeitgeber- und Arbeitsplatzinformationen je nach Studienabschnitt eine unterschiedliche Relevanz besitzen und damit eine unterschiedliche Offenheit und Bereitschaft der Studierenden einhergeht, sich mit den Informationen auseinanderzusetzen (Beck, 2008b), wäre diese Information hilfreich, um feststellen zu können, ob einzelne Hochschulkooperationen je nach Studienfortschritt eine unterschiedliche Wirkung erzielen beziehungsweise die Studierenden unterschiedlich zufrieden stellen.

Die letzte Limitation bezieht sich auf das Querschnittsdesign der durchgeführten empirischen Untersuchung. Das in dieser Arbeit betrachtete Wirkungsmodell unterstellt auf Basis der herangezogenen Theorien kausale Einflüsse der Hochschulkooperationen auf die verschiedenen Erfolgsgrößen zur Messung des Rekrutierungserfolgs. Im Gegensatz zu Studien, die ein Paneldesign aufweisen, lässt sich für die vorliegende Arbeit die Kausalität der Wirkungsbeziehungen empirisch nicht abschließend belegen (Allen et al., 2004: 165; Felfe & Liepmann, 2008: 46). Wenn es jedoch, wie in der vorliegenden Studie, das Ziel ist, unter anderem den Einfluss von Hochschulkooperationen auf verschiedene Erfolgsgrößen nach erfolgter Einstellung zu messen, ist es im Rahmen einer Panelstudie sehr schwierig, über die Jahre hinweg (Studienzeit bis einige Monate nach Unternehmenseintritt) die für die Datenanalyse notwendige Anzahl an Beobachtungen innerhalb der gleichen Stichprobe zu erreichen.

Abschließend lässt sich festhalten, dass sowohl die Vielzahl an betrachteten Hochschulkooperationen als auch das theoretisch hergeleitete Modell zur Wirkungsweise von Hochschulkooperationen in der vorliegenden Untersuchung einer ersten empirischen Überprüfung unterzogen wurde. Es bedarf daher weiterer Forschungsvorhaben, die insbesondere die Ergebnisse im Zusammenhang mit dem Wirkungsmodell von Hochschulkooperationen replizieren und gegebenenfalls auch auf andere Rekrutierungsinstrumente übertragen.

5.3 Ableitung praktischer Implikationen

Ausgangspunkt der vorliegenden Arbeit war die Tatsache, dass Unternehmen zur Rekrutierung von Nachwuchskräften zunehmend auf Hochschulkooperationen zurückgreifen (Weitzel
et al., 2014: 27) beziehungsweise Großunternehmen bereits seit langem auf Hochschulkooperationen zur Gewinnung von engagierten und qualifizierten Mitarbeitern zurückgreifen (Van
Berk, 1992: 219 f.). Das Rekrutierungspotenzial von Hochschulkooperationen wurde bislang
jedoch nur peripher behandelt. Für einen effektiven Einsatz ist es allerdings hilfreich, das
Rekrutierungspotenzial der einzelnen Hochschulkooperationsformen zu kennen. Im Folgenden liegt der Fokus daher auf den praktischen Implikationen, welche die vorliegende Arbeit
auf Basis der gewonnenen empirischen Ergebnisse für die unternehmerische Praxis und insbesondere für die Volkswagen AG leistet.

In Bezug auf die Ausgestaltung von Hochschulkooperationen ist es aus Unternehmenssicht in
erster Linie wichtig zu berücksichtigen, dass diese primär über das wahrgenommene Arbeitgeberprestige und nicht über die realistische Tätigkeitsvorstellung auf die Mitarbeiterbindung
wirken. Hochschulkooperationen stellen somit nur bedingt ein geeignetes Medium für konkrete tätigkeitsbezogene Informationen dar. Sie wirken stärker affektiv über die Zufriedenheit
mit der Präsenz des Unternehmens am Hochschulstandort und die damit verbundene Erhöhung des Arbeitgeberprestiges. In diesem Sinne stellen Hochschulkooperationen eine effekti-
ve Möglichkeit dar, sich als attraktiver Arbeitgeber zu präsentieren und auf diese Weise die
Mitarbeiterbindung von jungen Berufseinsteigern zu beeinflussen. Vor diesem Hintergrund
eignet sich der Einsatz von Hochschulkooperationen nach heutigem Kenntnisstand insbesondere zu Beginn der Studienzeit. In dieser frühen Phase ist davon auszugehen, dass bei den
Studierenden ein niedriges situatives Involvement besteht, das heißt, Unternehmen keine detaillierten Informationen benötigen, um bei Studierenden die Arbeitgeberpräferenz und Ar-
beitsplatzpräferenz zugunsten des eigenen Unternehmens sicherzustellen. In dieser Phase ist
es als Unternehmen vor allem wichtig, die „Sensibilisierungs- und Emotionalisierungsfunkti-
on, die Aufmerksamkeitsfunktion, die Image- und Sympathiefunktion sowie die Transparenz-
und Orientierungsfunktion wahrzunehmen" (2008a: 13). Sofern sich Unternehmen als attrak-
tive Arbeitgeber an Hochschulen positionieren können, wertet dies im Falle eines Unterneh-
menseintritts die soziale Identität auf, was im weiteren Verlauf dazu führt, dass sich die Mitarbeiter stärker an das Unternehmen binden.

Des Weiteren ist es wichtig zu berücksichtigen, dass es nicht auf das objektive Vorhandensein
von Hochschulkooperationen ankommt, sondern darauf, dass die Erwartungen der Studierenden erfüllt werden. In der vorliegenden Untersuchung haben nicht alle Kooperationsformen
einen positiven Einfluss auf die Zufriedenheit mit der Hochschulpräsenz, die wiederum als
Mediator für den Zusammenhang zwischen Hochschulkooperationen und dem wahrgenommenen Arbeitgeberprestige fungiert. Insgesamt sollten Unternehmen Hochschulkooperationen
nutzen, um im Interesse an den Studierenden offenzulegen und einen persönlichen unmittelbaren Mehrwert für die Studierenden zu schaffen. Das heißt, alleine die Präsenz an Hochschulen ist nicht ausreichend, was durch den nicht-signifikanten Einfluss der Kooperationsformen
Ehrentitel und Sponsoring-Aktivitäten auf das wahrgenommene Arbeitgeberprestige verdeutlicht wird. Demgegenüber haben Exkursionen, Firmenkontaktmessen, Gastvorträge, Lehrauf-
träge/Honorarprofessuren und Forschungsprojekte einen positiven Einfluss auf das wahrgenommene Arbeitgeberprestige. Diese Kooperationsformen (Forschungsprojekte sind in der
Regel hiervon ausgenommen) ermöglichen eine direkte Ansprache der Studierenden und eine
entsprechende Begeisterung über die Emotionalität. Dies impliziert aber gleichzeitig, dass die
Unternehmensvertreter, die an Hochschulen präsent sind, sich stets ihrer Rolle als Markenbot-

schafter bewusst sein müssen. In diesem Zusammenhang sind vor allem die Fähigkeit der zielgruppengerechten Ansprache und die Fähigkeit, andere für das Unternehmen zu begeistern, wichtig. Unternehmen sollten diese Punkte bei der Auswahl von Unternehmensvertretern als Repräsentanten an Hochschulen berücksichtigen.

Da im Zusammenhang mit Hochschulkooperationen in erster Linie die Erwartungen der Studierenden erfüllt werden müssen, ist in Bezug auf das Erwartungsmanagement zu berücksichtigen, dass bei großen Unternehmen die Studierenden die Erwartung haben könnten, dass diese sich umfangreicher an Hochschulen engagieren sollten als kleine und mittlere Unternehmen. Weiterhin ist es möglich, dass die Erwartungen der Studierenden je nach Hochschulstandort variieren. Damit ist gemeint, dass Studierende von Hochschulen, die in der näheren Umgebung beziehungsweise im vorrangigen Einzugsgebiet eines Unternehmensstandortes liegen, womöglich ein wesentlich stärkeres Engagement erwarten als Studierende von Hochschulen, die in einem weiteren Umkreis von den Unternehmensstandorten entfernt liegen.

Wenn das Ergebnis auch nicht in direktem Zusammenhang mit Hochschulkooperationen zu sehen ist, legt die vorliegende Untersuchung ebenfalls offen, dass die realistische Tätigkeitsvorstellung einen signifikanten positiven Einfluss auf das affektive Commitment hat. Zusammen mit dem Ergebnis von Moser (2005), der in seiner Studie nachweist, dass eine unrealistische Tätigkeitsvorstellung einen signifikanten negativen Einfluss auf das affektive Commitment hat, unterstreicht es die Wichtigkeit, dass Unternehmen im Rahmen von geeigneten Rekrutierungsaktivitäten realistische Arbeitgeber- und Arbeitsplatzinformationen weitergeben.

Zusammenfassend lässt sich sagen, dass die vorliegende Untersuchung zeigt, dass Unternehmen durch den Einsatz von Hochschulkooperationen einen positiven Effekt auf die Mitarbeiterbindung von Neueinsteigern ausüben und damit mittelbar einen Beitrag zum Unternehmenserfolg leisten können. Zudem zeigt sich, dass Hochschulkooperationen ein zukunftsfähiges Rekrutierungsinstrument darstellen, mittels dessen Unternehmen im Kampf um die besten Talente bestehen können.

Literaturverzeichnis

Aaker, D. A. (1991). *Managing brand equity: Capitalizing on the value of a brand name.* New York: Free Press.

Abramovskij, M. (2013). *Determinanten der Arbeitgeberwahl von potenziellen Bewerbern in der Ernährungsindustrie.* Zugriff am 29.12.2016 auf http://d-nb.info/1044415967/34.

Abrams, D. (1992). Processes of social identification. In G. M. Brakwell (Hg.), *Social psychology of identity and the self-concept:* 57-100. San Diego: Academic Press.

Ahlers, F. (1994). *Strategische Nachwuchskräfterekrutierung über Hochschulkontakte.* München und Mering: Rainer Hampp Verlag.

Aiman-Smith, L., Bauer, T. N. & Cable, D. M. (2001). Are you attracted? Do you intend to pursue? A recruiting policy-capturing study. *Journal of Business and Psychology*, 16(2): 219-237.

Allen, D. G., Mahto, R. V. & Otondo, R. F. (2007). Web-based recruitment: Effects of information, organizational brand, and attitudes toward a Web site on applicant attraction. *Journal of Applied Psychology*, 92(6): 1696-1708.

Allen, D. G., Van Scotter, J. R. & Otondo, R. F. (2004). Recruitment communication media: impact on prehire outcomes. *Personnel Psychology*, 57(1): 143-171.

Allen, N. J. & Meyer, J. P. (1990). The measurement and antecedents of affective, continuance and normative commitment to the organization. *Journal of Occupational Psychology*, 63(1): 1-18.

Alniacik, U., Cigerim, E., Akcin, K. & Bayram, O. (2011). Independent and joint effects of perceived corporate reputation, affective commitment and job satisfaction on turnover intentions. *Procedia - Social and Behavioral Sciences*, 24: 1177-1189.

Anderson, J. C. & Gerbing, D. W. (1988). Structural equation modeling in practice: A review and recommended two-step approach. *Psychological Bulletin*, 103(3): 411-423.

Anderson, J. C. & Gerbing, D. W. (1991). Predicting the performance of measures in a confirmatory factor analysis with a pretest assessment of their substantive validities. *Journal of Applied Psychology*, 76(5): 732-740.

Anderson, N. & Schalk, R. (1998). The psychological contract in retrospect and prospect. *Journal of Organizational Behavior*, 19: 637-647.

Argyris, C. (1960). *Understanding organizational behavior.* Homewood: Dorsey Press.

Aryee, S., Wyatt, T., & Min, M. K. (1991). Antecedents of Organizational Commitment and Turnover Intentions Among Professional Accountants in Different Employment Settings in Singapore. *The Journal of Social Psychology*, 131(4): 545-556.

© Springer Fachmedien Wiesbaden GmbH, ein Teil von Springer Nature 2018
F. M. Bauhoff, *Hochschulkooperationen und die Einstellung von Neueinsteigern zum Unternehmen*, AutoUni – Schriftenreihe 121,
https://doi.org/10.1007/978-3-658-22055-6

Arnold, H. J. & Feldman, D. C. (1982). A multivariate analysis of the determinants of job turnover. *Journal of Applied Psychology*, 67(3): 350–360.

Arnold, U. & Wächter, H. (1975). Personalbeschaffung. In E. Gaugler (Hg.), *Handwörterbuch des Personalwesens*: Spalte 1501-1513. Stuttgart: Schäffer-Poeschel.

Aryee, S., Wyatt, T. & Min, M. K. (1991). Antecedents of Organizational Commitment and Turnover Intentions Among Professional Accountants in Different Employment Settings in Singapore. *The Journal of Social Psychology*, 131(4): 545–556.

Ashforth, B. E. & Mael, F. (1989). Social Identity Theory and the Organization. *The Academy of Management Review*, 14(1): 20.

Atteslander, P. & Cromm, J. (2010). *Methoden der empirischen Sozialforschung*. Berlin: Erich Schmidt. 13. Auflage.

Backhaus, K., Erichson, B. & Weiber, R. (2013). *Fortgeschrittene multivariate Analysemethoden: Eine anwendungsorientierte Einführung*. Berlin: Springer Gabler. 2. Auflage.

Backhaus, K. B., Stone, B. A. & Heiner, K. (2002). Exploringthe Relationship Between Corporate Social Performance and Employer Attractiveness. *Business & Society*, 41(3): 292–318.

Bagozzi, R. P. (1980). *Causal models in marketing*. New York: Wiley.

Bagozzi, R. P. & Yi, Y. (1988). On the evaluation of structural equation models. *Journal of the Academy of Marketing Science*, 16(1): 74–94.

Bagozzi, R. P., Youjae, Y. & Phillips, L. W. (1991). Assessing Construct Validity in Organizational Research. *Administrative Science Quarterly*, 36(3): 421–458.

Balfour, D. L. & Wechsler, B. (1996). Organizational Commitment: Antecedents and Outcomes in Public Organizations. *Public Productivity & Management Review*, 19(3): 256.

Barber, A. E. (1998). *Recruiting employees: Individual and organizational perspectives*. Thousand Oaks: Sage Publications.

Barber, A. E. & Roehling, M. V. (1993). Job postings and the decision to interview: A verbal protocol analysis. *Journal of Applied Psychology*, 78(5): 845–856.

Baron, R. M. & Kenny, D. A. (1986). The moderator–mediator variable distinction in social psychological research: Conceptual, strategic, and statistical considerations. *Journal of Personality and Social Psychology*, 51(6): 1173–1182.

Bartels, J., Pruyn, A. & Jong, M. (2009). Employee identification before and after an internal merger: A longitudinal analysis. *Journal of Occupational and Organizational Psychology*, 82(1): 113–128.

Bartels, J., Pruyn, A., Jong, M. de & Joustra, I. (2007). Multiple organizational identification levels and the impact of perceived external prestige and communication climate. *Journal of Organizational Behavior*, 28(2): 173–190.

Bateman, T. S. & Strasser, S. (1984). A Longitudinal Analysis of the Antecedents of Organizational Commitment. *Academy of Management Journal*, 27(1): 95–112.

Bauer, T. N. & Aiman-Smith, L. (1996). Green career choices: The influence of ecological stance on recruiting. *Journal of Business and Psychology*, 10(4): 445–458.

Baum, M. & Kabst, R. (2011). Arbeitgebermarkenaufbau durch informelle Hochschul-Personalmarketingmaßnahmen: Eine empirische Analyse im deutschen Mittelstand. *Zeitschrift für Betriebswirtschaft*, 81(3): 327–349.

Baum, M. & Kabst, R. (2014). The Effectiveness of Recruitment Advertisements and Recruitment Websites: Indirect and Interactive Effects on Applicant Attraction. *Human Resource Management*, 53(3): 353–378.

Baumgartner, H. & Homburg, C. (1996). Applications of structural equation modeling in marketing and consumer research: A review. *International Journal of Research in Marketing*, 13(2): 139–161.

Beck, C. (2008a). Personalmarketing 2.0. In C. Beck (Hg.), *Personalmarketing 2.0. Vom Employer Branding zum Recruiting*: 9–56. Köln: Luchterhand.

Beinborn, P. (2007). Commitment durch Sponsoring - die Mitarbeiter als Adressaten der Sponsoring-Aktivitäten. In D. Ahlert, V. Vogel & D. Woisetschläger (Hg.), *Exzellentes Sponsoring. Innovative Ansätze und Best Practices für das Markenmanagement*: 355–374. Wiesbaden: Deutscher Universitätsverlag. 2. Auflage.

Belt, J. A. & Paolillo, J. G. P. (1982). The Influence of Corporate Image and Specificity of Candidate Qualifications on Response to Recruitment Advertisement. *Journal of Management*, 8(1): 105–112.

Benkhoff, B. (1997). Better Performance through Organizational Identification: A Test of Outcomes and Antecedents Based on Social Identity Theory. In J. Wickham (Hg.), *The search for competitiveness and its implications for employment*: 159–179. Dublin: Oak Tree Press.

Bentein, K., Stinglhamber, F. & Vandenberghe, C. (2002). Organization-, supervisor-, and workgroup-directed commitments and citizenship behaviours: A comparison of models. *European Journal of Work and Organizational Psychology*, 11(3): 341–362.

Bentler, P. M. (1990). Comparative fit indexes in structural models. *Psychological Bulletin*, 107(2): 238–246.

Bentler, P. M. (1995). *EQS structural equations program manual*. Encino: Multivariate Software.

Bergami, M. & Bagozzi, R. P. (2000). Self-categorization, affective commitment and group self-esteem as distinct aspects of social identity in the organization. *British Journal of Social Psychology*, 39(4): 555–577.

Bergkvist, L. & Rossiter, J. R. (2007). The Predictive Validity of Multiple-Item Versus Single-Item Measures of the Same Constructs. *Journal of Marketing Research*, 44(2): 175–184.

Beutin, N. (2008). Verfahren zur Messung der Kundenzufriedenheit im Überblick. In C. Homburg (Hg.), *Kundenzufriedenheit. Konzepte, Methoden, Erfahrungen*: 115–151. Wiesbaden: Gabler. 7. Auflage.

Bhattacharya, C. B., Rao, H. & Glynn, M. A. (1995). Understanding the Bond of Identification: An Investigation of Its Correlates among Art Museum Members. *Journal of Marketing*, 59(4): 46.

Bickart, B. A. (1993). Carryover and Backfire Effects in Marketing Research. *Journal of Marketing Research*, 30(1): 52.

Blascovich, J. & Seery, M. D. (2007). Visceral and Somatic Indexes of Social Psychological Constructs: history, Principles, Propositions, and Case Studies. In A. W. Kruglanski & E. T. Higgins (Hg.), *Social psychology. Handbook of basic principles*: 19–38. New York: Guilford Press. 2. Auflage.

Blau, G. (1988). An investigation of the apprenticeship organizational socialization strategy. *Journal of Vocational Behavior*, 32(2): 176–195.

Blau, P. M. (2005). Sozialer Austausch. In F. Adloff & S. Mau (Hg.), *Vom Geben und Nehmen. Zur Soziologie der Reziprozität*: 125–137. Frankfurt/Main: Campus Verlag.

Blau, P. M. (2008). *Exchange and power in social life: With a new introduction by the author*. New Brunswick: Transaction Publishers. 12. Auflage.

Blume, L. & Fromm, O. (2000). *Regionalökonomische Bedeutung von Hochschulen: Eine empirische Untersuchung am Beispiel der Universität Gesamthochschule Kassel*. Wiesbaden: Deutscher Universitätsverlag.

Boer, A. de, Van Lanschot, J., Stalmeier, P., Van Sandick, J., Hulscher, J., Haes, J. de & Sprangers, M. (2004). Is a single-item visual analogue scale as valid, reliable and responsive as multi-item scales in measuring quality of life? *Quality of Life Research*, 13(2): 311–320.

Bohrnstedt, G. (1970). Reliability and Validity Assessment in Attitude Measurement. In G. F. Summers (Hg.), *Attitude measurement*: 80–99. London: Kershaw.

Bollen, K. & Lennox, R. (1991). Conventional wisdom on measurement: A structural equation perspective. *Psychological Bulletin*, 110(2): 305–314.

Bollen, K. A. (1989). A New Incremental Fit Index for General Structural Equation Models. *Sociological Methods & Research*, 17(3): 303–316.

Bollen, K. A. & Stine, R. (1990). Direct and Indirect Effects: Classical and Bootstrap Estimates of Variability. *Sociological Methodology*, 20: 115–140.

Bonding-studenteninitiative e. V. (2016): Zugriff am 22.01.2016 auf https://www2.bonding.de/web/web.nsf/web/studenten_home_de

Bornstein, R. F. (1989). Exposure and affect: Overview and meta-analysis of research, 1968-1987. *Psychological Bulletin*, 106(2): 265–289.

Bornstein, R. F. & D'Agostino, P. R. (1992). Stimulus recognition and the mere exposure effect. *Journal of Personality and Social Psychology*, 63(4): 545–552.

Bornstein, R. F. & D'Agostino, P. R. (1994). The Attribution and Discounting of Perceptual Fluency: Preliminary Tests of a Perceptual Fluency/Attributional Model of the Mere Exposure Effect. *Social Cognition*, 12(2): 103–128.

Bortz, J. & Döring, N. (2006). *Forschungsmethoden und Evaluation: Für Human- und Sozialwissenschaftler*. Berlin, Heidelberg: Springer. 4. Auflage.

Böttger, E. (2012). Employer Branding: Verhaltenstheoretische Analysen als Grundlage für die identitätsorientierte Führung von Arbeitgebermarken. Wiesbaden: Gabler.

Boudreau, J. W. & Rynes, S. L. (1985). Role of recruitment in staffing utility analysis. *Journal of Applied Psychology*, 70(2): 354–366.

Boulding, W., Lee, E. & Staelin, R. (1994). Mastering the Mix: Do Advertising, Promotion, and Sales Force Activities Lead to Differentiation? *Journal of Marketing Research*, 31(2): 159.

Brammer, S., Millington, A. & Rayton, B. (2007). The contribution of corporate social responsibility to organizational commitment. *The International Journal of Human Resource Management*, 18(10): 1701–1719.

Breaugh, J. A. (1981). Relationships Between Recruiting Sources and Employee Performance, Absenteeism, and Work Attitudes. *Academy of Management Journal*, 24(1): 142–147.

Breaugh, J. A. (1992). *Recruitment science and practice*. Boston: PWS.

Breaugh, J. A. (2008). Employee recruitment: Current knowledge and important areas for future research. *Human Resource Management Review*, 18(3): 103–118.

Breaugh, J. A. (2014). Establishing Recruitment Objectives and Developing a Recruitment Strategy for Attaining Them. In K. Y. T. Yu & D. M. Cable (Hg.), *The Oxford handbook of recruitment*: 361–381. Oxford: Oxford University Press.

Breaugh, J. A., Greising, L. A., Taggart, J. W. & Chen, H. (2003). The Relationship of Recruiting Sources and Pre-Hire Outcomes: Examination of Yield Ratios and Applicant Quality. *Journal of Applied Social Psychology*, 33(11): 2267–2287.

Breaugh, J. A. & Mann, R. B. (1984). Recruiting source effects: A test of two alternative explanations. *Journal of Occupational Psychology*, 57(4): 261–267.

Breaugh, J. A. & Starke, M. (2000). Research on Employee Recruitment: So Many Studies, So Many Remaining Questions. *Journal of Management*, 26(3): 405–434.

Bretz, R. D. & Thompsett, R. E. (1992). Comparing traditional and integrative learning methods in organizational training programs. *Journal of Applied Psychology*, 77(6): 941–951.

Brooks, M. E., Highhouse, S., Russell, S. S. & Mohr, D. C. (2003). Familiarity, ambivalence, and firm reputation: Is corporate fame a double-edged sword? *Journal of Applied Psychology*, 88(5): 904–914.

Brown, R., Condor, S., Mathews, A., Wade, G. & Williams, J. (1986). Explaining intergroup differentiation in an industrial organization. *Journal of Occupational Psychology*, 59(4): 273–286.

Brown, T. J. (2006). Identity, Intended Image, Construed Image, and Reputation: An Interdisciplinary Framework and Suggested Terminology. *Journal of the Academy of Marketing Science*, 34(2): 99–106.

Browne, M. & Cudeck, R. (1993). Alternative Ways of assessing Equation Model Fit. In K. A. Bollen & J. S. Long (Hg.), *Testing structural equation models*: 136–162. Thousand Oaks: Sage Publications.

Browne, M. W. (2010). An Overview of Analytic Rotation in Exploratory Factor Analysis. *Multivariate Behavioral Research*, 36(1): 111–150.

Buchanan, B. (1974). Building Organizational Commitment: The Socialization of Managers in Work Organizations. *Administrative Science Quarterly*, 19(4): 533.

Bühner, M. (2006). *Einführung in die Test- und Fragebogenkonstruktion*. München: Pearson Studium, 2. Auflage.

Burt, R. S. (1976). Interpretational Confounding of Unobserved Variables in Structural Equation Models. *Sociological Methods & Research*, 5(1): 3–52.

Byrne, B. M. (2012). *Structural equation modeling with Mplus: Basic concepts, applications, and programming*. New York: Routledge.

Cable, D. M., Aiman-Smith, L., Mulvey, P. W. & Edwards, J. R. (2000). The Sources and Accuracy of Job Applicants' Beliefs about Organizational Culture. *The Academy of Management Journal*, 43(6): 1076–1085.

Cable, D. M. & Graham, M. E. (2000). The determinants of job seekers' reputation perceptions. *Journal of Organizational Behavior*, 21(8): 929–947.

Cable, D. M. & Judge, T. A. (1994). Pay Preferences and Job Search Decisions: A Person-Organization Fit Perspective. *Personnel Psychology*, 47(2): 317–348.

Cable, D. M. & Turban, D. B. (2001). Establishing the dimensions, sources and value of job seekers' employer knowledge during recruitment. In G. R. Ferris (Hg.), *Research in Per-

sonnel and Human Resources Management, Volume 20: 115–163. Bingley: Emerald Group Publishing Limted.

Cable, D. M. & Turban, D. B. (2003). The Value of Organizational Reputation in the Recruitment Context: A Brand-Equity Perspective. *Journal of Applied Social Psychology*, 33(11): 2244–2266.

Cable, D. M. & Yu, K. Y. T. (2006). Managing Job Seekers' Organizational Image Beliefs: The Role of Media Richness and Media Credibility. *Journal of Organizational Behavior*, 91(4): 828–840.

Caldwell, D. F., Chatman, J. A. & O'Reilly, C. A. (1990). Building organizational commitment: A multifirm study. *Journal of Occupational Psychology*, 63(3): 245–261.

Cameron, J. E. (2004). A Three-Factor Model of Social Identity. *Self and Identity*, 3(3): 239–262.

Carmeli, A. 2005a. Perceived External Prestige, Affective Commitment, and Citizenship Behaviors. *Organization Studies*, 26(3): 443–464.

Carmeli, A. 2005b. Exploring determinants of job involvement: an empirical test among senior executives. *International Journal of Manpower*, 26(5): 457–472.

Carmeli, A. & Freund, A. (2009). Linking Perceived External Prestige and Intentions to Leave the Organization: The Mediating Role of Job Satisfaction and Affective Commitment. *Journal of Social Service Research*, 35(3): 236–250.

Carmeli, A., Gilat, G. & Waldman, D. A. (2007). The Role of Perceived Organizational Performance in Organizational Identification, Adjustment and Job Performance. *Journal of Management Studies*, 44(6): 972–992.

Carmeli, A., Gilat, G. & Weisberg, J. (2006). Perceived External Prestige, Organizational Identification and Affective Commitment: A Stakeholder Approach. *Corporate Reputation Review*, 9(2): 92–104.

Caruana, A., & Chircop, S. (2000). Measuring Corporate Reputation: A Case Example. *Corporate Reputation Review*, 3(1): 43–57.

Celani, A. & Singh, P. (2011). Signaling theory and applicant attraction outcomes. *Personnel Review*, 40(2): 222–238.

Chadwick-Jones, J. K. (1976). *Social Exchange Theory: Its structure and influence in social psychology*. London, New York: Published in cooperation with European Association of Experimental Social Psychology by Academic Press.

Chandy, R. K., Tellis, G. J., MacInnis, D. J. & Thaivanich, P. (2001). What to Say When: Advertising Appeals in Evolving Markets. *Journal of Marketing Research*, 38(4): 399–414.

Chapman, D. & Webster, J. (2006). Toward an integrated model of applicant reactions and job choice. *The International Journal of Human Resource Management*, 17(6): 1032–1057.

Chapman, D. S., Uggerslev, K. L., Carroll, S. A., Piasentin, K. A. & Jones, D. A. (2005). Applicant Attraction to Organizations and Job Choice: A Meta-Analytic Review of the Correlates of Recruiting Outcomes. *Journal of Applied Psychology*, 90(5): 928–944.

Cheney, G. (1983). The rhetoric of identification and the study of organizational communication. *Quarterly Journal of Speech*, 69(2): 143-158.

Chin, W. W. & Newsted, P. R. (1999). Structural equation modelling analysis with small samples using partial least squares. In R. H. Hoyle (Hg.), *Statistical strategies for small sample research*: 307-341. Thousand Oaks: Sage Publication.

Chou, C.-P. & Bentler, P. M. (1995). Estimates and Tests in Structural Equation Modeling. In R. H. Hoyle (Hg.), *Structural equation modeling. Concepts, issues, and applications*: 233–255. Thousand Oaks: Sage Publication.

Christ, O. & Schlüter, E. (2012). *Strukturgleichungsmodelle mit Mplus: Eine praktische Einführung*. München: Oldenbourg.

Chudaske, J. (2012). *Sprache, Migration und schulfachliche Leistung: Einfluss sprachlicher Kompetenz auf Lese-, Rechtschreib- und Mathematikleistungen*. Wiesbaden: VS Verlag für Sozialwissenschaften.

Churchill, G. A. (1979). A Pradigm for Devoloping Better Measures of Marketing Constructs. *Journal of Marketing Research*, 16(1): 64–73.

Cialdini, R. B., Borden, R. J., Thorne, A., Walker, M. R., Freeman, S. & Sloan, L. R. (1976). Basking in reflected glory: Three (football) field studies. *Journal of Personality and Social Psychology*, 34(3): 366–375.

Clark, J. M., Cornwell, T. B. & Pruitt, S. W. (2002). Corporate stadium sponsorships, signaling theory, agency conflicts, and shareholder wealth. *Journal of Advertising Research*, 42(6): 16–32.

Cleveland, J. N. & Lim, A. S. (2007). Employee age and performance in organizations. In Shultz, Kenneth S., Adams, G. A. (Hg.), *Aging and work in the 21st century*: 109–137. Mahwah: Laurence Erlbaum Associates.

Cober, R. T., Brown, D. J., Keeping, L. M. & Levy, P. E. (2004). Recruitment on the Net: How Do Organizational Web Site Characteristics Influence Applicant Attraction? *Journal of Management*, 30(5): 623–646.

Cober, R. T., Brown, D. J., Levy, P. E., Cober, A. B. & Keeping, L. M. (2003). Organizational Web Sites: Web Site Content and Style as Determinants of Organizational Attraction. *International Journal of Selection and Assessment*, 11(2-3): 158–169.

Cohen, A. (2003). *Multiple commitments in the workplace: An integrative approach.* Mahwah: Lawrence Erlbaum Associates.

Collins, C. J. (2007). The interactive effects of recruitment practices and product awareness on job seekers' employer knowledge and application behaviors. *Journal of Applied Psychology*, 92(1): 180–190.

Collins, C. J. & Han, J. (2004). Exploring Applicant Pool Quantity and Quality: The Effects of Early Recruitment Practice Strategies, Corporate Advertising, and Firm Reputation. *Personnel Psychology*, 57(3): 685–717.

Collins, C. J. & Stevens, C. K. (2002). The relationship between early recruitment-related activities and the application decisions of new labor-market entrants: A brand equity approach to recruitment. *Journal of Applied Psychology*, 87(6): 1121–1133.

Connelly, B. L., Certo, S. T., Ireland, R. D. & Reutzel, C. R. (2010). Signaling Theory: A Review and Assessment. *Journal of Management*, 37(1): 39–67.

Connelly, B. L., Ketchen, D. J. & Slater, S. F. (2011). Toward a "theoretical toolbox" for sustainability research in marketing. *Journal of the Academy of Marketing Science*, 39(1): 86–100.

Connerley, M. L. (2014). Recruiter Effects and Recruitment Outcomes. In K. Y. T. Yu & D. M. Cable (Hg.), *The Oxford handbook of recruitment*: 21–34. Oxford: Oxford University Press.

Conway, N. & Briner, R. B. (2009). *Understanding psychological contracts at work: A critical evaluation of theory and research.* Oxford: Oxford University Press.

Costello, A. B. & Osborne, J. W. (2005). Best Practice in Exploratory Factor Analysis: Four Recommendations for Getting the Most From Your Analysis. *Practical Assessment, Research & Evaluation*, 10(7): 1–9.

Coyle-Shapiro, J. & Kessler, I. (2000). Consequences Of The Psychological Contract For The Employment Relationship: A Large Scale Survey*. *Journal of Management Studies*, 37(7): 903–930.

Coyle-Shapiro, J. A.-M. (2002). A psychological contract perspective on organizational citizenship behavior. *Journal of Organizational Behavior*, 23(8): 927–946.

Coyle-Shapiro, J. A.-M. & Conway, N. (2004). The employment relationship through the lens of social exchange. In J. A.-M. Coyle-Shapiro (Hg.), *The employment relationship. Examining psychological and contextual perspectives*: 5–28. Oxford: Oxford University Press.

Coyle-Shapiro, J. A.-M. & Conway, N. (2005). Exchange relationships: examining psychological contracts and perceived organizational support. *The Journal of applied psychology*, 90(4): 774–781.

Coyle-Shapiro, J. A.-M. & Parzefall, M.-R. (2008). Psychological Contracts. In C. L. Cooper & J. Barling (Hg.), *The SAGE handbook of organizational behavior. Volume 1: Micro approaches*: 17–34. Los Angeles, London: Sage Publications.

Cranny, C. J., Smith, P. C. & Stone, E. F. (1992). *Job satisfaction: How people feel about their jobs and how it affects their performance.* New York: Lexington Books.

Cropanzano, R. & Mitchell, M. S. (2005). Social Exchange Theory: An Interdisciplinary Review. *Journal of Management*, 31(6): 874–900.

Cullinane, N. & Dundon, T. (2006). The psychological contract: A critical review. *International Journal of Management Reviews*, 8(2): 113–129.

Curry, J. P., Wakefield, D. S., Price, J. L. & Mueller, C. W. (1986). ON the Causal Ordering of Job Satisfaction and Organizational Commitment. *Academy of Management Journal*, 29(4): 847–858.

Da Motta Veiga, Serge P. & Turban, D. B. (2017). Who Is Searching for Whom? Integrating Recruitment and Job Search Research. In U.-C. Klehe & E. A. van Hooft (Hg.), *The Oxford Handbook of Job Loss and Job Search (Forthcoming).* Oxford: Oxford University Press.

Dadi, V. (2012). Promises, Expectations, and Obligations – Which Terms Best Constitute the Psychological Contract? *International Journal of Business & Social Science*, 3(19): 88–100.

Daft, R. L. & Lengel, R. H. (1984). Information richness: A new approach to managerial behavior and organizational design. In L. L. Cummings & B. M. Staw (Hg.), *Research in organizational behavior 6*: 191–233. Greenwich: Jai Press.

Daft, R. L. & Lengel, R. H. (1986). Organizational Information Requirements, Media Richness and Structural Design. *Management Science*, 32(5): 554–571.

Darnold, T. C. & Rynes, S. L. (2013). Recruitment and Job Choice Research: Same as It Ever Was? In I. B. Weiner, N. W. Schmitt & S. Highhouse (Hg.), *Handbook of psychology. Industrial and Organizational Psychology*: 104–142. New York: Wiley, 2. Auflage.

Daser, B. (2009). Der psychologische Vertrag. In B. Daser (Hg.), *Mensch oder Kostenfaktor?*: 127–146. Wiesbaden: VS Verlag für Sozialwissenschaften.

Dean, R. A. & Wanous, J. P. (1984). Effects of realistic job previews on hiring bank tellers. *Journal of Applied Psychology*, 69(1): 61–68.

Delobbe, N. & Vandenberghe, C. (2000). A Four-Dimensional Model of Organizational Commitment among Belgian Employees. *European Journal of Psychological Assessment*, 16(2): 125–138.

Dick, R., Wagner, U., Stellmacher, J. & Christ, O. (2004). The utility of a broader conceptualization of organizational identification: Which aspects really matter? *Journal of Occupational and Organizational Psychology*, 77(2): 171–191.

Diekmann, A. (2007). *Empirische Sozialforschung: Grundlagen, Methoden, Anwendungen.* Reinbek bei Hamburg: Rowohlt.

Doosje, B., Ellemers, N., & Spears, R. (1995). Perceived intragroup variability as a function of group status and identification. *Journal of Experimental Social Psychology*, 31: 410-436.

Dukerich, J. M., Golden, B. R. & Shortell, S. M. (2002). Beauty Is in the Eye of the Beholder: The Impact of Organizational Identification, Identity, and Image on the Cooperative Behaviors of Physicians. *Administrative Science Quarterly*, 47(3): 507.

Dunham, R. D., Smith, F. J. & Blackburn, R. S. (1977). Validation of the Index of Organizational Reactions (IOR) with the JDI, MCQ, and Faces Scale. *Academy of Management Journal*(20): 420–432.

Dutton, J. E. & Dukerich, J. M. (1991). Keeping an Eye on the Mirror: Image and Identity in Organizational Adaptation. *The Academy of Management Journal*, 34(3): 517–554.

Dutton, J. E., Dukerich, J. M. & Harquail, C. V. (1994). Organizational Images and Member Identification. *Administrative Science Quarterly*, 39(2): 239.

Earnest, D. R., Allen, D. G. & Landis, R. S. (2011). Mechanisms Linking Realistic Job Previews with Turnover: A Meta-Analytic Path Analysis. *Personnel Psychology*, 64(4): 865–897.

Eckey, H.-F., Kosfeld, R. & Rengers, M. (2002). *Multivariate Statistik: Grundlagen - Methoden - Beispiele.* Wiesbaden: Gabler.

Edwards, J. R. (2001). Ten Difference Score Myths. *Organizational Research Methods*, 4(3): 265–287.

Eggert, A. & Fassot, G. (2003). *Zur Verwendung formativer und reflektiver Indikatoren in Strukturgleichungsmodellen: Ergebnisse einer Metaanalyse und Anwendungsempfehlungen.* Nr. 20 der Kaiserslauterer Schriftenreihe Marketing des Lehrstuhls für Marketing der Technischen Universität Kaiserslautern.

Eisenberger, R., Fasolo, P. & Davis-LaMastro, V. (1990). Perceived organizational support and employee diligence, commitment, and innovation. *Journal of Applied Psychology*, 75(1): 51–59.

Eisenberger, R., Huntington, R., Hutchison, S. & Sowa, D. (1986). Perceived organizational support. *Journal of Applied Psychology*, 71(3): 500–507.

Ekeh, P. P. (1974). *Social exchange theory: The two traditions.* Cambridge, Mass.: Harvard Univ. Press.

Ellemers, N., Gilder, D. de & Haslam, S. A. (2004). Motivating Individuals and Groups at Work: A Social Identity Perspective on Leadership and Group Performance. *The Academy of Management Review*, 29(3): 459–478.

Ellemers, N., Kortekaas, P. & Ouwerkerk, J. W. (1999). Self-categorisation, commitment to the group and group self-esteem as related but distinct aspects of social identity. *European Journal of Social Psychology*, 29(2-3): 371–389.

Ellemers, N., Wilke, H. & Van Knippenberg, A. (1993). Effects of the legitimacy of low group or individual status on individual and collective status-enhancement strategies. *Journal of Personality and Social Psychology*, 64(5): 766–778.

Emerson, R. M. (1976). Social Exchange Theory. *Annual Review of Sociology*, 2(1): 335–362.

Enders, C. K. & Bandalos, D. L. (2001). The Relative Performance of Full Information Maximum Likelihood Estimation for Missing Data in Structural Equation Models. *Structural Equation Modeling: A Multidisciplinary Journal*, 3(8): 430–457.

Esser, H. (2000). *Soziales Handeln*. Frankfurt/Main: Campus Verlag.

Farkas, A. J., & Tetrick, L. E. (1989). A three-wave longitudinal analysis of the causal ordering of satisfaction and commitment on turnover decisions. *Journal of Applied Psychology*, 74(6): 855–868.

Fassot, G. & Eggert, A. (2005). Zur Verwendung formativer und reflektiver Indikatoren in Strukturgleichungsmodellen: Bestandsaufnahme und Anwendungsempfehlungen. In F. Bliemel, et al. (Hg.), *Handbuch PLS-Pfadmodellierung. Methode, Anwendung, Praxisbeispiele*: 31–47. Stuttgart: Schäffer-Poeschel.

Feldman, D. C. (1976). A Contingency Theory of Socialization. *Administrative Science Quarterly*, 21(3): 433–452.

Feldman, J. M. & Lynch, J. G. (1988). Self-generated validity and other effects of measurement on belief, attitude, intention, and behavior. *Journal of Applied Psychology*, 73(3): 521.

Felfe, J. (2008). *Mitarbeiterbindung*. Göttingen: Hogrefe.

Felfe, J. & Liepmann, D. (2008). *Organisationsdiagnostik*. Göttingen: Hogrefe.

Felfe, J., Schmook, R. & Six, B. (2006). Die Bedeutung kultureller Wertorientierungen für das Commitment gegenüber der Organisation, dem Vorgesetzten, der Arbeitsgruppe und der eigenen Karriere. *Zeitschrift für Personalpsychologie*, 5: 94–107.

Felfe, J., Six, B., Schmook, R. & Knorz, C. (2014). Fragebogen zur Erfassung von affektivem, kalkulatorischem und normativem Commitment gegenüber der Organisation, dem Beruf/der Tätigkeit und der Beschäftigungsform (COBB). In D. Danner & A. Glöckner-Rist (Hg.), *Zusammenstellung sozialwissenschaftlicher Items und Skalen*. Bonn: GESIS.

Fisher, C. D. (1985). Social Support and Adjustment to Work: A Longitudinal Study. *Journal of Management*, 11(3): 39–53.

Fisher, R., & Wakefield, K. (1998). Factors Leading to Group Identification: A Field Study of Winners and Losers. *Psychology & Marketing*, 15(1): 23–40.

Flore, J. (2014). *Weiterbildung und Mitarbeiterbindung: Eine Untersuchung im Kontext Kurzarbeit*. München und Mering: Rainer Hampp Verlag.

Fombrun, C. J., Gardberg, N. A. & Sever, J. M. (2000). The Reputation QuotientSM: A multistakeholder measure of corporate reputation. *Journal of Brand Management*, 7(4): 241–255.

Fornell, C. & Larcker, D. F. (1981). Evaluating Structural Equation Models with Unobservable Variables and Measurement Error. *Journal of Marketing Research*, 18(1): 39–50.

Frank, A., Meyer-Guckel, V. & Schneider, C. (2007). *Innovationsfaktor Kooperation.: Bericht des Stifterverbandes zur Zusammenarbeit zwischen Unternehmen und Hochschulen*. Edition Stifterverband: Essen.

Fuchs, C. & Diamantopoulos, A. (2009). Using Single-Item Measures for Construct Measurement in Management Research: Conceptual Issues and Application Guidelines. *Die Betriebswirtschaft*, 69(2): 197–212.

Fuller, J. B., Hester, K., Barnett, T., Frey, L., Relyea, C. & Beu, D. (2006a). Perceived external prestige and internal respect: New insights into the organizational identification process. *Human Relations*, 59(6): 815–846.

Fuller, J. B., Marler, L., Hester, K., Frey, L. & Relyea, C. (2006b). Construed External Image and Organizational Identification: A Test of the Moderating Influence of Need for Self-Esteem. *The Journal of Social Psychology*, 146(6): 701–716.

Gannon, M. J. (1971). Sources of referral and employee turnover. *Journal of Applied Psychology*, 55(3): 226–228.

Ganzach, Y., Pazy, A., Ohayun, Y. & Brainin, E. (2002). Social Exchange and Organizational Commitment: Decision-Making Training for Job Choice as an Alternative to the Realistic Job Preview. *Personnel Psychology*, 55(3): 613–637.

García, M. F., Posthuma, R. A. & Quiñones, M. (2010). How Benefit Information and Demographics Influence Employee Recruiting in Mexico. *Journal of Business and Psychology*, 25(3): 523–531.

Gatewood, R. D., Gowan, M. A. & Lautenschlager, G. J. (1993). Corporate Image, Recruitment Image and Initial Job Choice Decisions. *Academy of Management Journal*, 36(2): 414–427.

Gauger, J. (2000). *Commitment-Management in Unternehmen: Am Beispiel des mittleren Managements*. Wiesbaden: Springer Fachmedien Wiesbaden.

Gautam, T., Van Dick, R. & Wagner, U. (2004). Organizational identification and organizational commitment: Distinct aspects of two related concepts. *Asian Journal of Social Psychology*, 7(3): 301–315.

Geiser, C. (2011). *Datenanalyse mit Mplus: Eine anwendungsorientierte Einführung*. Wiesbaden: VS Verlag für Sozialwissenschaften, 2. Auflage.

George, E. & Chattopadhyay, P. (2005). One Foot in Each Camp: The Dual Identification of Contract Workers. *Administrative Science Quarterly*, 50(1): 68–99.

Gerbing, D. W. & Anderson, J. C. (1993). Monte Carlo evaluations of goodness-of-fit indices for structural equation models. In K. A. Bollen & J. S. Long (Hg.), *Testing structural equation models*: 40–65. Thousand Oaks: Sage Publications.

Gerhart, B. & Milkovich, G. T. (1992). Employee compensation: Research and practice. In M. D. Dunnette, L. M. Hough & H. C. Triandis (Hg.), *Handbook of industrial and organizational psychology*: 481–569. Palo Alto: Consulting Psychologists Press, 2. Auflage.

Gerick, J. (2014). *Führung und Gesundheit in der Organisation Schule: Zur Wahrnehmung transformationaler Führung und die Bedeutung für die Lehrergesundheit als Schulqualitätsmerkmal*. Münster: Waxmann.

Glavas, A. & Godwin, L. N. (2013). Is the Perception of 'Goodness' Good Enough? Exploring the Relationship Between Perceived Corporate Social Responsibility and Employee Organizational Identification. *Journal of Business Ethics*, 114(1): 15–27.

Goltz, S. M. & Giannantonio, C. M. (1995). Recruiter Friendliness and Attraction to the Job: The Mediating Role of Inferences about the Organization. *Journal of Vocational Behavior*, 46(1): 109–118.

Götz, O. & Liehr-Gobbers, K. (2004). Analyse von Strukturgleichungsmodellen mit Hilfe der Partial-Least-Squares(PLS)-Methode. *Die Betriebswirtschaft*, 64(6): 714–738.

Gouldner, A. W. (1960). The Norm of Reciprocity: A Preliminary Statement. *American Sociological Review*, 25(2): 161–178.

Granovetter, M. S. (1995). *Getting a job: A study of contacts and careers*. Chicago: University of Chicago Press, 2. Auflage.

Grant, D. (1999). HRM, rhetoric and the psychological contract: A case of 'easier said than done'. *The International Journal of Human Resource Management*, 10(2): 327–350.

Greening, D. W. & Turban, D. B. (2000). Corporate Social Performance As a Competitive Advantage in Attracting a Quality Workforce. *Business & Society*, 39(3): 254–280.

Gregson, T. (1992). An investigation of the causal ordering of job satisfaction and organizational commitment in turnover models in accounting. *Behavioral Research in Accounting*, (4): 80–85.

Griffeth, R. W., Tenbrink, A. & Robinson, S. (2014). Recruitment Source: A Review of Outcomes. In K. Y. T. Yu & D. M. Cable (Hg.), *The Oxford handbook of recruitment*: 215–250. Oxford: Oxford University Press.

Guest, D. E. (1998a). Is the psychological contract worth taking seriously? *Journal of Organizational Behavior*, 19: 649–664.

Guest, D. E. (1998b). On meaning, metaphor and the psychological contract: a response to Rousseau (1998). *Journal of Organizational Behavior*, 19(S1): 673–677.

Guzzo, R. A., Noonan, K. A. & Elron, E. (1994). Expatriate managers and the psychological contract. *Journal of Applied Psychology*, 79(4): 617–626.

Häder, M. & Häder, S. (2014). Stichprobenziehung in der quantitativen Sozialforschung. In N. Baur & J. Blasius (Hg.), *Handbuch Methoden der empirischen Sozialforschung*: 283–297. Wiesbaden: Springer Fachmedien Wiesbaden.

Hagen, A. (2011). *Personalmarketing: Rekrutierung von Nachwuchskräften in deutschen Unternehmen*. Bremen: EHV.

Hair, J. F., Black, W. C., Babin, B. J., Anderson, R. E. (2010). *Multivariate data analysis*. Upper Saddle River: Prentice Hall, 7. Auflage.

Hall, D. T., Schneider, B. & Nygren, H. T. (1970). Personal Factors in Organizational Identification. *Administrative Science Quarterly*, 15(2): 176.

Haubrock, A. & Öhlschlegel-Haubrock, S. (2009). *Personalmanagement*. Stuttgart: Kohlhammer, 2. Auflage.

Hawk, R. H. (1967). *The Recruitment Function*. New York: American Management Association.

Hayduk, L., Cummings, G., Boadu, K., Pazderka-Robinson, H. & Boulianne, S. (2007). Testing! testing! one, two, three – Testing the theory in structural equation models! *Personality and Individual Differences*, 42(5): 841–850.

Herrbach, O. (2006). A matter of feeling? The affective tone of organizational commitment and identification. *Journal of Organizational Behavior*, 27(5): 629–643.

Herrbach, O., Mignonac, K. & Gatignon, A.-L. (2004). Exploring the role of perceived external prestige in managers' turnover intentions. *The International Journal of Human Resource Management*, 15(8): 1390–1407.

Herriot, P., Manning, W. E. G. & Kidd, J. M. (1997). The Content of the Psychological Contract. *British Journal of Management*, 8(2): 151–162.

Herrmann, A., Huber, F. & Kressmann, F. (2006). Varianz- und kovarianzbasierte Strukturgleichungsmodelle : ein Leitfaden zu deren Spezifikation, Schätzung und Beurteilung. *Schmalenbachs Zeitschrift für betriebswirtschaftliche Forschung*, 58(1): 34–66.

Herscovitch, L. & Meyer, J. P. (2002). Commitment to organizational change: Extension of a three-component model. *Journal of Applied Psychology*, 87(3): 474–487.

Highhouse, S., Beadle, D., Gallo, A. & Miller, L. (1998). Get' em While They Last! Effects of Scarcity Information in Job Advertisements. *Journal of Applied Social Psychology*, 28(9): 779–795.

Highhouse, S. & Hoffman, J. R. (2001). Organizational attraction and job choice. In C. L. Cooper & I. T. Robertson (Hg.), *International review of industrial and organizational psychology*: 37–64. New York: Wiley, 16. Auflage.

Highhouse, S., Thornbury, E. E. & Little, I. S. (2007). Social-identity functions of attraction to organizations. *Organizational Behavior and Human Decision Processes*, 103(1): 134–146.

Hildebrandt, L. (1984). Kausalanalytische Validierung in der Marketingforschung. *Marketing - Zeitschrift für Forschung und Praxis*, 6(1): 41–51.

Hildebrandt, L., Kreis, H. & Schwalbach, J. (2008). Eine Analyse der Dimensionen des Fortune-Reputationsindex. Diskussionspapier 2006-061 der Humboldt-Universtät zu Berlin. Zugriff am 16.12.2016 auf http://edoc.hu-berlin.de/series/sfb-649-papers/2008-61/PDF/61.pdf.

Hildebrandt, L. & Temme, D. (2006). Probleme der Validierung mit Strukturgleichungsmodellen. Diskussionspapier 2006-082 der Humboldt-Universität zu Berlin. Zugriff am 22.01.2016 auf http://edoc.hu-berlin.de/series/sfb-649-papers/2006-82/PDF/82.pdf.

Himme, A. (2007). Gütekriterien der Messung: Reliabilität, Validität und Generalisierbarkeit. In S. Albers, et al. (Hg.), *Methodik der empirischen Forschung*: 375–390. Wiesbaden: Gabler, 2. Auflage.

Hinkle, S., Taylor, L. A., Fox-Cardamone, D. L. & Crook, K. F. (1989). Intragroup identification and intergroup differentiation: A multicomponent approach. *British Journal of Social Psychology*, 28(4): 305–317.

Hislop, D. (2003). Linking human resource management and knowledge management via commitment. *Employee Relations*, 25(2): 182–202.

Höft, S. & Hell, B. (2007). Die Bindungswirkung von Unternehmenspraktika im Rahmen des Hochschulmarketings: affektives Commitment als endogene und exogene Variable. *Zeitschrift für Personalforschung*, 21(1): 5–21.

Hogg, M. A. & Terry, D. J. (2000). Social Identity and Self-Categorization Processes in Organizational Contexts. *Academy of Management Review*, 25(1): 121–140.

Hoiberg, A. & Berry, N. H. (1978). Expectations and perceptions of navy life. *Organizational Behavior and Human Performance*, 21(2): 130–145.

Höllmüller, M. (2002). *Strategische Akquisition hochqualifizierter Nachwuchskräfte*. Wiesbaden: Deutscher Universitätsverlag.

Holtbrügge, D. (2013). *Personalmanagement*. Berlin: Springer, 5. Auflage.

Hom, P. W., Griffeth, R. W., Palich, L. E. & Bracker, J. S. (1999). Revisiting Met Expectations as a Reason why Realistic Job Previews work. *Personnel Psychology*, 52(1): 97–112.

Hom, P. W., Griffeth, R. W., Palich, L. E., & Bracker, J. S. (1998). An Exploratory Investigation into Theoretical Mechanisms underlying Realistic Job Previews. *Personnel Psychology*, 51(2): 421–451.

Homburg, C. (1992). Die Kausalanalyse - Eine Einführung. *Wirtschaftswissenschaftliches Studium*, 34(10): 499–508.

Homburg, C. & Baumgartner, H. (1998). Beurteilung von Kausalmodellen - Bestandsaufnahme und Handlungsempfehlungen. In L. Hildebrandt & C. Homburg (Hg.), *Die Kausalanalyse. Ein Instrument der empirischen betriebswirtschaftlichen Forschung*: 343–369. Stuttgart: Schäffer-Poeschel.

Homburg, C. & Giering, A. (1996). Konzeptualisierung und Operationalisierung komplexer Konstrukte: Ein Leitfaden für die Marketingforschung. *Marketing - Zeitschrift für Forschung und Praxis*, 18(1): 5–24.

Homburg, C. & Hildebrandt, L. (1998). Die Kausalanalyse: Bestandsaufnahme, Entwicklungsrichtungen, Problemfelder. In L. Hildebrandt & C. Homburg (Hg.), *Die Kausalanalyse. Ein Instrument der empirischen betriebswirtschaftlichen Forschung*: 15–43. Stuttgart: Schäffer-Poeschel.

Hommel, U. (2010). Wenn unternehmerisches Hochschulmarketing versagt: Typische Fehler, ihre Auswirkungen und Lösungsansätze. *Wissenschaftsmanagement - Zeitschrift für Innovation*, 16(3): 20–24.

Honeycutt, T. L. & Rosen, B. (1997). Family Friendly Human Resource Policies, Salary Levels, and Salient Identity as Predictors of Organizational Attraction. *Journal of Vocational Behavior*, 50(2): 271–290.

Hooper, D., Coughlan, J. & Mullen, M. (2008). Structural Equation Modelling: Guidelines for Determining Model Fit. *Electronic Journal of Business Research*, 6(1): 53–60.

Horner, S. O., Mobley, W. H., & Meglino, B. M. (1979). *An experimental evaluation of the effects of a realistic job preview on Marine recruit affect, intentions and behavior.* University of South Carolina: Center for Management and Organizational Research.

Hu, L. & Bentler, P. M. (1995). Evaluating model fit. In R. H. Hoyle (Hg.), *Structural equation modeling. Concepts, issues, and applications*: 76–99. Thousand Oaks: Sage Publications.

Hu, L. & Bentler, P. M. (1999). Cutoff criteria for fit indexes in covariance structure analysis: Conventional criteria versus new alternatives. *Structural Equation Modeling: A Multidisciplinary Journal*, 6(1): 1–55.

Hu, L., Bentler, P. M. & Kano, Y. (1992). Can test statistics in covariance structure analysis be trusted? *Psychological Bulletin*, 112(2): 351–362.

Huselid, M. A. & Day, N. E. (1991). Organizational commitment, job involvement, and turnover: A substantive and methodological analysis. *Journal of Applied Psychology*, 76(3): 380–391.

Iacobucci, D. (2010). Structural equations modeling: Fit Indices, sample size, and advanced topics. *Journal of Consumer Psychology*, 20(1): 90–98.

IdeenExpo GmbH (2016). Allgemeine Informationen. Zugriff am 14.01.2016 auf http://www.ideenexpo.de.

Institut der deutschen Wirtschaft Köln. MINT-Frühjahrsreport 2014: MINT - Gesamtwirtschaftliche Bedeutung und regionale Unterschiede. Zugriff am 03.11.2016 auf http://www.arbeitgeber.de/www/arbeitgeber.nsf/res/MINT-Fr%C3%BCjahrsbericht%20-%202014/$file/FINAL_MINT-Fr%C3%BChjahrsbericht.pdf.

Irving, P. G. & Meyer, J. P. (1994). Reexamination of the met-expectations hypothesis: A longitudinal analysis. *Journal of Applied Psychology*, 79(6): 937–949.

Irving, P. G. & Meyer, J. P. (1995). On Using Direct Measures of Met Expectations: A Methodological Note. *Journal of Management*, 21(6): 1159–1175.

Irving, P. G. & Meyer, J. P. (1999). On Using Residual Difference Scores in the Measurement congruence: The Case of Met Expectations Research. *Personnel Psychology*, 52(1): 85–95.

Iverson, R. D. & Roy, P. (1994). A Causal Model of Behavioral Commitment: Evidence From a Study of Australian Blue-collar Employees. *Journal of Management*, 20(1): 15–41.

Iyer, V. M., Bamber, E., & Barefield, R. M. (1997). Identification of accounting firm alumni with their former firm: Antecedents and outcomes. *Accounting, Organizations and Society*, 22(3-4): 315–336.

Jackson, J. W. & Smith, E. R. (1999). Conceptualizing Social Identity: A New Framework and Evidence for the Impact of Different Dimensions. *Personality and Social Psychology Bulletin*, 25(1): 120–135.

Jones, D. A., Willness, C. R. & Madey, S. (2014). Why are job seekers attracted by corporate social performance? Experimental and field tests of three signal-based mechanisms. *Academy of Management Journal*, 57(2): 383–404.

Jonkisz, E., Moosbrugger, H. & Brandt, H. (2012). Planung und Entwicklung von Tests und Fragebogen. In H. Moosbrugger & A. Kelava (Hg.), *Testtheorie und Fragebogenkonstruktion*: 27–74. Berlin, Heidelberg: Springer, 2. Auflage.

Jung, H. (2011). *Personalwirtschaft*. München: Oldenbourg Wissenschaftsverlag, 9. Auflage.

Kaiser, H. F. (1974). An index of factorial simplicity. *Psychometrika*, 39(1): 31–36.

Kaland, A. (2014). *Controlling im Facheinzelhandel: Eine empirische Untersuchung zum Status quo und zu Einflussfaktoren auf die Instrumentennutzung*. Lohmar - Köln: Eul.

Kanitz, C. (2013). *Gestaltung komplexer Markenarchitekturen: Die Verhaltensrelevanz von Marken unterschiedlicher Hierarchieebenen.* Berlin: Springer Gabler.

Kanning, U. P., Schmalbrock, J. & Wild, S. (2009). Instrumente des Personalmarketings aus Sicht von Studierenden. *Zeitschrift für Personalpsychologie,* 8(3): 147–153.

Kapferer, J.-N. (1992). *Die Marke - Kapital des Unternehmens.* Landsberg/Lech: Verlag Moderne Industrie.

Keller, K. L. (1993). Conceptualizing, Measuring, and Managing Customer-Based Brand Equity. *Journal of Marketing,* 57(1): 1.

Kim, H.-R., Lee, M., Lee, H.-T. & Kim, N.-M. (2010). Corporate Social Responsibility and Employee–Company Identification. *Journal of Business Ethics,* 95(4): 557–569.

Kirsch, A. (1995). *Strategien der Selektion und Sozialisation von Führungsnachwuchs.* Wiesbaden: Deutscher Universitätsverlag.

Klendauer, R., Streicher, B., Jonas, E. & Frey, D. (2006). Fairness und Gerechtigkeit. In H.-W. Bierhoff, D. Frey & J. Bengel (Hg.), *Handbuch der Sozialpsychologie und Kommunikationspsychologie*: 187–195. Göttingen: Hogrefe.

Kline, P. (1986). *A handbook of test construction: Introduction to psychometric design.* London: Methuen.

Klinger, M. R. & Greenwald, A. G. (1994). Preferences Need No Inferences?: The Cognitive Basis of Unconscious Mere Exposure Effects. In P. M. Niedenthal & S. Kitayama (Hg.), *The Heart's Eye*: 67–85. San Diego: Academic Press.

Ko, J.-W., Price, J. L. & Mueller, C. W. (1997). Assessment of Meyer and Allen's three-component model of organizational commitment in South Korea. *Journal of Applied Psychology,* 82(6): 961–973.

Kolb, M., Burkart, B. & Zundel, F. (2010). *Personalmanagement: Grundlagen und Praxis des Human Resources Managements.* Wiesbaden: Gabler, 2. Auflage.

Kompa, A. (1989). *Personalbeschaffung und Personalauswahl.* Stuttgart: Enke, 2. Auflage.

Kotter, J. P. (1973). The Psychological Contract. *California Management Review,* 85: 91–99.

Krafft, M., Götz, O. & Liehr-Gobbers, K. (2005). Die Validierung von Strukturgleichungsmodellen mit Hilfe des Partial-Least-Squares (PLS)-Ansatzes. In F. Bliemel, et al. (Hg.), *Handbuch PLS-Pfadmodellierung. Methode, Anwendung, Praxisbeispiele*: 71–86. Stuttgart: Schäffer-Poeschel.

Kreiner, G. E., & Ashforth, B. E. (2004). Evidence toward an expanded model of organizational identification. *Journal of Organizational Behavior,* 25(1): 1–27.

Kromrey, H. & Strübing, J. (2009). *Empirische Sozialforschung: Modelle und Methoden der standardisierten Datenerhebung und Datenauswertung.* Stuttgart: Lucius & Lucius, 12. Auflage.

Kunst-Wilson, W. R. & Zajonc, R. B. (1980). Affective Discrimination of Stimuli that cannot be Recognized. *Science*, 207(4430): 557–558.

Lang, H. (2013). *Forschungskooperationen zwischen Universitäten und Industrie*. Berlin: Springer Gabler.

Lawler, E. E., Kuleck, W. J., Rhode, J. G. & Sorensen, J. E. (1975). Job choice and post decision dissonance. *Organizational Behavior and Human Performance*, 13(1): 133–145.

Lazarova, M. (2015). Tacking Stock of Repatriation Research. In D. G. Collings, G. T. Wood & P. M. Caligiuri (Hg.), *The Routledge companion to international human resource management*: 378–398. London: Routledge.

Lee, A. Y. (1994). The mere exposure effect: Is it a mere case of misattribution? In C. T. Allen & D. R. John (Hg.), *Advances in consumer research*: 270–275. Provo, UT: Association for Consumer Research.

Lee, A. Y. (2001). The Mere Exposure Effect: An Uncertainty Reduction Explanation Revisited. *Personality and Social Psychology Bulletin*, 27(10): 1255–1266.

Lee, S., Lee, T. W., & Lum, C. (2008). The effects of employee services on organizational commitment and intentions to quit. *Personnel Review*, 37(2): 222–237.

Lee, T. W. & Mowday, R. T. (1987). Voluntarily Leaving an Organization: An Empirical Investigation of Steers and Mowday's Model of Turnover. *Academy of Management Journal*, 30(4): 721–743.

Levinson, H., Price, C. R., Munden, K. J., Mandl, H. J. & Solley, C. M. (1962). *Men, Management, and Mental Health*. Cambridge: Harvard University Press.

Liebig, C. & Müller, K. (2005). Mitarbeiterbefragung online oder offline? Chancen und Risiken von papierbasierten versus internetgestützten Befragungen. In I. Jöns & W. Bungard (Hg.), *Feedbackinstrumente im Unternehmen. Grundlagen, Gestaltungshinweise, Erfahrungsberichte*: 209–219. Wiesbaden: Gabler.

Lievens, F., Decaesteker, C., Coetsier, P. & Geirnaert, J. (2001). Organizational Attractiveness for Prospective Applicants: A Person-Organisation Fit Perspective. *Applied Psychology*, 50(1): 30–51.

Lievens, F., Van Hoye, G. & Anseel, F. (2007). Organizational Identity and Employer Image: Towards a Unifying Framework. *British Journal of Management*, 18(s1): 45–59.

Lievens, F., Van Hoye, G. & Schreurs, B. (2005). Examining the relationship between employer knowledge dimensions and organizational attractiveness: An application in a military context. *Journal of Occupational and Organizational Psychology*, 78(4): 553–572.

Lipponen, J., Helkama, K., Olkkonen, M.-E. & Juslin, M. (2005). Predicting the different profiles of organizational identification: A case of shipyard subcontractors. *Journal of Occupational and Organizational Psychology*, 78(1): 97–112.

Locke, E. A. (1976). The nature and causes of job satisfaction. In M. D. Dunnette (Hg.), *Handbook of industrial and organizational psychology*: 1297–1349. Chicago: Rand Mcnally.

Lodahl, T. M. & Kejnar, M. (1965). The definition and measurement of job involvement. *Journal of Applied Psychology*, 49(1): 24–33.

Luhtanen, R., & Crocker, J. (1992). A Collective Self-Esteem Scale: Self-Evaluation of One's Social Identity. *Personality and Social Psychology Bulletin*, 18(3): 302–318.

MacCallum, R. C., Browne, M. W. & Sugawara, H. M. (1996). Power analysis and determination of sample size for covariance structure modeling. *Psychological Methods*, 1(2): 130–149.

MacKinnon, D. P. (2008). *Introduction to statistical mediation analysis*. New York: Lawrence Erlbaum Associates.

MacKinnon, D. P., Lockwood, C. M. & Williams, J. (2004). Confidence Limits for the Indirect Effect: Distribution of the Product and Resampling Methods. *Multivariate Behavioral Research*, 39(1): 99–128.

MacKinnon, D. P., Warsi, G. & Dwyer, J. H. (1995). A Simulation Study of Mediated Effect Measures. *Multivariate Behavioral Research*, 30(1): 41–62.

MacInnis, D. J. & Jaworski, B. J. (1989). Information Processing from Advertisements: Toward an Integrative Framework. *Journal of Marketing*, 53(4): 1.

MacNeil, I. R. (1985). Relational contract: What we do and do not know. *Wisconsin Law Review*: 483–525.

Mael, F. (1988). *Orgaizational identification: Construct redefinition and a field application with organizational alumni*. Unpublished doctoral dissertation.

Mael, F. & Ashforth, B. E. (1992). Alumni and their alma mater: A partial test of the reformulated model of organizational identification. *Journal of Organizational Behavior*, 13(2): 103–123.

Major, D. A., Kozlowski, S. W. J., Chao, G. T., & Gardner, P. D. (1995). A longitudinal investigation of newcomer expectations, early socialization outcomes, and the moderating effects of role development factors. *Journal of Applied Psychology*, 80(3): 418–431.

Maltby, J., Day, L. & Macaskill, A. (2011). *Differentielle Psychologie, Persönlichkeit und Intelligenz*. München: Pearson Studium, 2. Auflage.

Mardia, K. V. (1970). Measures of multivariate skewness and kurtosis with applications. *Biometrika*, 57(3): 519–530.

Marsh, H. W., Balla, J. R. & McDonald, R. P. (1988). Goodness-of-fit indexes in confirmatory factor analysis: The effect of sample size. *Psychological Bulletin*, 103(3): 391–410.

Martini, M. (2014). Strategien sprachmittlerischen Handelns in deutsch-kubanischer Hochschulkooperation. In F. Barié-Wimmer, K. von Helmolt & B. Zimmermann (Hg.), *Interkulturelle Arbeitskontexte. Beiträge zur empirischen Forschung*: 63–92. Stuttgart: ibidem.

Mathieu, J. E. (1991). A cross-level nonrecursive model of the antecedents of organizational commitment and satisfaction. *Journal of Applied Psychology*, 76(5): 607–618.

Mathieu, J. E. & Zajac, D. M. (1990). A review and meta-analysis of the antecedents, correlates, and consequences of organizational commitment. *Psychological Bulletin*, 108(2): 171–194.

Maurer, M. & Jandura, O. (2009). Masse statt Klasse? Einige kritische Anmerkungen zu Repräsentativität und Validität von Online-Befragungen. In N. Jackob, H. Schoen & T. Zerback (Hg.), *Sozialforschung im Internet. Methodologie und Praxis der Online-Befragung*: 61–74. Wiesbaden: VS Verlag für Sozialwissenschaften.

Mayer, H. O. (2009). *Interview und schriftliche Befragung: Entwicklung, Durchführung und Auswertung*. München: Oldenbourg, 5. Auflage.

McDonald, D. J. & Makin, P. J. (2000). The psychological contract, organisational commitment and job satisfaction of temporary staff. *Leadership & Organization Development Journal*, 21(2): 84–91.

McDonald, R. P. & Ho, M.-H. R. (2002). Principles and practice in reporting structural equation analyses. *Psychological Methods*, 7(1): 64–82.

McLean Parks, J., Kidder, D. L. & Gallagher, D. G. (1998). Fitting square pegs into round holes: mapping the domain of contingent work arrangements onto the psychological contract. *Journal of Organizational Behavior*, 19(S1): 697–730.

McQuitty, S. (2004). Statistical power and structural equation models in business research. *Journal of Business Research*, 57(2): 175–183.

Meifert, M. T. (2005). *Mitarbeiterbindung: Eine empirische Analyse betrieblicher Weiterbildner in deutschen Grossunternehmen*. München und Mering: Rainer Hampp Verlag.

Meyer, J. P. & Allen, N. J. (1984). Testing the "side-bet theory" of organizational commitment: Some methodological considerations. *Journal of Applied Psychology*, 69(3): 372–378.

Meyer, J. P., & Allen, N. J. (1988). Links between work experiences and organizational commitment during the first year of employment: A longitudinal analysis*. *Journal of Occupational Psychology*, 61(3): 195–209.

Meyer, J. P. & Allen, N. J. (1991). A three-component conceptualization of organizational commitment. *Human Resource Management Review*, 1(1): 61–89.

Meyer, J. P. & Allen, N. J. (1997). *Commitment in the workplace: Theory, research, and application*. Thousand Oaks: Sage Publications.

Meyer, J. P., Allen, N. J. & Gellatly, I. R. (1990). Affective and continuance commitment to the organization: Evaluation of measures and analysis of concurrent and time-lagged relations. *Journal of Applied Psychology*, 75(6): 710–720.

Meyer, J. P., Allen, N. J., & Smith, C. A. (1993). Commitment to organizations and occupations: Extension and test of a three-component conceptualization. *Journal of Applied Psychology*, 78(4): 538–551.

Meyer, J. P. & Herscovitch, L. (2001). Commitment in the workplace: toward a general model. *Human Resource Management Review*, 11(3): 299–326.

Meyer, J. P., Stanley, D. J., Herscovitch, L. & Topolnytsky, L. (2002). Affective, Continuance, and Normative Commitment to the Organization: A Meta-analysis of Antecedents, Correlates, and Consequences. *Journal of Vocational Behavior*, 61(1): 20–52.

Meyer, S. & Pfeiffer, B. (2010). *Die gute Hochschule: Ideen, Konzepte und Perspektiven ; Festschrift für Franz Herbert Rieger*. Berlin: Edition Sigma.

Michaels, C. E. & Spector, P. E. (1982). Causes of employee turnover: A test of the Mobley, Griffeth, Hand, and Meglino model. *Journal of Applied Psychology*, 67(1): 53–59.

Morrison, E. W. & Robinson, S. L. (1997). When Employees feel betrayed: A Model of how Psychological Contract Violation develops. *Academy of Management Review*, 22(1): 226–256.

Moser, K. (1995). Vergleich unterschiedlicher Wege der Gewinnung neuer Mitarbeiter. *Zeitschrift für Arbeits- und Organisationspsychologie*, 39(3): 105–114.

Moser, K. (1996). *Commitment in Organisationen*. Bern: Huber.

Moser, K. (2005). Recruitment Sources and Post-Hire Outcomes: The Mediating Role of Unmet Expectations. *International Journal of Selection and Assessment*, 13(3): 188–197.

Mowday, R. T., Porter, L. W. & Dubin, R. (1974). Unit performance, situational factors, and employee attitudes in spatially separated work units. *Organizational Behavior and Human Performance*, 12(2): 231–248.

Mowday, R. T., Porter, L. W. & Steers, R. M. (1982). *Employee-organization linkages: The psychology of commitment, absenteeism, and turnover*. New York: Academic Press.

Mowday, R. T., Steers, R. M. & Porter, L. W. (1979). The measurement of organizational commitment. *Journal of Vocational Behavior*, 14(2): 224–247.

Mueller, C. W. & Price, J. L. (1990). Economic, psychological, and sociological determinants of voluntary turnover. *Journal of Behavioral Economics*, 19(3): 321–335.

Müller, B. (2010). *Die Bedeutung von Karrieremanagement im Rahmen der Auslandsentsendung von Führungskräften: Vertragstheoretische Analyse und illustrative Fallstudie der Robert Bosch GmbH*. München und Mering: Rainer Hampp Verlag.

Müller, K., Bungard, W., Jöns, I. & Liebig, C. (2007). Mitarbeiterbefragungen planen und durchführen. In W. Bungard, K. Müller & C. Niethammer (Hg.), *Mitarbeiterbefragung - was dann...?*: 5–67. Heidelberg: Springer.

Mummendey, A. (1985). Verhalten zwischen sozialen Gruppen: Die Theorie der sozialen Identität. In D. Frey & M. Irle (Hg.), *Theorien der Sozialpsychologie. Band II: Gruppen- und Lerntheorien*: 185–216. Bern: Huber.

Mummendey, A. & Otten, S. (2002). Theorien intergruppalen Verhaltens. In D. Frey, H. W. Crott & D. Dauenheimer (Hg.), *Theorien der Sozialpsychologie*: 95–119. Bern: Huber, 2. Auflage.

Mummendey, H. D. & Grau, I. (2008). *Die Fragebogen-Methode.* Göttingen: Hogrefe, 5. Auflage.

Muthén, L. & Muthén, B. O. (1998-2010). *Mplus User's Guide.* Los Angeles: Muthén & Muthén, 6. Auflage.

Nagy, M. S. (2002). Using a single-item approach to measure facet job satisfaction. *Journal of Occupational and Organizational Psychology*, 75(1): 77–86.

Naumann, E., Widmier, S. M. & Jackson Jr., D. W. (2000). Examining the Relationship between Work Attitude and Propensity to Leave among Expatriate Salespeople. *Journal of Personal Selling & Sales Management*, 20(4): 227–241.

Neininger, A. (2010). *Commitmentfoki: Antezedenzien und Konsequenzen von organisationalem und Team Commitment. Eine Längsschnittstudie.* Zugriff am 22.01.2016 auf http://rzbl04.biblio.etc.tu-bs.de:8080/docportal/servlets/MCRFileNodeServlet/DocPortal_derivate_00016104/Dissertation_Commitmentfoki_Neininger.pdf.

Newell, S. J. & Goldsmith, R. E. (2001). The development of a scale to measure perceived corporate credibility. *Journal of Business Research*, 52(3): 235–247.

Nienhüser, W. (2012). Academic Capitalism? - Wirtschaftsvertreter in Hochschulräten deutscher Universitäten. Eine organisationstheoretisch fundierte empirische Analyse. In U. Wilkesmann & C. J. Schmid (Hg.), *Hochschule als Organisation*: 89–113. Wiesbaden: Springer VS.

Noe, R. A. & Schmitt, N. (1986). The Influence of Trainee Attitudes on Training Effectiveness: Test of a Model. *Personnel Psychology*, 39(3): 497–523.

O. A. Fachkräftemangel: Der deutschen Automobilindustrie geht der Nachwuchs aus. Zugriff am 03.11.2016 auf http://www.focus.de/auto/news/fachkraeftemangel-der-deutschen-automobilindustrie-geht-der-nachwuchs-aus_aid_554623.html.

O'Reilly, C. A. & Chatman, J. (1986). Organizational commitment and psychological attachment: The effects of compliance, identification, and internalization on prosocial behavior. *Journal of Applied Psychology*, 71(3): 492–499.

Pascale, R. (1985). The Paradox of "Corporate Culture": Reconciling Ourselves to Socialization. *California Management Review*, 27(2): 26–41.

Peter, P. J. (1979). Reliability: A Review of Psychometric Basics and Recent Marketing Practices. *Journal of Marketing Research*, 16(1): 6–17.

Peter, P. J. (1981). Construct Validity: A Review of Basic Issues and Marketing Practices. *Journal of Marketing Research*, 18(2): 133–145.

Peter, P. J. & Churchill, G. A. (1986). Relationships among Research Design Choices and Psychometric Properties of Rating Scales: A Meta-Analysis. *Journal of Marketing Research*, 23(1): 1–10.

Petersitzke, M. (2009). *Supervisor Psychological Contract Management: Developing an Integrated Perspective on Managing Employee Perceptions of Obligations*. Wiesbaden: Gabler.

Peterson, D. K. (2004). The Relationship between Perceptions of Corporate Citizenship and Organizational Commitment. *Business & Society*, 43(3): 296–319.

Petty, R. E., Brinol, P., Tormala, Z. L. & Wegener, D. T. (2007). The Role of Metacognition in Social Judgment. In A. W. Kruglanski & E. T. Higgins (Hg.), *Social psychology. Handbook of basic principles*: 254–284. New York: Guilford Press, 2. Auflage.

Pindyck, R. & Rubinfeld, D. *Mikroökonomie*. München: Pearson Studium, 7. Auflage.

Pinks, G. J. (1992). *Facilitating organizational commitment through human resource practices*. Kingston: Industrial Relations Centre, Queen's University.

Plassmeier, S. C. (2011). *Mitarbeiterbindung in Zeiten des demografischen Wandels: Altersabhängige Entstehungsbedingungen von affektivem organisationalem Commitment*. Zugriff am 03.11.2016 auf http://opus.uni-lueneburg.de/opus/volltexte/2011/14200/pdf/Dissertation_Plassmeier_ueberarbeitet.pdf

Ployhart, R. E. (2006). Staffing in the 21st Century: New Challenges and Strategic Opportunities. *Journal of Management*, 32(6): 868–897.

Polyhart, R. E. & Kim, Y. (2014). Strategic Recruiting. In K. Y. T. Yu & D. M. Cable (Hg.), *The Oxford handbook of recruitment*: 5–20. Oxford: Oxford University Press.

Porst, R. (1998). *Im Vorfeld der Befragung: Planung, Fragebogenentwicklung, Pretesting*. Mannheim: ZUMA-Arbeitsbericht 1998/02.

Porst, R. (2014). *Fragebogen: Ein Arbeitsbuch*. Wiesbaden: Springer VS, 4. Auflage.

Porter, L. W., Crampon, W. J. & Smith, F. J. (1976). Organizational commitment and managerial turnover: A longitudinal study. *Organizational Behavior and Human Performance*, 15(1): 87–98.

Porter, L. W. & Smith, F. J. (1970). The Etiology of Organizational Commitment. Unpublished paper: University of California at Irvine.

Porter, L. W. & Steers, R. M. (1973). Organizational, work, and personal factors in employee turnover and absenteeism. *Psychological Bulletin*, 80(2): 151–176.

Porter, L. W., Steers, R. M., Mowday, R. T. & Boulian, P. V. (1974). Organizational commitment, job satisfaction, and turnover among psychiatric technicians. *Journal of Applied Psychology*, 59(5): 603–609.

Powell, G. N. & Goulet, L. R. (1996). Recruiters' and Applicants' Reactions to Campus Interviews and Employment Decisions. *Academy of Management Journal*, 39(6): 1619–1640.

Pratt, M. G. (1998). To Be or Not to Be: Central Questions in Organizational Identification. In D. A. Whetten & P. C. Godfrey (Hg.), *Identity in organizations. Building theory through conversations*: 171–208. Thousand Oaks: Sage Publications.

Price, J. L., & Mueller, C. W. (1990). Economic, psychological and sociological determinants of voluntary turnover. *The Journal of Behavioral Economics, 19,* 321-335.

Quaglieri, P. L. (1982). A note on variations in recruiting information obtained through different sources. *Journal of Occupational Psychology*, 55(1): 53–55.

Rademacher, K., Schneider, M. R., Iseke, A., & Tebbe, T. (2016). Signalling to young knowledge workers through architecture? A conjoint analysis. *German Journal of Human Resource Management*, 31(1): 71-93.

Raeder, S. (2007). Der psychologische Vertrag. In H. Schuler, K. Sonntag & J. Bengel (Hg.), *Handbuch der Arbeits- und Organisationspsychologie*: 294–299. Göttingen: Hogrefe.

Raeder, S. & Grote, G. (2012). *Der psychologische Vertrag*. Göttingen: Hogrefe.

Rafaeli, A. & Oliver, A. L. (1998). Employment Ads: A Configurational Research Agenda. *Journal of Management Inquiry*, 7(4): 342–358.

Rammstedt, B. (2004). Zur Bestimmung der Güte von Multi-Item-Skalen. Eine Einführung.: How-to-Reihe. Mannheim: Zentrum für Umfragen, Methoden und Analysen.

Reade, C. (2001). Antecedents of organizational identification in multinational corporations: fostering psychological attachment to the local subsidiary and the global organization. *The International Journal of Human Resource Management*, 12(8): 1269–1291.

Reber, R., Winkielman, P. & Schwarz, N. (1998). Effects of Perceptual Fluency on Affective Judgments. *Psychological Science*, 9(1): 45–48.

Reeve, C. L. & Schultz, L. (2004). Job-Seeker Reactions to Selection Process Information in Job Ads. *International Journal of Selection and Assessment*, 12(4): 343–355.

Reichers, A. E. (1985). A Review and Reconceptualization of Organizational Commitment. *Academy of Management Review*, 10(3): 465–476.

Reilly, R. R., Brown, B., Blood, M. R. & Malatesta, C. Z. (1981). The Effects of Realistic Previews: A Study and Discussion of the Literature. *Personnel Psychology*, 34(4): 823–834.

Reinartz, W., Haenlein, M. & Henseler, J. (2009). An empirical comparison of the efficacy of covariance-based and variance-based SEM. *International Journal of Research in Marketing*, 26(4): 332–344.

Rice, R. E. (1992). Task Analyzability, Use of New Media, and Effectiveness: A Multi-Site Exploration of Media Richness. *Organization Science*, 3(4): 475–500.

Riketta, M. (2005). Organizational identification: A meta-analysis. *Journal of Vocational Behavior*, 66(2): 358–384.

Ringle, C. M. Messung von Kausalmodellen: Ein Methodenvergleich. Arbeitspapier Nr. 14 des Instituts für Industriebetriebslehre und Organisation der Universität Hamburg.

Riordan, C. M., Gatewood, R. D., & Bill, J. B. (1997). Corporate Image: Employee Reactions and Implications for Managing Corporate Social Performance. *Journal of Business Ethics*, 16(4): 401–412.

Roberson, Q. M., Collins, C. J. & Oreg, S. (2005). The Effects of recruitment message specificity on applicant attraction to organizations. *Journal of Business and Psychology*, 19(3): 319–339.

Robinson, S. L. (1996). Trust and Breach of the Psychological Contract. *Administrative Science Quarterly*, 41(4): 574.

Robinson, S. L., Kraatz, M. S. & Rousseau, D. M. (1994). Changing Obligations and the Psychological Contract: A Longitudinal Study. *Academy of Management Journal*, 37(1): 137–152.

Robinson, S. L. & Morrison, E. W. (1995). Psychological contracts and OCB: The effect of unfulfilled obligations on civic virtue behavior. *Journal of Organizational Behavior*, 16(3): 289–298.

Robinson, S. L. & Morrison, E. W. (2000). The Development of Psychological Contract Breach and Violation: A Longitudinal Study. *Journal of Organizational Behavior*, 21(5): 525–546.

Robinson, S. L. & Rousseau, D. M. (1994). Violating the psychological contract: Not the exception but the norm. *Journal of Organizational Behavior*, 15(3): 245–259.

Röder, R. (2001). *Kooperation an Schnittstellen: Eine empirische Untersuchung.* Frankfurt am Main: Peter Lang.

Roeck, K. de, & Delobbe, N. (2012). Do Environmental CSR Initiatives Serve Organizations' Legitimacy in the Oil Industry? Exploring Employees' Reactions Through Organizational Identification Theory. *Journal of Business Ethics*, 110(4): 397–412.

Roehling, M. V. (1997). The origins and early development of the psychological contract construct. *Journal of Management History*, 3(2): 204–217.

Rommelspacher, M. (2012). *Corporate Social Responsibility aus Konsumentensicht: Entstehung der CSR-Beurteilung und ausgewählte Erfolgswirkungen.* Wiesbaden: Gabler.

Rosin, H. M. & Korabik, K. (1991). Workplace variables, affective responses, and intention to leave among women managers. *Journal of Occupational Psychology,* 64(4): 317–330.

Rousseau, D. M. (1989). Psychological and implied contracts in organizations. *Employee Responsibilities and Rights Journal,* 2(2): 121–139.

Rousseau, D. M. (1990). New hire perceptions of their own and their employer's obligations: A study of psychological contracts. *Journal of Organizational Behavior,* 11(5): 389–400.

Rousseau, D. M. (2001). Schema, promise and mutuality: The building blocks of the psychological contract. *Journal of Occupational and Organizational Psychology,* 74(4): 511–541.

Rubin, D. B. (1976). Inference and Missing Data. *Biometrika,* 63(3): 581–592.

Rynes, S. L. (1991). Recruitment, job choice, and post-hire consequences. In M. D. Dunnette & L. M. Hough (Hg.), *Handbook of industrial and organizational psychology:* 399–444. Palo Alto: Consulting Psychologists Press, 2. Auflage.

Rynes, S. L. & Barber, A. E. (1990). Applicant Attraction Strategies: An Organizational Perspective. *The Academy of Management Review,* 15(2): 286–310.

Rynes, S. L., Bretz, R. D., JR. & Gerhart, B. (1991). The Importance of Recruitment in Job Choice: A Different Way of Looking. *Personnel Psychology,* 44(3): 487–521.

Rynes, S. L. & Cable, D. M. (2003). Recruitment Research in the Twenty-First Century. In W. C. Borman, et al. (Hg.), *Handbook of Psychology. Industrial and Organizational Psychology:* 55–76. New York: Wiley.

Rynes, S. L., Heneman, H. G. & Schwab, D. P. (1980). Individual Reactions to Organizational Recruiting: A Review. *Personnel Psychology,* 33(3): 529–542.

Rynes, S. L. & Miller, H. E. (1983). Recruiter and job influences on candidates for employment. *Journal of Applied Psychology,* 68(1): 147–154.

Saks, A. M. (1994). A psychological process investigation for the effects of recruitment source and organization information on job survival. *Journal of Organizational Behavior,* 15(3): 225–244.

Saks, A. M. (2005). The Impracticality of Recruitment Research. In A. Evers, N. Anderson & O. Smit-Voskuijl (Hg.), *The Blackwell Handbook of Personnel Selection:* 47–72. New York: Wiley.

Saks, A. M. & Ashforth, B. E. (2000). The role of dispositions, entry stressors, and behavioral plasticity theory in predicting newcomers' adjustment to work. *Journal of Organizational Behavior,* 21(1): 43–62.

Saks, A. M. & Uggerslev, K. L. (2010). Sequential and Combined Effects of Recruitment Information on Applicant Reactions. *Journal of Business and Psychology*, 25(3): 351–365.

Salancik, G. R. (1977). Commitment and the Control of Organizational Behavior and Belief. In B. M. Staw & G. R. Salancik (Hg.), *New Directions in Organizational Behavior*: 1–54. Chicago: St. Clair Press.

Sandberger, G. (2009). *Neuere Entwicklungen im Hochschulverfassungs- und Hochschulrecht: Neue Handlungsspielräume für die Hochschulen und für das Hochschulmanagement?*. Berlin: Berliner Wissenschafts-Verlag.

Scarpello, V. & Campell, J. P. (1983). Job Satisfaction: Are all the parts there? *Personnel Psychology*, 36(3): 577–600.

Schamberger, I. (2006). *Differenziertes Hochschulmarketing für High Potentials*. Norderstedt: Books on Demand.

Schein, E. (1980). *Organizational Psychology*. Englewood Cliffs: Prentice Hall, 3. Auflage.

Schloderer, M. P., Ringle, C. M. & Sarstedt, M. (2009). Einführung in varianzbasierte Strukturgleichungsmodellierung. Grundlagen, Modellevaluation und Interaktionseffekte am Beispiel von SmartPLS. In M. Schwaiger & A. Meyer (Hg.), *Theorien und Methoden der Betriebswirtschaft. Handbuch für Wissenschaftler und Studierende*: 573–601. München: Vahlen.

Schmidt, K.-H., Hollmann, S. & Sodenkamp, D. (1998). Psychometrische Eigenschaften und Validität einer deutschen Fassung des „Commitment"-Fragebogens von Allen und Meyer (1990). *Zeitschrift für Differentielle und Diagnostische Psychologie*, 19(2): 93–106.

Schmidtke, C. (2002). *Signaling im Personalmarketing. Eine theoretische und empirische Analyse des betrieblichen Rekrutierungserfolges*. München und Mering: Rainer Hampp Verlag.

Schmitz, J. & Fulk, J. (1991). Organizational Colleagues, Media Richness, and Electronic Mail: A Test of the Social Influence Model of Technology Use. *Communication Research*, 18(4): 487–523.

Schneider, M. R.. & Flore, J. (2017). Training and commitment in a German manufacturing com-pany during the post-2008 crisis: a case of internal flexicurity. *The International Journal of Human Resource Management*. http://dx.doi.org/10.1080/09585192.2017.1308413

Schnoor, A. (2000). *Kundenorientiertes Qualitäts-Signaling: Eine Übertragung auf Signaling in Produkt-Vorankündigungen*. Wiesbaden: Deutscher Universitätsverlag.

Scholz, C. (1999). Personalmarketing für High-Potentials: Über den Umgang mit Goldfischen und Weihnachtskarpfen. In A. Thiele (Hg.), *Innovatives Personalmarketing für High-Potentials*: 27–38. Göttingen: Verlag für Angewandte Psychologie.

158   Literaturverzeichnis

Schroeter, K. R. (2008). Sozialer Tausch. In H. Willems (Hg.), *Lehr(er)buch Soziologie*: 351–373. Wiesbaden: VS Verlag für Sozialwissenschaften.

Sekler, A. Bindung von Auszubildenden in der Finanzdienstleistungsbranche - Strukturgleichungsmodellierung mittels der Partial Least Squares-Methode. Dissertation, Universität Regensburg. Zugriff am 28.12.2016 auf https://epub.uni-regensburg.de/33737/.

Sherman, A. W., Bohlander, G. W. & Chruden, H. J. (1988). *Managing human resources*. Cincinnati: South-Western Educational Publishing, 8. Auflage.

Shrout, P. E. & Bolger, N. (2002). Mediation in experimental and nonexperimental studies: New procedures and recommendations. *Psychological Methods*, 7(4): 422–445.

Siemens AG. Corporate Responsibility Report 2002. Zugriff am 04.11.2016 auf http://www.siemens.com/about/sustainability/pool/cr_report_archiv/CR-Report_2002_de.pdf.

Skolnik, Y. (1987). *Recruitment source effects: A socialization approach*. Unpublished doctoral dissertation. New York: New York University.

Smidts, A., Pruyn, A. T. H. & Van Riel, C. B. M. (2001). The Impact of Employee Communication and Perceived External Prestige on Organizational Identification. *Academy of Management Journal*, 44(5): 1051–1062.

Smith, P C, Kendall, L. M , & Huhn, C L (1969) *The measurement of satisfaction in work and retirement*. Chicago: Rand McNally.

Somers, M. J. (1995). Organizational commitment, turnover and absenteeism: An examination of direct and interaction effects. *Journal of Organizational Behavior*, 16(1): 49–58.

Spence, M. (1973). Job Market Signaling. *The Quarterly Journal of Economics*, 87(3): 355.

Spence, M. (1974). *Market signaling: Informational transfer in hiring and related screening processes*. Cambridge: Harvard University Press.

Spence, M. (2002). Signaling in Retrospect and the Informational Structure of Markets. *American Economic Review*, 92(3): 434–459.

Sponheuer, B. (2010). *Employer Branding als Bestandteil einer ganzheitlichen Markenführung*. Wiesbaden: Gabler.

Springer Fachmedien Wiesbaden GmbH (Hg.) (2013). *Kompakt-Lexikon HR: 650 Begriffe nachschlagen, verstehen, anwenden*. Berlin: Springer Gabler.

Stallmann, M. (1999). Die Güte von retrospektiven Antworten aus standardisierten Befragungen am Beispiel von Eigenangaben zur medizinischen Rehabilitation. *Journal of Public Health*, 7(2): 100–115.

Steers, R. M. (1977). Antecedents and Outcomes of Organizational Commitment. *Administrative Science Quarterly*, 22(1): 46–56.

Steers, R. M., & Mowday, R. T. (1981). Employee turnover and post-decision accommodation processes. In L. L. Cummings & B. M. Staw (Hg.), *Research in organizational behavior*: 235–281. Greenwich: Jai Press, 3. Auflage.

Steiger, J. H. & Lind, J. C. (1980). Statistically-Based Test for the Number of Common Factors. *annual meeting of the Psychometric Society*, 758: 424–453.

Stevens, C. D. & Szmerekovsky, J. G. (2010). Attraction to Employment Advertisements: Advertisement Wording and Personality Characteristics. *Journal of Managerial Issues*, 22(1): 107–126.

Stifterverband für die Deutsche Wissenschaft e. V. (2016): Servicezentrum Stiftungsprofessuren. Eine Brücke zwischen Wirtschaft und Wissenschaft. Zugriff am 16.07.2016 auf http://www.stiftungsprofessuren.de/.

Stiglitz, J. E. (1974). Information and Economic Analysis. In M. Parkin & A. R. Nobay (Hg.), *Current Economic Problems*: 27–52. London: Cambridge University Press.

Straubhaar, T. Der Fachkräftemangel ist ein Phantom. Zugriff am 03.11.2016 auf http://www.zeit.de/wirtschaft/2016-03/fachkraeftemangel-als-phantom#comments.

Strutz, H. (Hg.) (1989). *Handbuch Personalmarketing*. Wiesbaden: Gabler.

Stumpf, S. A., & Hartman, K. (1984). Individual Exploration to Organizational Commitment or Withdrawal. *Academy of Management Journal*, 27(2): 308–329.

Sturm, M. (2011). *Arbeitgeberattraktivität und Unternehmenserfolg*. Berlin: Logos.

Sutton, G. & Griffin, M. A. (2004). Integrating expectations, experiences, and psychological contract violations: A longitudinal study of new professionals. *Journal of Occupational and Organizational Psychology*, 77(4): 493–514.

Tajfel, H. (1975). Soziales Kategorisieren. In S. Moscovici (Hg.), *Forschungsgebiete der Sozialpsychologie. Eine Einführung für das Hochschulstudium*: 343–380. Frankfurt (Main): Athenäum-Fischer-Taschenbuch-Verlag.

Tajfel, H. (1978a). Social Categorization, Social Identity and Social Comparison. In H. Tajfel (Hg.), *Differentiation between social groups. Studies in the social psychology of intergroup relations*: 61–70. London, New York: Published in cooperation with European Association of Experimental Social Psychology by Academic Press.

Tajfel, H. (1978b). The Achievement of Group Differentiation. In H. Tajfel (Hg.), *Differentiation between social groups. Studies in the social psychology of intergroup relations*: 77–98. London, New York: Published in cooperation with European Association of Experimental Social Psychology by Academic Press.

Tajfel, H. (1981). *Human Groups and Social Categories: studies in social psychology*. Cambridge: Cambridge University Press.

Tajfel, H. & Turner, J. (1979). An integrative theory of intergroup conflict. In W. G. Austin & S. Worchel (Hg.), *The Social psychology of intergroup relations*: 33–57. Monterey: Brooks/Cole Publishing Company.

Tajfel, H. & Turner, J. (1986). The Social Identity Theory of Intergroup Behavior. In W. G. Austin & S. Worchel (Hg.), *Psychology of intergroup relations*: 7–24. Chicago: Nelson-Hall Publishers, 2. Auflage.

Tanaka, J. S. (1993). Multifaceted conceptions of fit in structural equation models. In K. A. Bollen & J. S. Long (Hg.), *Testing structural equation models*: 136–162. Thousand Oaks: Sage Publications.

Tannenbaum, S. I., Mathieu, J. E., Salas, E. & Cannon-Bowers, J. A. (1991). Meeting trainees' expectations: The influence of training fulfillment on the development of commitment, self-efficacy, and motivation. *Journal of Applied Psychology*, 76(6): 759–769.

Taylor, M. S. & Schmidt, D. W. (1983). A Process-Oriented Investigation of Recruitment Source Effectiveness. *Personnel Psychology*, 36(2): 343–354.

Tett, R. P. & Meyer, J. P. (1993). Job Satisfaction, Organizational Commitment, Turnover Intention, and Turnover: Path Analyses Based on Meta-Analytic Findings. *Personnel Psychology*, 46(2): 259–293.

Thaler, M. (2013). *Zielgruppenspezifische Mitarbeiterbindung in der kundenorientierten Vertriebssparkasse: Eine gestaltungsorientierte Forschungsarbeit*. München und Mering: Rainer Hampp Verlag.

Thielsch, M. T., Träumer, L., Pytlik, L. & Kanning, U. P. (2012). Personalmarketing aus Bewerbersicht: Nutzung und Bewertung. *Journal of Business and Media Psychology*, 3(1): 1–12.

Thom, N. (2001). Personalmanagement - Überblick und Entwicklungstendenzen. In N. Thom (Hg.), *Excellence durch Personal- und Organisationskompetenz*: 117–131. Bern: Haupt.

Thomas, A. (1992). *Grundriss der Sozialpsychologie: Band 2. Individuum - Gruppe - Gesellschaft*. Göttingen: Hogrefe.

Trendence Institut GmbH (2015). *Schülerbarometer 2015 - Der Ratgeber für Ausbildung, Studium und Beruf*. Hamburg: Zeitverlag Gerd Bucerius GmbH & Co. KG.

Tucker, L. R. & Lewis, C. (1973). A reliability coefficient for maximum likelihood factor analysis. *Psychometrika*, 38(1): 1–10.

Turban, D. B. (2001). Organizational Attractiveness as an Employer on College Campuses: An Examination of the Applicant Population. *Journal of Vocational Behavior*, 58(2): 293–312.

Turban, D. B. & Cable, D. M. (2003). Firm reputation and applicant pool characteristics. *Journal of Organizational Behavior*, 24(6): 733–751.

Turban, D. B., Campion, J. E. & Eyring, A. R. (1995). Factors Related to Job Acceptance Decisions of College Recruits. *Journal of Vocational Behavior*, 47(2): 193–213.

Turban, D. B., Forret, M. L. & Hendrickson, C. L. (1998). Applicant Attraction to Firms: Influences of Organization Reputation, Job and Organizational Attributes, and Recruiter Behaviors. *Journal of Vocational Behavior*, 52(1): 24–44.

Turban, D. B. & Greening, D. W. (1997). Corporate Social Performance and Organizational Attractiveness to Prospective Employees. *Academy of Management Journal*, 40(3): 658–672.

Turban, D. B. & Keon, T. L. (1993). Organizational attractiveness: An interactionist perspective. *Journal of Applied Psychology*, 78(2): 184–193.

Turner, G.; Weber, J. D. & Göbbels-Dreyling, B. (2011). *Hochschule von A - Z: Orientierungen, Geschichte, Begriffe*. Berlin: Berliner Wissenschafts-Verlag.

Turnley, W. H. & Feldman, D. C. (2000). Re-examining the effects of psychological contract violations: unmet expectations and job dissatisfaction as mediators. *Journal of Organizational Behavior*, 21(1): 25–42.

Urban, D. & Mayerl, J. (2014). *Strukturgleichungsmodellierung: Ein Ratgeber für die Praxis*. Wiesbaden: Springer Fachmedien.

Van Berk, B. (1992). Personalmerketing in der Großindustrie: Das Beispiel der Volkswagen AG. In H. Strutz (Hg.), *Strategien des Personalmarketing. Was erfolgreiche Unternehmen besser machen*: 217–232. Wiesbaden: Gabler.

Van der Vegt, G. S. & Bunderson, J. S. (2005). Learning and performance in multidisciplinary teams: The importance of collective team identification. *Academy of Management Journal*, 48(3): 532–547.

Van Dick, R. (2004). *Commitment und Identifikation mit Organisationen: Praxis der Personalpsychologie 5*. Göttingen: Hogrefe.

Van Hoye, G. & Saks, A. M. (2011). The Instrumental-Symbolic Framework: Organisational Image and Attractiveness of Potential Applicants and their Companions at a Job Fair. *Applied Psychology*, 60(2): 311–335.

Van Knippenberg, D. (2000). Work Motivation and Performance: A Social Identity Perspective. *Applied Psychology*, 49(3): 357–371.

Van Knippenberg, D.; Van Knippenberg, B.; Monden, L.; De Lima, F. (2002). Organizational identification after a merger: A social identity perspective. *British Journal of Social Psychology*, 41(2): 233–252.

Vandenberg, R. J. & Charles E. Lance (1992). Examining the Causal Order of Job Satisfaction and Organizational Commitment. *Journal of Management*, 18(1): 153–167.

Vandenberg, R. J., & Scarpello, V. (1990). The matching model: An examination of the processes underlying realistic job previews. *Journal of Applied Psychology*, 75(1): 60–67.

Vandenberghe, C., Stinglhamber, F., Bentein, K. & Delhaise, T. (2001). An Examination of the Cross-Cultural Validity of a Multidimensional Model of Commitment in Europe. *Journal of Cross-Cultural Psychology*, 32(3): 322–347.

Walker, H. J., Feild, H. S., Giles, W. F., Armenakis, A. A. & Bernerth, J. B. (2009). Displaying employee testimonials on recruitment web sites: effects of communication media, employee race, and job seeker race on organizational attraction and information credibility. *The Journal of applied psychology*, 94(5): 1354–1364.

Walker, H. J. & Hinojosa, A. S. (2014). Recruitment: The Role of Job Advertisements. In K. Y. T. Yu & D. M. Cable (Hg.), *The Oxford handbook of recruitment*: 269–283. Oxford: Oxford University Press.

Walter, B. von, Henkel, S. & Heidig, W. (2012). Mitarbeiterassoziationen als Treiber der Arbeitgeberattraktivität. In T. Tomczak, et al. (Hg.), *Behavioral Branding. Wie Mitarbeiterverhalten die Marke stärkt*: 295–316. Wiesbaden: Gabler. 3. Auflage.

Wan-Huggins, V. N., Riordan, C. M., & Griffeth, R. W. (1998). The Development and Longitudinal Test of a Model of Organizational Identification. *Journal of Applied Social Psychology*, 28(8): 724–749.

Wanous, J. P. (1980). *Organizational Entry: Recruitment, Selection, and Socialization of Newcomers*. Reading, Massachusetts: Addison-Wesley.

Wanous, J. P. (1992). *Organizational entry: Recruitment, selection, orientation, and socialization of newcomers*. Reading, Massachusetts: Addison-Wesley, 2. Auflage.

Wanous, J. P. & Colella, A. (1989). Organizational entry research: Current status and future directions. In K. M. Rowland & G. R. Ferris (Hg.), *Research in personnel and human resources management. A research annual*: 59–120. Greenwich: Jai Press.

Wanous, J. P. & Hudy, M. J. (2001). Single-Item Reliability: A Replication and Extension. *Organizational Research Methods*, 4(4): 361–375.

Wanous, J. P., Poland, T. D., Premack, S. L. & Davis, K. S. (1992). The effects of met expectations on newcomer attitudes and behaviors: A review and meta-analysis. *Journal of Applied Psychology*, 77(3): 288–297.

Wanous, J. P., Reichers, A. E. & Hudy, M. J. (1997). Overall job satisfaction: How good are single-item measures? *Journal of Applied Psychology*, 82(2): 247–252.

Wehling, P. (2013). Psychologischer Vertrag. In H. Hirsch-Kreinsen & H. Minssen (Hg.), *Lexikon der Arbeits- und Industriesoziologie*: 403–408. Berlin: Edition Sigma.

Weiber, R. & Mühlhaus, D. (2014). *Strukturgleichungsmodellierung: Eine anwendungsorientierte Einführung in die Kausalanalyse mit Hilfe von AMOS, SmartPLS und SPSS* . Berlin: Springer Gabler, 2. Auflage.

Weinreich, J. (2009). *Globalisierung und Wissensgesellschaft: Historische und neurophysiologische Metaformate der Entwicklung von Neuerungen (Innovationen)*. Zugriff am 08.12.2016 auf http://www.uni-kassel.de/upress/online/frei/978-3-89958-724-1.volltext.frei.pdf.

Weitzel, T., Eckhardt, A. Laumer, S., Stetten, A. von, Maier, C. & Weinert, C. Recruiting Trends 2014. Zugriff am 03.11.2016 auf https://www.uni-bamberg.de/fileadmin/uni/fakultaeten/wiai_lehrstuehle/isdl/RecruitingTrends_2014.pdf.

Weitzel, T., Laumer, S., Maier, C., Oehlhorn, C., Wirth, J. & Weinert, C. Recruiting Trends 2016: Employer Branding und Personalmarketing. Zugriff am 03.11.2016 auf https://www.uni-bamberg.de/fileadmin/uni/fakultaeten/wiai_lehrstuehle/isdl/Recruiting_Trends_2016_-_E-Branding_und_Personalmarketing_v_WEB.pdf.

Weller, I. (2003). Commitment. In A. Martin (Hg.), *Organizational Behaviour - Verhalten in Organisationen*: 77–94. Stuttgart: Kohlhammer.

Weller, I., Holtom, B. C., Matiaske, W. & Mellewigt, T. (2009). Level and time effects of recruitment sources on early voluntary turnover. *Journal of Applied Psychology*, 94(5): 1146–1162.

Weller, I., Michalik, A. & Mühlbauer, D. (2014). Recruitment Source Implications for Organizational Tenure. In K. Y. T. Yu & D. M. Cable (Hg.), *The Oxford handbook of recruitment*: 139–160. Oxford: Oxford University Press.

Wenderdel, M. (2009). Personalmarketing an Hochschulen. In T. Brandenburg & M. T. Thielsch (Hg.), *Praxis der Wirtschaftspsychologie. Themen und Fallbeispiele für Studium und Anwendung*: 109–122. Münster: Monsenstein und Vannerdat.

Werbel, J. D. & Landau, J. (1996). The Effectiveness of Different Recruitment Sources: A Mediating Variable Analysis. *Journal of Applied Social Psychology*, 26(15): 1337–1350.

West, S. G., Finch, J. F. & Curran, P. J. (1995). Structural equation models with nonnormal variables: Problems and remedies. In R. H. Hoyle (Hg.), *Structural Equation Modeling. Concepts, Issues, and Applications*: 56–75. Thousand Oaks: Sage Publications.

Westphal, A. & Gmür, M. (2009). Organisationales Commitment und seine Einflussfaktoren: Eine qualitative Metaanalyse. *Journal für Betriebswirtschaft*, 59(4): 201–229.

Wheaton, B., Muthén, B. O., Alwin D. F. & Summers, G. F. (1977). Assessing Reliability and Stability in Panel Models. *Sociological Methodology*, 8(1): 84–136.

Wickel-Kirsch, S., Janusch, M. & Knorr, E. (2008). *Personalwirtschaft: Grundlagen der Personalarbeit in Unternehmen*. Wiesbaden: Gabler.

Wiener, Y. (1982). Commitment in Organizations: A Normative View. *Academy of Management Review*, 7(3): 418–428.

Wilkens, U. (2004). *Management von Arbeitskraftunternehmern.* Wiesbaden: Deutscher Universitätsverlag.

Williams, C. R., Labig, C. E. & Stone, T. H. (1993). Recruitment sources and posthire outcomes for job applicants and new hires: A test of two hypotheses. *Journal of Applied Psychology,* 78(2): 163–172.

Williams, L. J. & Hazer, J. T. (1986). Antecedents and consequences of satisfaction and commitment in turnover models: A reanalysis using latent variable structural equation methods. *Journal of Applied Psychology,* 71(2): 219–231.

Williams, M. L. & Bauer, T. N. (1994). The Effect of a Managing Diversity Policy on Organizational Attractiveness. *Group & Organization Management,* 19(3): 295–308.

Windolf, P. (1983). Betriebliche Rekrutierungsstrategien - Eine empirische Typologie. *Mitteilungen aus der Arbeitsmarkt- und Berufsforschung,* 16(2): 109–121.

Wotruba, T. R. & Tyagi, P. K. (1991). Met Expectations and Turnover in Direct Selling. *Journal of Marketing Management,* 55(3): 24–35.

Wunderer, R. (1975). Personalwerbung. In E. Gaugler (Hg.), *Handwörterbuch des Personalwesens:* 1689. Stuttgart: Schäffer-Poeschel.

Yates, A. (1987). *Multivariate exploratory data analysis: A perspective on exploratory factor analysis.* Albany: State University of New York Press.

Yu, K. Y. T. & Cable, D. M. (2014). Investigating Recruitment: An Introduction. In K. Y. T. Yu & D. M. Cable (Hg.), *The Oxford handbook of recruitment:* 1–4. Oxford: Oxford University Press.

Yüce, P. & Highhouse, S. (1998). Effects of attribute set size and pay ambiguity on reactions to 'help wanted' advertisements. *Journal of Organizational Behavior,* 19(4): 337–352.

Zajonc, R. B. (1968). Attitudinal Effects of Mere Exposure. *Journal of Personality and Social Psychology,* 9(2, Pt.2): 1–27.

Zick, A. (2005). Die Konflikttheorie der Theorie sozialer Identität. In T. Bonacker (Hg.), *Sozialwissenschaftliche Konflikttheorien. Eine Einführung:* 409–426. Wiesbaden: VS Verlag für Sozialwissenschaften, 3. Auflage.

Ziesemer, B. (2014). Prof. Dr. C.E.O. *Capital* (11): 52–54.

Zinnbauer, M. & Eberl, M. (2005). Überprüfung der Spezifikation und Güte von Strukturgleichungsmodellen. *Wirtschaftswissenschaftliches Studium,* 34(10): 566–572.

Zottoli, M. A. & Wanous, J. P. (2000). Recruitment Source Research: Current Status and Future Directions. *Human Resource Management Review,* 10(4): 353–382.

Anhang

Anhang A: Summenscore über alle Fragebogenitems

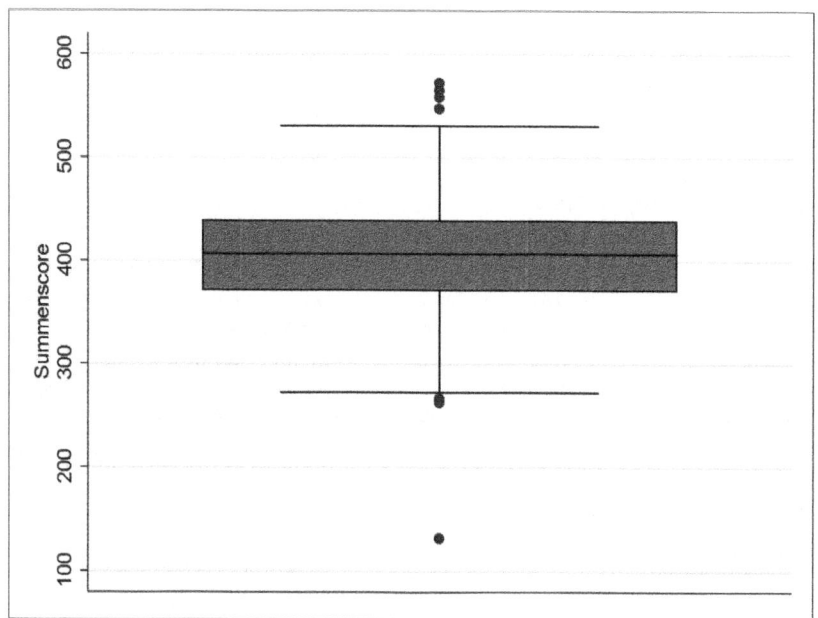

Anhang B: Chi-Quadrat Goodness-of-Fit-Test

	Beobachtete Häufigkeit B	Erwartete Häufigkeit E^{195}	Differenz B-E	Quadrat der Differenz $(B-E)^2$	χ^2 $(B-E)^2 / E$
Geschlecht					
Männlich	317	342,433	-25,433	646,837	1,889
Weiblich	180	154,567	25,433	646,837	4,185
Σ	497	497	0		**6,074**

$F(6,074|1) \approx 0,986 \rightarrow p = 1 - 0,986 = 0,014$

Studienfach					
Maschinenbau	146	76,32	69,68	4855,302	63,618
Elektrotechnik	23	16,8	6,2	38,440	2,288
Informatik	21	15,36	5,64	31,810	2,071
Wirtschaftswissenschaften / Sonstige Akademiker	290	371,52	-81,52	6645,510	17,887
Σ	489	489	0		**85,864**

$F(80,455|3) \approx 1,000 \rightarrow p = 1 - 1,000 = 0,000$

Unternehmensstandort					
Braunschweig	17	13,392	3,608	13,018	0,972
Hannover	24	17,360	6,64	44,090	2,540
Kassel	40	38,192	1,808	3,269	0,086
Salzgitter	10	10,912	-0,912	0,832	0,076
Wolfsburg/Emden	405	416,144	-11,144	124,189	0,298
Σ	496	496	0		**3,972**

$F(3,972|4) \approx 0,590 \rightarrow p = 1 - 0,590 = 0,410$

---

[195] Die erwarteten Häufigkeiten wurden mit der Formel E = N x P berechnet, wobei N die Stichprobengröße ist und P der prozentuale Anteil einer Kategorie in der Grundgesamtheit.

Anhang C: Scree-Plot aus der explorativen Faktorenanalyse mit 13 Indikatoren

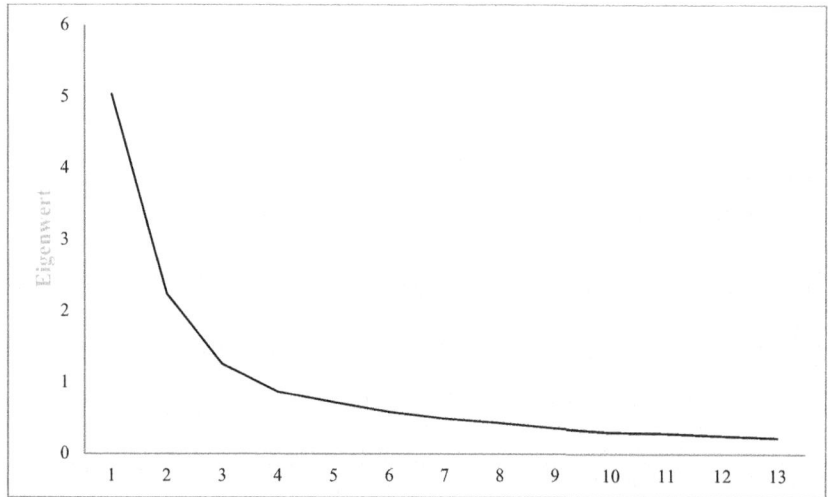

168

Anhang D: Ergebnisse der explorativen Faktorenanalyse mit Berücksichtigung der Hochschule als Clustervariable

Items	Faktor1	Faktor2	Faktor3
Realistische Tätigkeitsvorstellung_1	-0,01	0,24**	0,62**
Realistische Tätigkeitsvorstellung_2	0,01	0,00	0,38**
Realistische Tätigkeitsvorstellung_3	0,06	0,00	0,98**
Affektives Commitment_1	-0,06	0,73**	0,06
Affektives Commitment_2	0,10	0,61**	-0,09
Affektives Commitment_3	-0,00	0,89**	-0,11
Affektives Commitment_4	0,08	0,80**	0,03
Affektives Commitment_5	0,01	0,68**	0,02
Vorprägung bzgl. Unternehmen_1	0,62**	0,16**	-0,05
Vorprägung bzgl. Unternehmen_2	0,75**	0,03	0,05
Vorprägung bzgl. Unternehmen_3	0,76**	0,11	-0,01
Vorprägung bzgl. Unternehmen_4	0,75**	-0,04	0,01
Vorprägung bzgl. Unternehmen_5	0,85**	-0,03	0,05

Anmerkungen: Die Negativitems Realistische Tätigkeitsvorstellung_2, Affektives Commitment_2 und Vorprägung bzgl. Unternehmen_4 wurden für die Auswertung umgepolt;
N = 459; ** $p \leq 0,05$;
Extraktionsmethode: MLR;
Rotationsmethode: Geomin oblique Rotation;
Clustervariable: Hochschule.

Fit Statistik für das Drei-Faktoren-Modell mit Berücksichtigung der Hochschule als Clustervariable

Kriterium	Wert	Interpretation
χ^2 – Teststatistik	$\chi^2 = 181,21$ (df = 42; $p = 0,000$)	
χ^2-Wert/df	4,31	Schlechte Modellanpassung
RMSEA	0,09	Schlechte Modellanpassung
CI (90%)	0,07 – 0,1 ($p = 0,000$)	
SRMR	0,03	Gute Modellanpassung
CFI	0,94	Akzeptable Modellanpassung
TLI	0,89	Schlechte Modellanpassung

Anhang E: Scree-Plot aus der explorativen Faktorenanalyse mit 10 Indikatoren

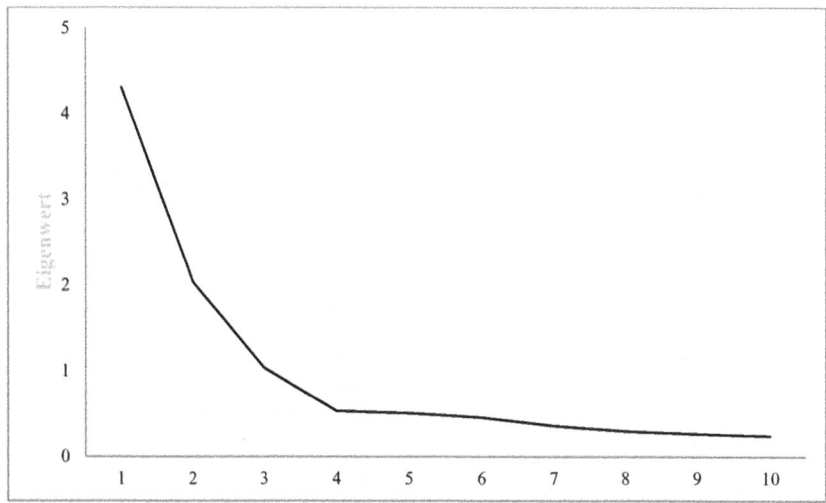

Anhang F: Ergebnis der explorativen Faktorenanalyse mit Berücksichtigung der Hochschule als Clustervariable

Items	Faktor1	Faktor2	Faktor3
Realistische Tätigkeitsvorstellung_1	-0,01	0,03	0,89**
Realistische Tätigkeitsvorstellung_3	0,03	-0,01	0,80**
Affektives Commitment_1	-0,03	0,70**	0,09
Affektives Commitmtent_3	0,00	0,92**	-0,14
Affektives Commitmtent_4	0,08	0,81**	0,00
Affektives Commitmtent_5	0,01	0,65**	0,08
Vorprägung bzgl. Unternehmen_2	0,77**	0,05	0,03
Vorprägung bzgl. Unternehmen_3	0,69**	0,16**	-0,02
Vorprägung bzgl. Unternehmen_4	0,71**	-0,01	-0,02
Vorprägung bzgl. Unternehmen_5	0,88**	-0,02	0,04

Anmerkungen: Das Negativitem Vorprägung bzgl. Unternehmen_4 wurde für die Auswertung umgepolt;
                 $N = 459$; ** $p \leq 0,05$;
                 Extraktionsmethode: MLR;
                 Rotationsmethode: Geomin oblique Rotation;
                 Clustervariable: Hochschule.

Fit Statistik für das Drei-Faktoren-Modell mit Berücksichtigung der Hochschule als Clustervariable

Kriterium	Wert	Interpretation
χ^2 – Teststatistik	$\chi^2 = 49,45$ (df = 18; $p = 0,000$)	
χ^2-Wert/df	2,75	Gute Modellanpassung
RMSEA	0,06	Gute Modellanpassung
CI (90%)	$0,42 - 0,08$ ($p = 0,16$)	
SRMR	0,02	Gute Modellanpassung
CFI	0,98	Sehr gute Modellanpassung
TLI	0,96	Gute Modellanpassung

Anhang G: Ergebnis der konfirmatorischen Faktorenanalyse

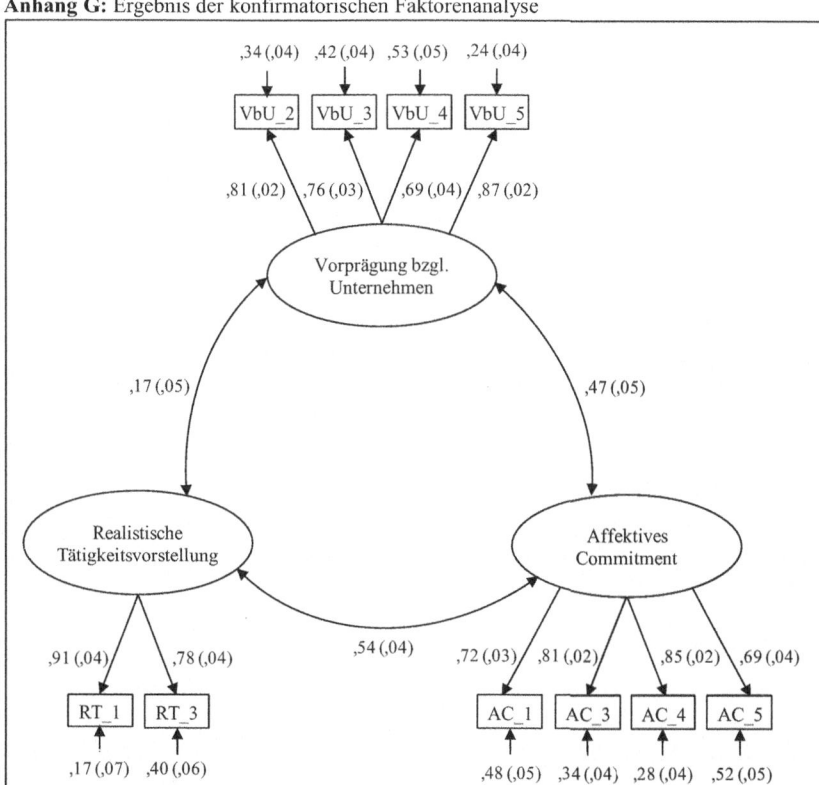

Anmerkungen: Das Negativitem Vorprägung bzgl. Unternehmen_4 wurde für die Auswertung umgepolt.
N = 470
Extraktionsmethode: MLR.
STDYX-Standardisierung
VbU = Vorprägung bzgl. Unternehmen; RT = Realistische Tätigkeitsvorstellung;
AC = Affektives Commitment

Anhang H: Ergebnis der konfirmatorischen Faktorenanalyse mit Berücksichtigung der Hochschule als Clustervariable

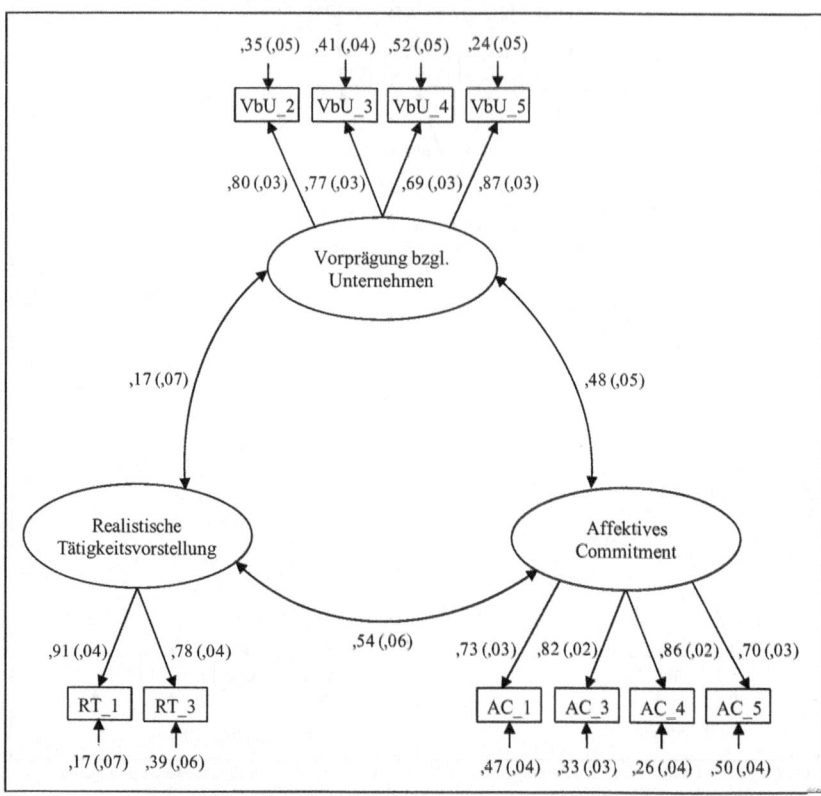

Anmerkungen: Das Negativitem Vorprägung bzgl. Unternehmen_4 wurde für die Auswertung umgepolt;
N = 459;
Extraktionsmethode: MLR;
STDYX-Standardisierung;
Clustervariable: Hochschule;
VbU = Vorprägung bzgl. Unternehmen; RT = Realistische Tätigkeitsvorstellung;
AC = Affektives Commitment.

Anhang I: Ergebnis der konfirmatorischen Faktorenanalyse mit Berücksichtigung der Hochschule als Clustervariable

Item	1	2	3	4	5
1 Affektives Commitment	-				
2 Realistische Tätigkeitsvorstellung	0,54***	-			
3 Wahrgenommenes Arbeitgeberprestige	0,30***	0,22***	-		
4 Zufriedenheit mit der Hochschulpräsenz	0,09$^{n.s.}$	0,07$^{n.s.}$	0,31***	-	
5 Vorprägung bzgl. Unternehmen	0,48***	0,17**	0,26***	0,12$^{n.s.}$	-

Anmerkungen: N = 459;
Extraktionsmethode: MLR;
STDYX-Standardisierung;
Clustervariable: Hochschule;
***$p < 0,01$; **$p < 0,05$; *$p < 0,1$; $^{n.s.}$ = nicht signifikant.

The manufacturer's authorised representative in the EU is Springer
Nature Customer Service Centre GmbH, Europaplatz 3, 69115 Heidelberg,
Germany. If you have any concerns regarding our products, please
contact ProductSafety@springernature.com

Printed and bound by CPI Group (UK) Ltd, Croydon, CR0 4YY

23/04/2026

02095648-0006